國家古籍整理出版專項經費資助項目

傅山全書 第十七册

清·傅山 著
尹協理 主編

山西出版傳媒集團

山西人民出版社

第十七册 目錄

卷一百八十九 東漢書姓名韻（十六） …… 一

去聲

十諫 …… 一

十一霰 …… 六

十二嘯 …… 一一

十三效 …… 一七

十四箇 …… 二〇

十五禡 …… 二三

十六蔗 …… 二四

卷一百九十 東漢書姓名韻（十七） …… 二九

去聲

十七漾 …… 三一

十八敬 …… 三一

十九宥 …… 三一
四八
五九

二十沁............六九

二十一勘............六九

二十二豏............七二

卷一百九十一 東漢書姓名韻（十八）

入聲

一屋............七五

卷一百九十二 東漢書姓名韻（十九）

入聲

二質............一〇一

三曷............一〇二

四轄............一一三

五屑............一一四

六藥............一一九

卷一百九十三 東漢書姓名韻（二十）

入聲

七陌............一二七

八緝…………一四七

九合…………一五五

十葉…………一五七

附：東漢書姓名韻索引…………一

卷一百八十九 東漢書姓名韻（十六）

去聲

十諫

公孫瓚 靈帝紀。獻帝紀，初平二年十一月，黃巾轉寇渤海，公孫瓚與戰於東光，大破之。三年正月，袁紹及瓚戰於界橋，瓚大敗。興平二年，鞠義與瓚戰於鮑丘，又敗。建安四年三月，袁紹攻瓚於易京，獲之。本傳，字伯珪，遼西令支人，為郡小吏。為人美姿貌，大音聲。從盧植學於緱氏山中。舉上計吏。太守劉君坐事檻車徵，瓚改容服，詐稱侍卒，執徒養，御車到洛陽。太守徙日南，瓚慕從之。會太守得赦，還郡舉孝廉，除遼東屬國長史。中平中，以瓚督張溫討邊章，會烏桓反，與張純等攻薊中，[二]瓚率所領追討純等有功，遷騎都尉。又拜降虜校尉，封都亭侯，復領屬國長史。常與善射之士數十人，皆乘白馬，以為左右翼，號「白馬義從」。烏桓更相告語，避白馬長史。畫瓚形，馳騎射

[二]「薊」，手稿作「冀」，據後漢書改。

之，[一]中者咸稱萬歲。瓚志掃滅烏桓，而劉虞欲以恩信招降，由是與虞相忤。初平二年，大破黃巾於東光南，拜奮武將軍，封薊侯。上疏數袁紹十罪，遂舉兵攻故安不下，退軍南還。瓚追擊於巨馬水，遂至平原。是歲，瓚盡有幽州之地。紹遣崔巨業將兵攻故安不下，退軍州諸城悉畔從瓚。瓚與紹大戰於界橋。軍敗，還薊。先有童謠曰：「燕南垂，趙北際，中央不合大如礪，唯有此中可避世。」瓚自以爲易地當之，遂徙鎮焉。劉虞從事鮮于輔與袁紹將麴義合兵十萬，共攻瓚。興平二年，破瓚於鮑丘。瓚保易京，開屯田，稍得自支。慮有非常，乃居於高京，以鐵爲門。門，稍得自支。慮有非常，乃居於高京，以鐵爲門。自此希復攻戰。或問之，曰：「昔我驅畔胡於塞表，掃黃巾於孟津，積穀三百萬斛，食此可定。至於今日，兵革方始，觀此非我所決。今吾諸營樓櫓千里，於北隰之中起火爲應。四年，黑山足以待天下之變。」建安三年，[二]紹復大攻瓚。瓚遣子續求救於黑山諸帥。帥張燕率兵十萬，三道來救。[三]未及至，瓚密使行人齎書告續，紹候得其書，如期火舉，瓚以爲救至，遂便出戰，敗還保中小城，悉縊其姊妹妻子，後引火自焚。《袁術傳》，術結公孫瓚。《袁紹傳》，紹以逢紀之謀，以書與瓚，紹以逢紀之謀，以書與瓚，至。外託討卓而陰謀襲韓馥。後馥讓紹。公孫瓚大破黃巾，冀州望風嚮應。紹自將擊之，先令麴義爲前登。[四]瓚輕其兵少，大敗。初平三年，瓚又遣兵至龍湊挑戰，紹復擊

[一]「之」，《傅山全書》初版本誤作「中」，據手稿改。
[二]「建安」，手稿脫，據後《漢書》補。
[三]「來」，《傅山全書》初版本誤作「求」，據手稿改。
[四]「麴」，《傅山全書》初版本誤作「鞠」，據手稿改。

3711 李瓚

破之。瓚遂還幽州不敢復出。臧洪傳。見劉虞下。趙岐傳。傅山曰:「起初也像個人,後來忽爾喪志。瑣兮,尾兮,流離之子。」瓚之語也。李膺傳,子瓚,位至東平相。初,曹操微時,瓚異其才,將沒,謂子宣等曰:「時將亂矣,天下英雄無過曹操。張孟卓與吾善,袁本初汝外親,雖爾勿依,必歸曹氏。」諸子從之,並免於亂世。

3712 楊瓚

王允傳,上護羌校尉楊瓚行左將軍事,士孫瑞爲南陽太守,並將兵出武關道,[一]以討袁術爲名,實欲分路征卓。[二]卓疑而留之,允乃引瓚爲尚書,瑞爲僕射。

3713 楊贊

傅燮傳,尚書郎楊贊奏燮廷辱大臣。

3714 田晏

靈帝紀,熹平六年八月,遣破鮮卑中郎將田晏出雲中。段熲傳,使軍吏田晏、夏育募先登,懸索相引,戰於羅亭,大破羌。又,建寧元年,復追之令鮮水上。鮮卑傳,熹平三年冬,鮮卑入北地。先是,護羌校尉田晏坐事論刑被原,欲立功自效,[三]乃請中常侍王甫求得爲將,甫因此議遣兵與夏育并力討賊。帝乃拜晏破鮮卑中郎將。蔡邕駁之,帝不從。遂遣田晏出雲中。夏育出高柳,護烏桓校尉夏育出高柳,並使匈奴中郎將臧旻與南單于出雁門。宴等大敗。是時,宴五千人出其東,假司馬夏育將二千人繞其西,又追擊羌,熲分遣司馬田宴五千人出其東,共追之令鮮水上。三將大敗,共奔還,死者十七八。皆檻車徵下獄。瓚爲庶人,

〔一〕「武關」,手稿作「五」,據後漢書改。
〔二〕「征」,手稿作「誅」,據後漢書改。
〔三〕「欲」,手稿作「命」,據後漢書改。

3715 閻晏 互見「育」、「旻」下。

3716 呂晏 安思閻后紀，顯與弟晏並典禁兵。銚期傳，傅寬、呂晏俱屬鄧禹。詳傅寬下。

3717 馮晏 馮異傳，時同郡丁綝、呂晏並從光武，因共薦異。

3718 傅晏 桓譚傳，說晏謝遣門徒，務執謙愨。

3719 過晏 劉陶傳，陶除順陽長。縣多奸猾，陶到官，募吏民有氣力勇猛，能以死易生者，不拘亡命姦賊，於是剽輕劍客之徒過晏等十餘人，皆來應募。責其先過，要以後效，使各結所厚少年，得數百人，皆嚴兵待命。覆案奸究，[二]所發若神。

3720 許晏 許武弟。見「武」下。

3721 張晏 西域傳，靈帝建寧三年，西域長史張晏將焉耆、龜茲、車師前後部，合三萬餘人，討疏勒，攻楨中城，[三]四十餘日不能下，引去。

3722 鄧萬 天文志，延熹七年，[三]河南尹鄧萬繫暴室，[四]死。爰延傳，上封事：「陛下以河南尹鄧

〔一〕「覆」，手稿作「發」，據後漢書改。
〔二〕「楨」，手稿作「損」，據後漢書改。
〔三〕「七」，手稿作「八」，據後漢書改。
〔四〕「繫」，手稿作「擊」，據後漢書改。

3723 張萬 萬有潛龍之舊，封爲通侯，恩重公卿，惠豐宗室，[二]與之對博，[三]上下媟嬻」云云。

3724 皇子辯 何皇后紀，重平侯張萬。註：「重平屬渤海郡。」詳尹綏下。

3725 高亭侯旦 陳思王傳，註：「鈞弟旦，高亭侯。」

3726 吳旦 吳漢傳，二十八年，分漢封爲三國：成子旦爲灈陽侯，以奉漢祀。卒，無子，國除。

3727 郝旦 烏桓傳，建武二十五年，遼西烏桓大人郝旦九百二十二人率衆向化，詣闕朝貢，獻奴婢牛馬及弓虎豹皮。或願留宿衞，於是封其渠帥爲侯王君長八十一人，皆居塞內，布緣邊諸郡，令招來種人，給其衣食，遂爲漢偵候，[三]助擊匈奴、鮮卑。

3728 尚但 張讓傳，帝常登永安候臺，宦官恐其望見居處，乃使中大人尚但諫曰：[四]「天子不當登高」云云。

3729 苟諫 鮑永傳，都尉路平規欲害永，[五]太守苟諫擁護，召以爲吏，常置府中。永因數爲諫陳復漢室，剪滅篡逆之策。諫每戒永曰：「君長幾事不密，禍倚入門。」永感其言。諫卒，永送喪歸扶風。

〔一〕「豐」，手稿作「分」，據後漢書改。
〔二〕「與」，手稿作「加」，據後漢書改。
〔三〕「偵」，手稿作「頃」「候」作「侯」，據後漢書改。
〔四〕「人」，手稿作「夫」，據後漢書改。
〔五〕「欲」，手稿作「令」，據後漢書改。

卷一百八十九　東漢書姓名韻（十六）　去聲　十諫

五

3730 樊盼

樊儵傳，永寧元年，鄧太后復封建弟盼爲燕侯。〔二〕

3731 王粲

王粲傳，謙子粲，以文才知名。

3732 王粲

王粲傳，註：「善士孫萌、王粲。」

3733 韋誕

董卓傳，註：「韋康之弟誕，魏光祿大夫。」

3734 劉誕

劉焉傳，子誕，爲治書御史，從獻帝，與兄範同死於李傕。

3735 李憲

十一霰

李憲

李憲。本傳，潁川許昌人。莽時爲廬江屬令，又爲廬江連率。更始元年，自稱淮南王。建武三年，遂自立爲天子。置公卿百官，擁九城。又軍士帛意斬憲。見「意」下。

3736 董憲

董憲

董憲光武紀，董憲起東海。建武三年二月，劉永立憲爲海西王。六年二月，吳漢拔朐獲董憲、龐萌，山東平。劉永傳，是時，東海人董憲起兵，據其郡，永使立憲爲海西王。後蘇茂奔下邳，與董憲合。後憲聞帝自討龐萌，乃與劉紆、蘇茂、佼彊去下邳，還蘭陵，使茂、彊助萌，合兵三萬，急圍挑城。帝自將輕騎三千，步卒數萬。及吳漢與諸將到，搏戰，大破之。萌、茂、彊棄輜重逃奔，董憲

〔二〕「封」，手稿脫，據後漢書補。

3737

竇憲

乃與劉紆悉其兵屯昌慮，自將銳卒拒新陽。[一]吳漢襲破之，憲走還昌慮。招誘五校餘賊步騎數千人屯建陽云云。帝親臨四面攻，三日，大破之。憲及龐萌走入繒山。數日，吏士聞憲尚在，復往往相聚，[二]得數百騎，迎憲入郯城。吳漢復攻拔郯，憲與龐萌走保朐。明年，城中穀盡，憲、萌潛出，[三]襲贛榆，琅邪太守陳俊攻憲萌走澤中。憲乃流涕謝將士云云。欲間道歸降，爲韓湛斬之。蘇竟傳，與劉胸城，盡獲其妻子。憲乃流涕謝將士云云。東海董憲迷惑未降。

襲書曰：房、心卽宋之分，東海是也。本傳。

和帝紀。章德后紀。

拜憲爲郎，稍遷侍中、虎賁中郎將。恃宮掖聲勢，以賤直奪沁水公主園田。和帝卽位，太后臨朝，憲以侍中，内幹機密云云。後刺殺都鄉侯事發覺，懼誅，自求擊匈奴贖死。拜車騎將軍，北伐，勒功燕然山。拜大將軍，封武陽侯，憲辭封。封冠軍侯，仍不受封，將兵出鎮涼州。兄弟驕縱，帝與鄭衆定議誅之。班師，振旅還京師。郊迎，既至，帝幸北宮，詔執金吾、五校尉閉城門，收捕鄧疊等，遣謁者僕射收憲大將軍印綬，更封爲冠軍侯。遣就國，選嚴能相督察，到國迫令自殺。鄧騭傳，壽刺議憲，憲陷以買公田，誹謗下壽獄，當誅。桓郁傳，憲上疏，宜令郁與劉方並入教授江革傳，奉書致禮，憲無所報受。第五倫傳，上疏言，願嚴勅憲等閉門自守。[四]傅毅

[一]「陽」，手稿作「野」，據後漢書改。
[二]「復」，手稿作「後」，據後漢書改。
[三]「出」，手稿作「入」，據後漢書改。
[四]「勅」，傅山全書初版本誤作「刺」，據手稿改。

卷一百八十九　東漢書姓名韻（十六）　去聲　十一霰

七

傳，永元元年，車騎將軍竇憲請毅爲主記室，崔駰爲主簿。及憲遷大將軍，復以毅爲司馬，班固爲中護軍。憲府文章之盛，冠於當世。李郃傳，時大將軍竇憲納妾，天下郡國皆有禮慶，郡亦遣使。憲諫守曰：「竇憲椒房之親，危亡可翹足而待」云云。憲行就國，自殺。崔駰傳。見「固」下。周章傳。班固傳。朱暉傳。袁安傳。周景傳。陳寵傳。李恂傳。鄭衆傳。中山王傳。清河王傳。應奉傳註。西域傳，和帝永元元年，大將軍竇憲大破匈奴。二年，憲因遣副校尉閻槃掩擊伊吾，車師震懾，前後王各遣子奉貢入侍。又西域傳，和帝永元二年，大將軍竇憲破北匈奴。永元元年，車騎將軍竇憲率騎八千與度遼將軍等出朔方擊北虜，大破之，首虜二十餘萬人。三年，竇憲上書立於除鞬爲北單于，朝廷從之。

3738 曹憲
曹后節紀，曹操進女憲爲夫人，十九年，並拜爲貴人。

3739 中山王憲
光武十王傳，簡王焉，子夷王憲嗣，立二十三年薨。

3740 劉憲
劉盆子傳，祖父憲，元帝時封爲式侯。

3741 劉憲
順陽懷侯傳，嘉父憲，春陵侯同產弟。

3742 劉憲
劉般傳，般卒，子憲嗣爵，以兄愷讓之也。

3743 劉憲
更始敗，樂浪土人王調殺郡守劉憲，〔二〕自稱大將軍。

3744 隨憲
王景傳，簡王薨，子夷王憲嗣，昱弟憲封武進侯。

3745 郭憲
杜林傳，十一年，司直官罷，以林代郭憲爲光祿勳。

〔二〕「守」，手稿作「首」，據後漢書改。

3746 郭憲

方術傳，字子橫，汝南宋人也。莽篡，拜江夏宋人也。光武求天下有道之人，拜憲博士。從駕南郊，〔二〕忽向東北，含酒三噀。對曰：「齊國失火」云云。諫征隗囂，又議不宜伐匈奴。帝曰：「關東觥觥郭子橫，竟不虛也。」

3747 胡憲

桓榮傳，薦門下生九江胡憲侍講。

3748 徐憲

徐防傳，父憲，傳宣易業。

3749 黃憲

字叔度，汝陽慎陽人。世貧賤，父為牛醫。荀淑遇於逆旅，時年十四，淑異之，與語，移日不能去，曰：「子，吾之師表也。」既至袁閎所，閎曰：「見吾叔度耶？」同郡戴良對其母曰：「良不見叔度，不自以為不及；既覿其人，則瞻之在前，忽焉在後矣。」陳蕃、周舉嘗相謂曰：「不見黃生，鄙吝復萌乎心。」郭林宗曰：「叔度汪汪若千頃波，澄之不清，淆之不濁，不可量也。」憲初舉孝廉，又辟公府，友人勸之仕，亦不拒，暫到京師而還，竟無所就。年四十八終，號曰「徵君」。王襲傳：范生曰：「余曾祖穆侯以憲隤然其處順，淵乎其似道，若及門孔氏，其殆庶乎！」

3750 馮羨

順帝紀，八使。周舉傳：郭泰傳。

3751 陳敬王羨

孝明八王傳，永平三年，封廣平王。博涉有威嚴，與諸儒講論白虎殿。七年，帝以廣

〔二〕「從駕」，手稿脫，據後漢書補。

3752 東海王羨　平在北，多邊費，徙封西平王。〔一〕及帝崩，遺詔徙陳。其年就國。立三十七年薨。〔二〕

3753 西平王羨　丁鴻傳。

3754 廣平王羨　光武十王傳，王祇薨，子羨嗣。二十年，魏受禪，以爲崇德侯。

3755 張羨　宋意傳。劉表傳，建安三年，長沙太守張羨率零陵、桂陽三郡畔表，表破羨，平之。註：「英雄記：羨，南陽人。」

3756 朱建〔三〕　獻帝紀，建安十九年，夏侯淵討朱建於枹罕，獲之。董卓傳，初，隴西人朱建在枹罕，自稱「河首平漢王」，署置百官三十許年。曹操因遣夏侯淵擊斬之，涼州悉平。

3757 宋建　天文志，建安十七年，熒孛五諸侯。〔四〕宋建別建枹罕。獻紀作「朱建」。

3758 宋建　董卓傳，註：「獻帝春秋，涼州義從宋建、〔五〕王國等反，詐金城郡降，求見涼州大人故新安令邊允、從事韓約云云。

3759 朱建　第五頡傳，註：「尚書廬江朱建與頡故舊。」

3760 朱建　匽后紀。見安平王豹下。

3761 貞王建　章帝八王傳，惠王薨，子貞王建嗣，立十年薨。

〔一〕「王」字，手稿脫，據後漢書補。
〔二〕手稿作「二」，據後漢書改。
〔三〕後漢書中華書局本獻帝紀作「朱」，董卓傳作「宗」。
〔四〕「朱」，手稿作「字」，據後漢書改。
〔五〕「涼」，手稿作「梁」，據後漢書改。

3762 千乘哀王〔孝明八王傳〕，永平三年封，明年薨，年少無子，國除。

3763 建〔齊武王傳〕，更始君臣謀殺伯升云云。繡衣御史申屠建隨獻玉玦，竟不能廢。〔劉玄傳〕，更始元年，遣西屏大將軍申屠建等攻武關。〔一〕十月，申屠建等自長安傳送乘輿衣御云云。

申屠建 封申屠建爲平氏王。互見張卬下。更始殺之。

3764 賈建 齊公主，爲侍中。順帝時光祿勳。〔二〕

3765 劉建〔寒朗傳〕，顏忠、王平辭連及曲成侯劉建。

3766 耿建〔寒朗傳〕，顏忠、王平辭連及隧鄉侯耿建。

3767 周建〔劉永傳〕，永招諸豪傑，沛人周建等署爲將帥。後與劉紆與馬武戰，不尅，走於道死。吳漢驅追擊，劉永將周建別招聚得十餘萬人，救蘇茂於廣樂。漢選精兵鼓進，建軍大潰，反奔城。漢長驅追擊，爭門並入，茂、建突走。

3768 籍建〔孫程傳〕，初，帝見廢，監太子家小黃門籍建、傅高梵、長秋長趙憙、丞良賀、藥長夏珍，皆以無過獲罪，徙朔方。〔三〕監太子家小黃門籍建、傅高梵、中傅高梵，皆以無罪徙朔方。帝即位，並擢爲中常侍。建後封東鄉侯。

〔一〕「屏」，手稿作「平」，據後漢書改。
〔二〕「勳」，手稿脫，據後漢書補。
〔三〕「歷」，手稿作「歛」，據後漢書改。

3769 段建　馮異傳，異薦邑子段建等，光武皆以爲掾史。註：「東觀記、續漢書段並作殷。」

3770 侯建　侯霸傳，於陵侯昱卒，子建嗣。

3771 蘇建　蘇章傳，八世祖建。

3772 樊建　樊儵傳，燕侯時卒，子建嗣，無子國絕。

3773 蕭建　趙咨傳，咨故吏蕭建。見朱祇下。

3774 檀建　鍾離意傳，意爲瑕丘令，有檀建者，盜竊縣內，意屏人問狀，不忍加罪，遣令長休建父聞之，遂令建仰藥死。

3775 趙建　左雄傳，河南趙建，年始十二，能通經。詳謝廉下。

3776 李建　孫程傳，中黃門李建封復陽侯。

3777 孔子建　孔僖傳，曾祖子建，答崔篆曰：「吾有布衣之心，子有衰冕之志，各從所好，不亦善乎！道既乖矣，請從此辭。」

3778 龜茲王建　班超傳，龜茲王建爲匈奴所立，倚虜威，據有北道，攻破疏勒。西域傳，永平十六年，龜茲王建攻殺疏勒王成。

3779 于寘王建　西域傳，拘彌王成國與于寘王建有隙，元嘉元年，趙評子迎喪道經拘彌，成國語評子云：〔二〕于寘王令胡醫持毒藥著瘡中，故致死耳。」評子信之。明年，長史王敬到于寘，

〔一〕「語」，手稿脫，據後漢書補。

3780 馬適建
3781 張燕

設具供請建而陰圖之。[一]建從官屬數十人詣敬。[二]坐定，建起行酒，敬叱左右執之，吏士並無殺建意，時成國主簿秦牧隨敬在會，持刀出曰：「大事已定，何爲疑？」即前斬建。

西南夷傳，昭帝元鳳元年，氐人復叛，遣執金吾馬適建等將三輔太常徒討破之。

獻帝紀，建安十年四月，黑山賊張燕率衆降。

黃巾起，燕聚少年爲盜，衆萬人。張牛角死，衆奉燕，故改姓張。燕慓悍，捷速過人，軍中號爲「飛燕」。後助公孫瓚與紹爭冀州。

朱儁傳，賊帥常山人張燕，輕勇趫捷，故軍中號曰「飛燕」。善得士卒心，乃與中山、常山、河內諸山谷更相交通，衆至百萬，號曰「黑山賊」。朝廷不能討。燕乃遣使至京師，奏疏乞降，遂拜燕平難中郎將，使領河北諸山谷事，[三]歲得舉孝廉、計吏。燕後漸寇河內，逼近京師，於是出儁爲河內太守，將家兵擊卻之。公孫瓚傳，黑山賊帥張燕與公孫瓚率兵十萬，[四]三道來救瓚。未及至，瓚乃密使人齎書告續曰：「汝當碎首於燕」云云。瓚既爲紹所敗，人衆稍散。曹操將定翼州，乃率衆詣鄴降，[五]封安國亭侯。袁紹傳，沮授謂紹曰：「還討黑

[一]「供」，手稿脫，據後漢書補。
[二]「數」，手稿作「從」，據後漢書改。
[三]「谷」，手稿作「各」，據後漢書改。
[四]「續」，手稿作「瓚」，據後漢書改。
[五]「平北」，手稿作「北平」，據後漢書改。

卷一百八十九　東漢書姓名韻（十六）　去聲　十一霰

三

傅山全书 第十七册

3782 趙彥 山，則張燕可滅。」註：「黑山在衛州衛縣西北。九州春秋曰：燕本姓褚。黃巾賊起，燕聚少年爲盜。燕推張牛角爲帥，與牛角攻癭陶。牛角中飛矢且死，大會其衆，必以燕爲帥。故改姓張。性慓悍，捷速過人，軍中號曰『飛燕』。」

3783 趙彥 袁紹傳，紹檄：「議郎趙彥，忠諫直言，義有可納。操欲迷奪時明，杜絕言路，擅收立殺。」

3784 王彥 方術傳，琅邪人，少有術學。[二]宗資討賊孫無忌，彥陳孤虛之法，以賊屯在莒，莒有五陽之地，宜發五陽郡兵，從孤擊虛以討之。資具以狀上，詔遣五陽兵到。彥推遁甲，教以時進兵，一戰破賊。

3785 金彥 曹逵傳，註：「五家穀梁之學，一王彥。」

3786 孔長彥 王忳傳，忳所殯葬書生姓金名彥。

3787 孔季彥 孔僖傳，孔僖傳，二子長彥，好章句學。季彥守其家業。延光元年，河西大雨，雹大者如斗。召彥見於德陽殿，問故，對曰：「貴臣擅權，母后黨盛」云云。舉孝廉不就，年四十七卒於家。

3788 徐儒 鄧訓傳，訓卒，前烏桓吏士聞之，皆奔走道路，至空城郭。吏執不聽，以狀白校尉徐儒，儒嘆息曰：「此義也。」註：「音于建反。」

3789 陳禪 字紀山，巴郡安漢人。仕郡功曹，察孝廉，州辟治中從事。刺史被上贓略，禪當傳考，自持喪斂之具從，五毒畢加，辭不變，事釋。車騎將軍鄧騭聞名辟舉茂才，以爲漢中

[二]「術學」，手稿作「學術」，據後漢書改。

一四

3790 馮

禪

太守。叛夷聞名，即時降。遷左馮翊，入拜諫議大夫。永寧二年，元會，作撢國所獻樂，元帝奇之。禪大言：「帝王之庭，不宜設夷狄之樂」云云。尚書陳忠劾禪廷訕，左轉玄菟侯城障尉，詔「敢不之官，上妻子從者名」。既行，會北匈奴入遼東，追拜遼東太守。胡聞禪名，退還數百里。但使吏卒往曉慰之，單于學行禮，為說道義化之。單于遣胡中珍貨而去。驚廢，以故吏免。復為隨使還郡。禪以為閻太后與帝無母子恩，宜徙別館，絕朝見。順帝即位，遷司隸校尉。明年卒。虞詡傳，永建元年，詡代陳禪為司隸校尉。周舉傳，時議郎陳禪以為閻太后與帝無母子恩，宜徙別館，絕朝見。鄧訓傳，辟陳禪置之幕府。崔瑗傳。

見「祇」下。

3791 梁

禮

段頲傳，建寧二年，遣謁者馮禪說降漢陽散羌。頲既大破羌，禪所招降四千人，分置安定、漢陽、隴西三郡。

梁竦傳，松子扈遣從兄禮奏記三府，以為漢家舊典，崇貴母氏云云。太尉張輔引禮訊問事理。

3792 崔

篆

崔駰傳，舒小子篆，莽時為郡文學，以明經徵詣公車。辭，投劾歸。時篆兄發為大司空，後以篆為建新大尹，[二]不得已，乃嘆曰：「吾生無妄之世，值澆、羿之君」云云。單車到官，稱疾不視事三年。篆自以宗門受莽偽寵，慚愧漢朝，辭不仕。客居滎陽，著周易林六十四篇。臨終，作賦自悼，名曰慰志。賦有曰：「恨遭而不隱兮，

[二]「建新」，手稿作「新建」，據後漢書改。下同。

3793 趙子賤

違石門之高蹤。」[一]孔僖傳,孔建與崔篆友善,篆仕王莽爲建新大尹,常勸子建仕。李固傳,註:「固二子聞固策免,并棄官亡歸巴漢。南鄭趙子賤爲郡功曹,詔下郡殺固二子。太守知其柱,遇之甚寬,二子託服藥死,具棺器,欲因出逃。[二]子賤畏法,勒吏驗實,就殺之。」

3794 楊安殿

董卓傳,董承奔張楊,[三]楊使承繕修洛宮。[四]七月,帝還至洛,幸楊安殿。張楊以爲己功,故因以爲名。楊謂諸將曰:「天子當與天下共之,朝廷自有公卿大臣,楊當出扞外難。」遂還野王。

3795 覃兒健

南蠻傳,章帝建初三年冬,漊中蠻覃兒健復反,攻燒零陽、作唐、屚陵界中。明年春,發荆州七郡及汝南、潁川施刑徒吏士五千餘人,拒守零陽,募充中五里蠻精夫不叛者四千人,擊澧中賊。五年春,覃兒健請降,不許。郡因進兵戰於宏下,大破之,斬覃兒健首,餘皆棄營走還漊中,乞降,乃受之。

3796 葉調王便

南蠻傳,順帝永建六年日南徼外葉調王便遣使貢獻,[五]賜便金印紫綬。

3797 烏居戰

匈奴傳,永元六年,南單于以其右溫禺犢王烏居戰始與安國同謀,欲考問之。烏居戰將數千人遂投反叛,出塞外山谷間,爲吏民害。秋,龐奮、馮柱與諸郡兵擊烏居戰,其衆

[一]「蹤」,手稿作「縱」,據後漢書改。
[二]「因」,手稿作「固」,據後漢書改。
[三]「奔」,手稿作「莽」,據後漢書改。
[四]「洛」,手稿作「治」,據後漢書改。
[五]「徼」,手稿作「徽」,據後漢書改。

十二嘯

降，於是使烏居戰眾及諸還降二萬餘人，於安定、北地。

3798 徐少

光武紀，註：「富平賊帥徐少。」伏湛傳，獲索賊徐少。

3799 常少

公孫述傳，帝與述書，陳言禍福。述以示所親太常常少等，皆勸降。述曰：「興廢命也。豈有降天子哉！」

3800 河間王邵

光武紀，建武七年八月丁亥，封前河間王邵為河間王。

3801 鄧邵

陳寔傳，縣令鄧邵與語奇之，聽受業太學。

3802 甄邵

李固傳，潁川甄邵諂附梁冀，為鄴令。有同歲生得罪於冀，亡走邵，邵偽納之，而因以告冀，捕殺之。邵當遷為郡守，會母亡，埋尸馬屋，先受封，然後發喪。邵還至洛陽，變為河南尹，行塗遇之，使卒投車於溝中，搒笞亂下，大書帛於其背曰「諂貴賣友，貪官埋母」。具表其狀，邵遂廢錮。

3803 羅邵

董卓傳，註：「封議郎羅邵為列侯。」

3804 种劭

獻帝紀，興平元年三月，馬騰與郭汜等戰於長平觀前，益州刺史种劭戰歿。种拂傳，拂子字申甫。中平末，為諫議大夫。何進將誅宦官，召董卓至澠池，意更狐疑，遣劭宣詔止之。卓以兵脅劭，劭稱詔大呼叱之，軍士皆披，遂前質責卓。卓辭屈，還軍。及進敗，獻帝即位，拜侍中。卓惡劭強力，遂左轉議郎，出為益、涼二州刺史。會父戰死。服終，為少府、大鴻臚，皆辭不受。與馬騰、韓遂及左中郎將劉範，諫議大夫

3805 應劭

馬宇共攻催、氾報仇[二]戰長平觀下，劭等皆死。董卓傳，馬騰與前涼州刺史种劭合兵攻催，催使李利、郭氾、樊稠與馬騰等戰，騰等敗，劭及劉範皆死。獻帝紀，初平二年十一月，青州黃巾寇太山，太守應劭擊破之。五行志，撰建武靖開以來災異。本傳，字仲遠。少篤學，多聞。靈帝時舉孝廉，辟車騎將軍何苗掾。中平三年，舉高第。六年，拜太山太守。初平二年，黃巾入郡界，劭大斬獲，賊退郡安。興平元年，遣兵迎曹嵩，而嵩為陶謙殺。劭畏操，棄郡奔袁紹。獻帝善之。二年，詔拜劭為紹軍謀校尉。時遷都許，舊章湮沒，劭乃綴集所聞，著漢官儀。奉為司隸時，下諸官府郡國，各上前人像贊，劭連綴其名，錄為狀人紀。又論當時行事，著中漢輯序。[三]撰風俗通以辨物類名號，儒列名有太袁紹要玄時，應劭自贊曰：「故太山太守應仲遠，北面稱弟子何如？」玄笑曰：「仲尼之門以四科，回，賜之徒不稱官閥。」劭有慚色。朱儁傳，陶謙等奏記，儁列名有太山太守應劭。史弼傳，前孝廉毁變形服，[四]詐為家僕，瞻護弼。弼當棄市。劭與同郡人賣郡邸，行賂

3806 魏

劭

[一]「報」，手稿作「執」，據後漢書改。
[二]「覆」，手稿作「卓」，據後漢書改。
[三]「著」下手稿衍一「漢」字，據後漢書刪。
[四]「前」，手稿作「于」，據後漢書改。

3807 許劭

劭字子將,汝南平輿人也。少峻名節,好人倫。初為郡功曹,同郡袁紹,公族豪俠,去濮陽令歸,車徒甚盛,將入郡界,曰:「吾輿服豈可使許子將見。」遂以單車歸家。常到潁川,不候陳寔。又陳蕃葬妻,鄉人畢至,而劭獨不往,曰:「太丘道廣,廣則難周;仲舉性峻,峻則少通」云。曹操微時,常卑辭厚禮,求為己目。劭鄙其人而不肯對,操伺隙脅劭,劭不得已,曰:「君清平之姦賊,亂世之英雄。」操大悅而去。楊彪辟,舉方正、敦樸,皆不就。或勸之仕,曰:「吾欲避地淮海,以全老幼。」乃南到廣陵。徐州刺史陶謙禮之,遂去投揚州刺史劉繇。孫策平吳,與繇奔豫章而卒。

3808 張勃

3809 尹耀

耀,揚州刺史尹耀,九江太守鄧顯討賊范容等於歷陽,軍敗,耀、顯歿。滕撫傳,揚州刺史尹耀。見鄧顯下。許升傳,升為盜所害,刺史尹耀捕盜得之。妻詣州請甘心仇人,耀聽之,妻手斷其頭以祭升。

3810 閻耀

沖帝紀,揚州刺史尹耀。

3811 運期耀

安思后紀,梁鴻改姓運期,名耀。

3812 沛王曜

逸民傳,梁鴻改姓運期。

3813 張曜

光武十王傳,孝王琮薨,子恭王曜嗣。

3814 孔曜

張禹傳,禹卒,小子曜為郎。

3815 袁曜

孔僖傳,孔損子曜,嗣襃亭侯。

袁術傳,術子曜,仕吳為郎。

十三效

3816 竇后妙　桓思竇后妙，章德竇后從祖弟之孫女也。父武。延熹八年，鄧后廢，以選入掖庭爲貴人。冬，立爲后。帝崩，爲太后，臨朝。

3817 太子肇　清河王傳，建初七年，廢太子慶爲清河王，而立皇太子肇。肇，梁貴人子也。

3818 邊詔　黃瓊傳，大中大夫邊詔稱冀功德，宜比周公云云。

3819 蔡較　律曆志，論月食，太常就耽選博士蔡較等難問馮恂、孫誠。

3820 黃龍左較　袁紹傳，紹擊賊黃龍左較。

3821 鄧豹　和熹后紀，詔從兄河南尹鄧豹、越騎校尉康云〔二〕。鄧騭傳，從弟河南尹豹等皆自殺。

3822 安平王豹　匽后紀，詔安平王豹、河間王建、渤海王悝，長社、益陽二公主會葬。

3823 常山王豹　孝明八王傳，頃王曒，子節王豹嗣，立八年薨。

3824 何豹　寇榮傳，河南尹何豹。崔寔傳，少府何豹等薦寔才能。何休傳，父豹。

3825 韋豹　少府。韋彪傳，義次兄豹，字季明。數辟公府，輒以事去。司徒劉愷辟之，曰：「犬馬齒衰，〔三〕膂力已竭」云云。遂跣而起，愷追之，當選御史，意在相薦。」豹曰：

〔二〕「康」，手稿作「奈」，據後漢書改。
〔三〕「犬」，手稿作「大」，據後漢書改。

3826 馮豹
馮衍傳，子豹字仲文，年十二，母爲父所出。後母惡之，[二]常欲毒害，豹逃走得免。長好儒學，以詩、春秋教授麗山下。鄉里爲之語曰：「道德彬彬馮仲文。」舉孝廉，拜尚書郎。每奏事未報，常伏省閤，或從昏至明。[三]肅宗聞之，使黃門持被覆豹。時方平西域，拜河西副校尉。和帝初，數言邊事，奏置戊己校尉。遷武威太守。復徵入爲尚書，卒官。

3827 公孫豹
獨行傳，公孫域之子豹，公孫度少時，亦名豹。互詳延度下。

3828 孫豹
南蠻傳，武帝末，珠崖太守會稽孫幸調廣幅布獻之，蠻不堪，遂殺幸。幸子豹合率善人還復破之，自領郡事，討擊餘黨，連年乃平。豹遣使封還印綬，上書言狀，制詔卽以豹爲珠崖太守，威政大行。

3829 唐瑁
王美人紀，弘農王唐姬歸鄉里，父會稽太守瑁欲嫁之，姬誓不許。

3830 橋瑁
臧洪傳，酸棗之盟，東郡太守橋瑁。何進傳，並召東郡太守橋瑁屯成皋。袁紹傳，初平元年，紹與東郡太守橋瑁等起兵討卓。魏氏春秋云：「劉岱惡而殺之。」互見韓馥下。

3831 蔡瑁
劉表傳，襄陽人。見蒯越下。又表妻弟。見「琮」下。

3832 劉瑁
劉焉傳，瑁子瑁爲別部司馬，隨焉在益州。後曹操加瑁平寇將軍。

[二]「惡」，手稿作「患」，據後漢書改。
[三]「或」，手稿作「式」，據後漢書改。

3833 劉孝 劉盆子傳，盆等欲立帝，求軍中景王後者，得七十餘人，唯盆子與前西安侯劉孝最爲近屬。

3834 馮孝 馮異傳，從兄孝並從光武，因共薦異。

3835 段孝 賈復傳，註：「東觀記：時上置兩府官屬，復與段孝共坐。」孝曰：『卿將軍督，我大司馬督，不得共坐。』復曰：『俱劉公吏』云云。」

3836 趙孝 字長平，沛國蘄人。莽時以父普任爲郎。天下亂，人相食。弟禮爲餓賊所得，孝自縛詣賊，曰：「禮瘦，不如孝肥」云云。舉孝廉。永平中，辟太尉府，詔拜諫議大夫，遷侍中，長樂尉。歸卒於家，無子。列女傳，沛郡周郁妻，同郡趙孝之女也。賢父故應有此女也。

3837 淳于孝 淳于恭傳，子孝，爲太子舍人。樊準傳。

3838 謝季孝 戴良傳，同郡謝季孝問曰：「子自視天下孰可爲比？」

3839 荀燾 荀淑傳，八龍四燾。

3840 吳導 范滂傳，督郵吳導至縣，抱詔書，[二]閉傳舍，伏牀而泣。滂聞之，曰：「必爲我也。」

3841 曹操 曹操傳，劉焉傳。

3842 任造 任末傳，臨歿，勅兄子造曰：「必致我尸於師門，使死而有知，魂靈不慚。」造從之。

3843 耿耗 東夷傳，安帝建元元年，遼東太守蔡諷等追擊貊人於新昌，戰歿。功曹耿耗等以身扞

[一]「書」，手稿作「曰」，據後漢書改。

十四箇

3844 柳貌

諷,俱死。互見「端」、「酺」下。

西南夷傳,永平十二年,哀牢王柳貌遣子率種人內屬,其稱邑王者七十七人,戶五萬一千八百九十,口五十五萬三千七百一十一。顯宗以其地置哀牢、博南二縣,割益州郡西部都尉所領六縣,合爲永昌郡。始通博南山,度蘭倉水,行者苦之。

3845 宣播

獻帝紀,興平二年,東澗之敗,催殺廷尉宣播。註:「獻帝春秋播作璠也。」

3846 宣播

播楊彪傳,卓使司隸校尉宣播以火災奏免琬、彪等。

3847 郭賀

播蔡茂傳,茂初在廣漢,夢坐大殿,極上有三穗禾,茂跳取之,得其中穗,輒復失之。以問主簿郭賀,曰:「大殿,宮府之形象也。極而有禾,人臣之上祿也。取中穗,是中台之位也。于字禾失爲秩」云云。旬日而茂徵焉,辟賀爲掾。建武中爲尚書令,拜荊州刺史。百姓歌之曰:「厥德仁明郭喬卿。」賀字喬卿,能明法公之服。勑行部去幨帷,以章有德。永平四年,徵拜河南尹,在官三年卒。

3848 郭賀

郭鎮傳,長子賀當嗣爵,讓與小弟而逃去。積數年,詔大鴻臚下州郡追之,賀不得已,乃出受封。累遷,復至廷尉。卒,諡成侯。

3849 玄賀

第五倫傳,倫爲宕渠令,顯拔鄉佐玄賀,賀後爲九江、沛二郡守,以清潔稱,終大司農。

3850 袁賀

袁敞傳,父賀,爲彭城相。註:「風俗通:賀字元服,祖父京爲侍中。安帝始加元

服，百寮會賀而孫適生，[二]因名字焉。」

3851 欒賀

欒巴傳，子賀，官至雲中太守。

3852 應賀

周舉傳，尚書應賀，疏舉忠直。

3853 良賀

孫程傳。總見籍建下。賀清儉退厚，位至大長秋。詔九卿舉武猛，賀獨無所薦引。問其故，對曰：「臣生自草茅，長於宮掖，既無知人之明，又未嘗交知士類。[三]昔衛鞅因景監以見，有識知其不終。今得臣舉者，匪榮伊辱」云。及卒，帝思賀忠，封其養子為都鄉侯。

3854 馮座

3855 陳坐

馮衍傳，註：「東觀記曰：野王生座，襲父爵為關內侯，座生衍。」

劉表傳，陳坐，江夏賊也。見「越」下。

十五馮

3856 巨無霸

光武紀。建武五年十一月壬寅，尚書令侯霸為大司徒，代伏湛。十三年正月壬申，莽初，為隨宰，再遷執法刺姦，後為淮平大尹。莽敗，保全一郡。更始元年，徵霸，百姓號哭遮使者，乞留。建武四年，徵與車駕會壽春，拜尚書令。時無故典，朝廷又少舊臣，霸

3857 侯霸

光武紀，韓歆代之。本傳，字君房，河南密人。成帝時任為太子舍人。

[二]「孫」，手稿作「遂」，據後漢書改。

[三]「知士」，手稿作「加土」，據後漢書改。

二四

3858 侯霸

明習故事，收錄遺文，條奏前世善政施行之。明年，代伏湛為司徒，封關內侯。十三年，薨。追封諡則鄉哀侯。[一]
宜令通居職療疾。朱浮傳，尚書令侯霸奏浮敗亂幽州，構成寵罪，徒勞軍帥，不能死節。王霸傳，司徒侯霸讓位於霸。嚴光傳，司徒侯霸與光素舊，遣使奉書云云。鍾離意傳。八十三卷序，建武中，霸辟關仲叔。

安帝紀，永初七年秋，護羌校尉侯霸與馬賢破先零羌。西羌傳，和帝永元十三年，校尉周鮪與金城太守侯霸，及諸郡兵、屬國湟中月氏諸胡、隴西牢姐羌，合三萬人，出塞至允川，[二]與迷唐戰。鮪還營自守，唯侯霸兵陷陣，斬四百餘級。羌種瓦解，降者六千餘口，分徙漢陽、安定、隴西。侯霸遂代鮪為校尉。上置東西邯屯田五部，增留、逢二部。安帝永初二年，坐衆羌反叛，徵以西域都護段禧代之。明年，校尉段禧卒，以侯霸代之，遂移居張掖。七年夏，騎都尉馬賢與侯霸掩擊零昌別部牢羌於安定，首虜千人，得驢騾駱駝馬牛羊二萬餘頭，以畀得者。[三]明年，復與馬賢將湟中吏人及降胡擊零昌於枹罕，斬首二百餘級。尋病卒，龐參代之。

3859 郭霸

順帝紀，永元十一年七月，司隸校尉郭霸下獄死。寶后妙紀，后欲盡誅貴人，中常侍管霸苦諫乃止。五行志。見柳芬下。

3860 管霸

李雲傳，管霸

〔一〕「追」，手稿作「退」，據後漢書改。
〔二〕「川」，手稿作「州」，據後漢書改。
〔三〕「畀」，手稿作「界」，據後漢書改。

卷一百八十九　東漢書姓名韻（十六）　去聲　十五禡

二五

3861 王霸

奏雲等事，詭言李雲野渾愚儒，杜衆郡中小吏，不足加罪云云。劉祐傳、蘇康、管霸固天下良田美業。竇武傳，時中常侍管霸頗有才略，專制省內，武先白誅霸及蘇等，竟死。曹節傳。陳蕃傳。

上谷太守淮陵侯王霸，字元伯，潁川潁陽人。少為郡吏，不樂吏職，父遣西學長安。光武過潁陽，霸率賓客謁，願充行伍，從擊尋、邑於昆陽，還休鄉里。光武為司隸校尉，過潁陽，從之。至洛陽，光武為大司馬，霸為功曹令史，從擊河北。光武南馳下曲陽，詭言潔沱冰堅可渡，以為軍正，爵關內侯。拔邯鄲，追斬王郎，封王鄉侯。光武即位，拜偏將軍。建武二年，更封富波侯。四年冬，拔討周建於垂惠，不救馬武。五年春，拜討虜將軍。六年，屯田新安。八年，屯軍函谷關，擊滎陽、中牟賊，皆平之。九年，共擊盧芳將賈覽等。十三年，更封向侯。將弛刑徒六千餘人，[二]與杜茂治飛狐道，[三]築亭障三百餘里。在上谷二十餘年，定封淮陵侯。永平二年卒。

3862 王霸列女傳，霸與同郡令狐子伯為友。

3863 王霸逸民傳，字儒仲，太原廣武人。莽篡，棄冠帶，絕交宦。建武中，徵到，稱名不稱臣，以病歸隱居，自守以病終。

3864 耿霸耿弇傳，況卒，少子霸襲況爵。又曰，隃糜侯霸卒。

3865 竇霸竇憲傳，叔父霸，為城門校尉。

[一]「徒」，手稿脫，據後漢書補。

[二]「治」，手稿作「與」，據後漢書改。

3866 魏霸　字喬卿，濟陰句陽人。建初中，舉孝廉。和帝時，爲鉅鹿太守，簡樸寬恕。永元十六年，徵拜將作大匠。和帝崩，典作順陵。盛冬地凍，中使督促，數罰縣吏厲魏霸，撫循而已。終光祿大夫。周章傳，永初元年，代魏霸爲太常。

3867 孔霸　孔奮傳，曾祖霸，元帝時爲侍中。孔融傳，七世祖霸，元帝師。[一]孔昱傳。

3868 張霸　字伯饒，蜀郡成都人。年數歲而知孝讓，鄉人號爲「張曾子」。七歲通春秋，復欲進餘經，[二]父母曰「汝小未能也」，曰「我饒爲之」，故字「饒」。後就樊儵受嚴氏春秋，遂博覽五經。[三]以儵刪嚴氏猶繁，乃減定爲二十萬言，更名張氏學。舉孝廉光祿主事。永元中，爲會稽太守。童謠曰：「棄我戟，損我矛，盜賊盡，吏皆休。」視事三年，曰：「老子有言，[四]知足不辱。」遂上病。後徵，四遷爲侍中。時皇后兄鄧騭貴盛，[五]欲以爲交，霸逡巡不答，衆笑其不識時務。[六]後當爲五更，會疾卒。諸子承命，葬於河南梁縣。翟酺追錄，謚曰憲文。

3869 古霸　東平王傳，上疏曰：「伏聞當爲二陵起立郭邑，臣前頗謂道路之言，疑不審，近令從官古霸問涅陽主疾，使還，乃知詔書已下」云云。

［一］「師」，手稿作「帥」，據後漢書改。
［二］「餘」，手稿作「除」，據後漢書改。
［三］「博覽」，手稿作「傳饒」，據後漢書改。
［四］「老」，手稿作「孝」，據後漢書改。
［五］「盛」，手稿作「聖」，據後漢書改。
［六］「時」字上，手稿衍一「其」字，據後漢書刪。

卷一百八十九　東漢書姓名韻（十六）　去聲　十五禡

二七

3870 白霸　班超傳，上疏宜拜龜茲侍子白霸爲其國王，以步騎數百送之。永元三年，拜白霸爲龜茲王，遣司馬姚光送之。超與光共脅龜茲廢其王尤利多而立白霸爲王。梁慬傳，詭說白霸許之，吏人固諫，霸不聽。班勇傳。

3871 臧霸　呂布傳，太山臧霸等共攻破莒城，許布財幣以相結而未送，布自往求之，霸等不測往意，固守拒之。

3872 吳霸　西南夷傳，[二]夷獠咸以竹王非血氣所生，甚重之，求爲立後。牂柯太守吳霸以聞，天子封其子爲侯。

3873 休莫霸　西域于寘國傳，永平中，于寘將休莫霸反莎車，自立爲于寘王。復與漢人韓融等殺都末兄弟，自立于寘王，復與拘彌國人攻殺莎車將在皮山者，引兵歸。於是莎車王賢遣太子、國相，將諸國兵二萬人擊休莫霸，休莫霸迎戰，莎車兵敗走，殺萬餘人。賢復發諸國兵數萬人，自將擊休莫霸，休莫霸復破之，斬殺過半。莎車兵敗霸進圍莎車，中流矢死。

3874 孫夏　靈帝紀，中平元年十一月，朱儁斬黃巾孫夏。朱儁傳，賊復以孫夏爲帥，還屯宛中，儁攻之，夏走追至西鄂精山，斬萬餘級。

3875 梁伯夏　五行志，光和元年五月壬午，何人白衣欲入德陽門，曰「我梁伯夏，教我上殿爲天子」云云。須臾還走，求索不得。

[二]「西」，手稿作「東」，據後漢書改。

3876 丁夏 丁鴻傳，一作夒。浮卒，子夏嗣。註：「東觀記作『夔』字。」
3877 郭大 靈帝紀，中平五年二月，黃巾餘賊郭大起西河。
3878 成大 班超傳，疏勒王反，從莎車西保烏卽城，超乃更立其府丞成大爲疏勒王。

十六蔗

3879 馮赦 順帝紀，建康元年八月，遣御史中丞馮赦督兵討范容等。
3880 阜陵王赦 光武十王傳，孝王統薨，子赦立。建安中薨，無子國除。
3881 獻王赦 趙孝王傳，豫薨，子獻王赦嗣。
3882 袁赦 梁冀傳，中常侍袁赦。見「宣」下。袁安傳，逢爲三公，時中常侍袁赦，隗之宗也，[二] 用事於中。以逢、隗世宰相家，推崇以爲外援，故袁氏貴寵於世。陽球傳。[三]
3883 江舍 桓帝紀，建和元年，陳留盜賊李堅。註：「東觀記曰：江舍卽李堅等。」
3884 趙舍 孔融傳，融爲侍御史，與中丞趙舍不同，託病歸家。
3885 孫社 劉矩傳，矩以疾去官，梁冀妻兒孫社爲沛相，矩懼爲所害，不敢還鄉里，投彭城友人家。歲餘，冀意少悟。
3886 月氏副王班超傳，永元二年，月氏遣其副王謝將兵七萬攻超。超收穀堅守，謝鈔掠無所得。度

〔二〕「宗」，手稿作「孫」，據後漢書改。
〔三〕「陽」，手稿作「楊」，據後漢書改。

謝其糧將盡，必從龜茲求救，乃遣兵數百於東界要之。謝果遣騎齎金玉賂龜茲，伏兵遮擊，盡殺之。持使首示謝，謝大驚，遣使請罪，願得生還。超縱遣之。月氏由是大震，奉貢獻。

卷一百九十 東漢書姓名韻（十七）

去聲

十七漾

劉尚

光武紀，建武十九年，西南夷寇益州，遣武威將軍劉尚討之。越巂太守任貴謀叛，尚襲貴，誅之。二十一年春正月，尚擊益州夷，平之。二十三年春正月，南郡蠻叛，遣武威將軍劉尚討破之。五行志，地震條，建武二十二年九月，郡國四十二地震，其後武谿蠻夷反，遣武威將軍劉尚擊之，尚遂為所沒。公孫述傳，吳漢大掠，帝聞之怒，又讓漢。副將劉尚曰：「城降三日，吏人從服，孩兒老母，口以萬數，一旦放兵縱火，可為酸鼻！尚宗室子孫，營更更職，[二]何忍行此」云云。吳漢傳，漢去成都十餘里，阻江北為營，使副將武威將軍劉尚屯江南，帝聞大驚云云。漢夜引兵與尚合，見謝豐下。馬援傳，建武二十四年，武威將軍劉尚擊武陵五谿蠻夷深入軍沒，援復請行。宋均傳。南蠻傳，建武二十三年，南郡潳山蠻雷遷等反叛，遣武威將軍劉尚將萬餘人討破之，徙其種人七千餘口置江夏界中，今沔中蠻是也。又遣武威將軍劉尚發南郡、

[二]「營」，手稿作「常」，據後漢書改。

3888 劉尚

長沙、武陵兵萬餘人，乘船沂沅水入五溪擊相單程等，劉尚輕敵入險，山深水疾，舟不得上。蠻知尚糧少人遠，又不曉道徑，遂屯聚守險。尚食盡引還，蠻緣路邀戰，尚軍大敗，悉爲所沒。西南夷傳，建武十九年，遣武威將軍劉尚擊益州夷，路由越巂。尚軍渡瀘水，入益州界。夷聞兵至，棄壘奔走，尚軍追至不韋，[二]

斬棟蠶帥，凡首虜七千餘人，得生口五千七百人，牛羊三萬餘頭，諸夷悉平。邛都夷傳，建武十九年，武威將軍劉尚擊益州夷既定南夷，已不得自放縱，因聚兵起營台，招呼諸君長，多釀毒酒，命先以勞軍，因襲擊尚。尚知其謀，即分兵先聚邛都，遂掩長貴誅之，徙其家屬於成都。

和帝紀，永元元年九月庚申，以車騎將軍竇憲爲大將軍，以中郎將劉尚爲車騎將軍。九年閏八月，遣行征西將軍劉尚討燒當，破之。又和帝永元九年三月庚辰，隴西地震，隴西中爲征西將軍。趙熹傳，西羌反，和帝永元四年秋，遣行征西將軍劉尚與越騎校尉趙代將北軍五營、黎陽、雍營、三輔積射及邊兵羌胡三萬人討之。尚屯狄道，遣司馬寇盱四面會擊。見「盱」下。明年，尚、代並坐畏愞徵下獄，免。謁者王信領尚營屯枹罕。

3889 任城王尚

東平王傳，分東平國封忠弟尚爲任城王。任城王傳，孝王尚，元和元年封，食任城、

[二]「追至」，手稿脫，據後漢書補。

3890 黃

尚

順帝紀，〔一〕樊三縣，立十八年薨。陽嘉三年十一月乙巳，大司農南郡黃尚為司徒，代劉崎也。註：「尚字伯河，南郡邵人。」永和三年八月己未，司徒黃尚免，劉壽代之。周舉傳，議北鄉侯號，司徒黃尚、太常桓焉等同舉議。

3891 龍

尚

桓帝紀，延熹九年，沛國戴異得黃金印，無文字，遂與廣陵人龍尚共祭，並作符書，稱太上皇伏誅。

3892 袁

尚

獻帝紀，建安九年，曹操破袁尚。十二年十一月，遼東太守公孫康殺尚。袁紹傳，尚，紹子，字顯甫。小而美，審配等矯紹遺命立之。〔三〕卒與譚相攻殺，奔遼東，公孫康擒殺之。尚有勇力，先與熙謀曰：「今到遼東，康必見我，我獨為兄乎擊之，且據其郡可以自廣也。」

3893 景

尚

景丹傳，丹卒，子尚嗣，徙封余吾侯。

3894 任

尚

鄧訓傳，訓發湟中兵，令長史任尚將之。〔三〕又見司馬鈞、鄧鳳下。竇憲傳，任尚追擊北虜。見趙博下。劉愷傳，時征西校尉任尚以姦利被徵抵罪。尚曾副大將軍鄧騭，騭黨護之云云。解尚禁錮，愷不肯與議。班超傳，以戊己校尉任尚為都護。與超交代，尚

〔一〕「父」，手稿作「任」，據後漢書改。
〔二〕「配」，傅山全書初版本誤作「紀」，據手稿改。
〔三〕「令」，手稿作「金」，據後漢書改。

卷二百九十　東漢書姓名韻（十七）　去聲　十七漾

三三

請誨，〔二〕超曰：「塞外吏士，〔三〕本非孝子順孫，宜蕩佚簡易，寬小過，總大綱而已。」〔三〕超去後，尚謂所親曰：「我以班君當有奇策，今所言平平耳。」尚至數年，而西域反亂，以罪被徵。龐參傳，參上書留征西校尉任尚使督涼州，士民轉居三輔。匈奴傳，和帝永元三年，使中郎將任尚持節衛護北單于於除鞬，如南單于故事。方欲輔歸北庭，會竇憲誅。永元六年，降胡驚動反畔，遣烏桓校尉任尚將烏桓、鮮卑同車騎將軍鄧鴻等討之。任尚率鮮卑大都護蘇拔廆，烏桓大人勿柯八千餘人，要擊逢侯於滿夷谷，大破之。西羌傳，安帝永初元年，遣車騎將軍鄧騭，征西校尉任尚副，將五營及三河、三輔、汝南、潁川、上黨合五萬人，屯漢陽。明年春，鍾羌敗騭軍於冀西。冬，驚使任尚及從事中郎司馬鈞率諸郡兵與滇零戰於平襄，尚軍大敗，死者八千餘人。羌種大盛，朝廷不能制。詔騭還師，留任尚屯漢湯，為諸軍節度。封尚樂亭侯，食邑三百戶。明年，詔任尚將吏兵還屯長安。五年春，任尚坐無功徵免。元初二年，龐參、仲光等之敗也，尚遣為中郎將，將羽林、緹騎、五營子弟三千五百人，〔四〕代班雄屯三輔。尚臨行，虞詡說之，尚大奇，即上言用共計，於丁溪城，斬首四百餘級。明年，遣尚兵擊破先零羌於丁溪城，擊零昌於北地，殺其妻子，得牛馬羊二萬頭，燒五百所。任尚又遣假司馬募陷陣士，

〔一〕「誨」，手稿作「悔」，據後漢書改。
〔二〕「外」，手稿作「非」，據後漢書改。
〔三〕「總」，手稿作「縱」，據後漢書改。
〔四〕「三」，手稿作「五」，據後漢書改。

3895 宋尚
3896 陸尚
3897 樊尚
3898 度尚

宋尚 其廬落，斬首七百餘級，得僭號文書及所沒諸將印綬。四年春，遣當闐種榆鬼等刺殺杜季貢。秋，復募効功種號封刺殺零昌。冬，尚將諸郡兵與馬賢並進北地擊狼莫。永初五年，任尚與鄧遵爭功，又詐增首級，受賕枉法，贓千萬以上，檻車徵棄，沒入田廬奴婢財物。西域傳，安帝永初元年，西域背叛，頻攻圍都護任尚、段禧等，朝廷以其險遠，難相應赴，詔罷都護。自此遂棄西域。北匈奴卽復收諸國，共爲邊寇。宋弘傳，成帝時至少府。哀帝立，以不附董賢違忤抵罪。

陸尚 陸康傳，康擊破賊黃穰，靈帝加其功，拜康孫尚爲郎中。

樊尚 樊儵傳，燕侯建卒，子尚嗣。

度尚 字博平，山陽胡陸人也。家貧，不修學行，不爲鄉里所推舉。積困窮，乃爲宦者同郡侯覽視田，得爲郡上計吏，拜郎中，除上虞長。政嚴峻，遷文安令。討長沙、零陵諸賊，破之，降者數萬，奇之。尚書朱穆舉尚，自右校令擢爲荊州刺史。胡蘭餘黨南走蒼梧，懼爲己負，[二]乃僞上言蒼梧賊入荊州界，徵到廷尉，辭窮，以先有功得原。後爲遼東太守，破鮮卑，年五十。黨錮傳序，廚。朱儁傳，本縣長度尚見而奇之。南蠻傳，桓帝延熹三年，荊州刺史劉度奔走，以右校令度尚爲荊州刺史，「卜陽等財寳足富數世」云云。延熹七年，大破平之。延熹九年卒官，年五十。士卒驕富，無鬥志。尚密使客焚營擊士，曰：「卜陽等財寳足富數世」云云。大破平之。延熹七年，封右鄉侯，遷桂陽太守。明年，徵還，復爲中郎將，將幽、冀兵救陳球於零陵，斬胡蘭等，爲荊州刺史。胡蘭餘黨南走蒼梧

〔二〕「負」，手稿作「員」，據後漢書改。

3899 金　尚　討長沙賊，平之。
呂布傳　袁術與布書曰：「昔金元休南至封丘，爲曹操所敗。」註：「典略曰：元休名尚，獻帝初爲兗州刺史，東之郡，而魏武已臨兗州。尚依袁術。建安初，逃還，爲術害。」

3900 田　尚　任延傳　田紺子尚，自號將軍，聚輕薄數百人，攻郡，延破之。

3901 轟　尚　西羌傳　和帝永元四年，蜀郡太守轟尚代鄧訓爲校尉。轟尚見前人累征不克，欲以文德服之，[二]乃遣驛使招呼迷唐，使還居大、小榆谷。迷唐既還，遣祖母卑缺詣轟尚，自送至塞下，爲設祖道，令譯田汜等五人護送云云。迷唐復反叛，寇金城。五年，尚坐徵免。

3902 傅　亢　光武紀　建武八年四月，司隸校尉傅亢下獄死。

3903 當塗鄉侯　任城王傳　永初四年，封母弟亢爲當塗鄉侯。

3904 千乘貞王伉　孝章八王傳　千乘貞王伉，建初四年封。和帝即位，以伉長兄，甚尊禮，立十五年薨，子寵嗣。

3905 千乘王伉　逵傳　買逵所選弟子及門生爲千乘王伉國郎，朝夕受業黃門署。

3906 馬　伉　馬嚴傳　嚴子伉。

〔二〕「欲」，手稿作「命」，據後漢書改。
〔三〕「驛」，手稿作「譯」，據後漢書改。

3907 馬伉

馬融傳，因兄子喪，自劾歸。註：「時兄子伉在融舍故。」

3908 岑伉

岑彭傳，子伉嗣。

3909 馮伉

馮勤傳，勤祖父偃，爲子伉娶長妻，生勤，長八尺三寸。

3910 吳伉

吳強傳，小黃門甘陵吳伉，善爲風角，博達有奉公稱。知不得用，常託病還寺舍，從容養志。

3911 鄧讓

光武紀，岑彭傳，彭與交阯太守鄧讓厚善，與讓書陳國家威德云云。讓與江夏太守侯登等相率遣使貢獻，悉封爲列侯。

3912 臨邑侯讓

光武紀，更始二年正月，臨邑侯讓謀反，耿純誅之。耿純傳，劉揚弟臨邑侯讓。見「揚」下。

3913 梁讓

桓帝紀，延熹二年八月，屯騎校尉梁讓伏誅。梁冀傳，收叔父屯騎校尉讓等棄市。李固傳，註：「梁商弟讓爲南陽太守，不奉法，趙戒到州劾奏之。」杜喬傳，奏陳留太守梁讓等贓罪千萬以上。

3914 梁讓

梁鴻傳，父讓，王莽時爲城門校尉，封修遠伯。使奉少昊，後寓於北地而卒。

3915 張讓

王允傳，於賊中得張讓賓客書。陳寔傳，黨錮傳。何進傳，讓子婦，太后之妹也。讓向子婦叩頭曰：「老臣得罪，當與新婦俱歸私門。願復一入直，得暫奉望太后顏色。」子婦言於舞陽君云。何進被害，袁術等燒南宮九龍門及東西宮，欲以脅出讓等。入白太后，言大將軍兵反，因將太后、天子及陳留王從複道走北宮。紹因進兵排宮，張讓、段珪遂將帝與陳留王數十人步出穀城門，奔小平津。董卓傳，袁紹私呼卓將兵入朝，

3916

邊讓

以脅太后。卓即時就道，上書曰：「中常侍張讓等竊幸承寵」云云。請收讓等。袁紹傳。陽球傳。[二]宦者傳，潁川人。桓帝時為小黃門。靈帝時遷中常侍，封列侯，與曹節等表裏。後郎中張鈞奏讓等罪，[三]帝以章示讓，讓等免冠徒跣，自致洛陽獄，並出家財以助軍費。有詔冠履視事如故。讓等實與張角交通。帝詰讓等，讓曰：「故中常侍王甫、[三]侯覽所為。」帝乃止。明年，南宮災。讓與趙忠說帝斂天下田畝大錢以修宮太原、河東、狄道諸郡材木及文石云云。帝云：「張常侍是我父，趙常侍是我母」云。袁紹勒兵斬忠等，讓等數十人劫質天子走河上。追急，讓泣辭曰：「臣等殄滅，天下亂矣。惟陛下自思！」皆投河而死。向栩傳。

郭泰傳。見謝甄下。文苑傳，袁紹傳，字文禮，紹檄故九江太守邊讓英才儁逸，以直言正色，論不詭辭，身被梟懸之戮。文苑傳，字文禮，陳留浚儀人。少辯博，能屬文。作章華賦，論不詭辭，麗之詞，而終之以正，亦相如之諷也。大將軍何進聞讓才名，欲辟命之，恐不至，詭以軍事徵召。既到，署令史。蔡邕以為宜處高任，薦於何進曰：「竊見令史邊讓，天授逸才，聰明賢智。髫齔夙孤，不盡家訓。及就學廬，便受大典。初涉諸經，見本知義，授者不能對其問，章句不能逮其意。心通性達，口辯辭長。非禮不動，非法不言。若處狐疑之論，定嫌審之分，經典交至，檢括參合，眾夫寂焉，莫之能奪也。使讓生

[一]「陽」，手稿作「楊」，據後漢書改。
[二]「郎中」，手稿作「中郎」，據後漢書改。
[三]「中」，手稿脫，據後漢書補。

3917 玉況

唐、虞，則元、凱之次，運值仲尼，則顏、冉之亞，豈徒俗之凡偶近器而已哉！階級名位，亦宜超然。若復隨輩而進，非所以章瓌偉之高價，昭知人之絕明也。傳曰：『函牛之鼎以烹雞，多汁則淡而不可食，少汁則熬而不可熟。』此言大器之於小用，固有所不宜也。『邕竊悒邑，[二]怪此寶鼎未受犧牛大羹之和，久在煎熬臠割之間。願明將軍回謀垂慮，裁加少納，貢之機密，展之力用」云云。復爲九江太守。初平中，恃才氣，不屈曹操。建安中，鄉人搆讓於操，操告郡就殺之。

光武紀，建武二十三年九月，陳留太守玉況爲大司徒，代蔡茂。二十七年四月戊午，況薨，馮勤代之。侯霸傳，歐陽歙、戴涉爲司徒，下獄死。其後京兆玉況皆得薨位。況字文伯，性聰敏，爲陳留太守，以德行化人，遷司徒，四年薨。虞延傳，二十三年，司徒玉況辟之。時元正朝賀，帝望而識延。班彪傳，辟司徒玉況府。

3918 上淮況

光武紀，註：「賊帥上淮況。」

3919 郭況

光武紀，后弟況，年十六，拜黃門侍郎。二年，封綿蠻侯，又徙封大國，爲陽安侯。

3920 田況

永平二年卒，謚節侯。廣陵王傳。

3921 耿況

劉盆子傳，東海人徐宣等擊莽，探湯侯田況大破之。註：「莽改北海益縣曰探湯。」

彭寵傳，寵反，自以與耿況俱有重功，而恩賞並薄，遣使招誘況，況輒斬其使。[三]後爲莽傳。耿弇傳，父況，字俠遊，以明經爲郎，與莽從弟伋共學老子於安丘先生，

〔二〕「邑」，手稿作「色」，據後漢書改。
〔三〕「弟」，手稿作「兄」，據後漢書改。

朔調連率。更始立，況自以莽之所置，不自安。弇辭況，詣更始，說東約漁陽兵，南及廣阿，興義侯，得自置偏裨。薊亂，弇走昌平就況，況與舒擊破走之。四年，況聞弇求徵，亦不自安，遣舒弟國入侍。帝美之，進封況隃麋侯。與舒共攻寵，取軍都。五年，使光祿大夫持節迎況，賜甲第，奉朝請，封牟平侯。十二年，況疾病，乘輿數自臨幸。卒。傅山曰：「況之不自安，即良知。

3922 韋況　丞相司直韋況，晁曇與耿紀謀誅操，不克。

3923 蘇況　陝賊蘇況。見「丹」下。

3924 阮況　景丹傳，與功曹阮況等同心固守，後爲南陽太守。朱暉傳，暉爲郡吏，太守阮況常欲市暉婢，暉不從。及況卒，暉乃厚贈送其家。人譏焉，暉曰：[三]「前府君求於我，恐以財貨污君。今而相送，明吾非有愛也。」

3925 馬況　援傳：況、余、員，並有才能，而援三兄：況、余、員，並有才能，援辭況，欲就邊郡田牧。況曰：「汝大才，當晚成。良工不示人以樸，具從所好。」會況卒，援行葬不離墓所，敬事寡嫂。註：「東觀記：字長平。」

3926 鄧仲況　蘇竟傳：詳見劉龔下。

3927 鄧況　鄧彪傳，註：「續漢書曰：其先楚人鄧況，始居新野，子孫以農桑爲業。」

3928 班況　班彪傳，祖況，成帝時爲越騎校尉。

3929 漕況　梁統傳，註：「對狀有盜賊西河漕況。」

[二]「曰」，手稿脫，據後漢書補。

3930 黃況
黃香傳註。

3931 張況
張禹傳，祖父況族姊爲皇祖考，鉅鹿都尉回夫人。數往來南頓，見光武，爲大司馬，過邯鄲，況爲郡吏，謁見，光武大喜，曰：「方今得我大舅！」因與俱北，到高邑，以爲元氏令。遷涿郡太守。[二]後爲常山關長。赤眉攻關城，況戰歿。

3932 周伯況
李郃傳，馮胄慕其爲人。

3933 方望
光武紀，見劉嬰下。
隗囂傳，囂聘平陵人方望，以爲軍師。望至，說囂曰：「足下欲承天順民，輔漢而起，今立者乃在南陽，王莽尚據長安，雖欲以漢爲名，其實無所受命，將何以見信於衆乎？宜急立高廟，稱臣奉祠，所謂『神道設教』，求助人神者也。且禮有損益，質文無常。削地開兆，茅茨土階，以致其肅敬。雖未備物，神明其舍諸？」囂從其言。更始二年，遣使徵囂，囂將行，方望以爲更始未可知，固止之，囂不聽。望以書辭謝而去。

3934 劉望
劉玄傳，更始元年，前鍾武侯劉望起兵，略有汝南。八月，望自爲天子。十月，使劉信擊殺望於汝南。

3935 王望
吳良傳，良爲郡吏，歲旦與掾史入賀。門下掾王望舉觴上壽，諂稱太守功德。良於下坐勃然進曰：「望邪佞之人，欺諂無狀，願勿受其觴。」太守斂容而止。

〔二〕「遷」，手稿作「還」，據後漢書改。

3936 王望 劉平傳，鍾離意薦琅邪王望，字慈卿，客授會稽，自議郎遷青州刺史。州郡災，以便宜所在布粟，給其廩食，爲作褐衣。

3937 樓望 字次子，陳留雍丘人。少習嚴氏春秋。建武中，趙節王栩遣使請爲師，不受。後仕郡功曹。永平中，爲侍中〔二〕越騎校尉，入講省內。十六年，遷大司農。十八年，代周爲太常。建初五年，左轉大中大夫。諸生著錄者九十餘人。永元十二年卒官。〔三〕門生會葬數千人。丁鴻傳，肅宗詔鴻與廣平王羨及諸儒樓望、成封、桓郁、賈逵等論定五經同異於北宮白虎觀。丁恭傳，太常樓望受業。

3938 高望 蓋勳傳，勳爲京兆尹，時小黃門京兆高望爲尚藥監，倖於皇太子，太子因蹇碩屬望子進爲孝廉，勳不肯用。或曰：「皇太子副主，望其所愛，碩帝之寵臣，而子違之，所謂三怨成府。」勳曰：「選賢報國，非賢不舉，死亦何悔！」袁紹傳，註：「紹與王匡謂三怨成府。」勳曰：「封虞放都亭侯。」互見「匡」下。張讓傳，中常侍高望殺中常侍高望等。」

3939 虞放 桓帝紀，延熹二年，註：「放字子仲，陳留人。」四年六月，司空虞放免，黃瓊代之。靈帝紀，建寧二年十月，侯覽諷有司奏前司空虞放等下獄死。虞延傳，〔三〕從曾孫放，字子仲。少爲太尉楊震門徒。及震被譖自殺，順帝初，放詣闕追訟。桓帝時爲尚書，以議誅梁冀功封都亭侯，

〔一〕「中」，手稿作「郎」，據後漢書改。
〔二〕手稿作「三」，據後漢書改。
〔三〕「傳」，手稿作「侯」，據後漢書改。

3940 呂放

後爲司空。性疾惡宦官。靈帝初，與李膺等以黨事誅。楊震傳，震門生虞放、陳翼詣闕追訟震事。黨錮傳序，曹節諷有司奏捕前黨，故司空虞放等百餘人皆死獄中。劉瑜傳。見「誩」下。曹騰傳，進名人陳留虞放。

梁冀傳，父商所親客洛陽令呂放，與商言及冀短，[二]商以讓冀，冀即遣人於道刺殺放。推疑放之怨仇。

3941 張放

張純傳，父放爲成帝侍中。

3942 索盧放

獨行傳，字君陽，東郡人也。以尚書教授千餘人。署郡門下掾。[三]更始時，使者督行郡國，太守有事，當就斬。放前言願以身代之。使者義而赦之。

3943 王暢

靈帝紀，建寧元年四月，長樂衛尉王暢爲司空，代宣酆也。八月，司空王暢免，劉寵代之。王龔傳，子暢，字叔茂。舉孝廉，託病不就。大將軍梁商特辟舉茂才，四遷尚書令，出爲齊相。徵拜司隸校尉，轉漁陽太守。坐事免。時政事多歸尚書。桓帝特詔三公，高選賢能。太尉陳蕃薦暢清方公正，有不可犯之色，由是復爲尚書。尋拜南陽太守，下車奮厲威猛云云。功曹張敞奏記諫從寬政，暢納之。郡中豪族多尚侈靡，暢常布衣皮褥以矯其弊。徵爲長樂衛尉。建寧元年，遷司空，數月，以水災免。卒於家。謝弼傳，琬，書言故司空王暢。見李膺下。黃琬傳，權富郎中傷琬，事下御史丞王暢，暢素重蕃、琬，不舉其事，而左右復陷以朋黨，暢坐左轉議郎。陳蕃傳，齊七政、訓五

［二］「短」，手稿作「矩」，據後漢書改。
［三］「掾」，手稿作「傳」，據後漢書改。

3944 閻暢
3945 中山王暢
2946 梁節王暢
3947 都鄉侯暢
3948 鄧暢
3949 周暢
3950 趙暢
3951 許相

典，臣不如議郎王暢。劉寵傳，又代暢爲司空。張奐傳。皇甫規傳。黨錮傳。

安思后紀，后父暢，[二]元初三年爲長水校尉，封北宜春侯，諡文。

光武十王傳，孝王弘薨，子穆王暢嗣，立二十四年薨。

孝明八王傳，永平十五年封爲汝南王。母陰貴人有寵，故國土租入倍諸國。建初四年，徙爲梁王。帝崩，就國。暢少驕佚，不遵法度。永元五年，豫州刺史梁相奏暢不道，有司請徵詣廷尉。和帝不忍，但削二縣。暢慚懼，上書辭謝云云，不許。立二十七年薨。不道事見下忌下。

寶憲傳，齊殤王子都鄉侯暢素行邪辟，來弔國憂，與步兵校尉鄧疊親屬數往來京師，因疊母元自通長樂宮，得幸太后，被詔詣上東門。憲懼見幸，分宮省之權，遣刺殺暢於屯衛之中，而歸罪於暢弟利侯剛。

鄧騭傳，從弟將作大匠暢等皆自殺。

樊準傳，元初三年，代周暢爲光祿勳。周嘉傳，嘉弟暢，字伯持，性仁慈，爲河南尹。何敞傳。韓稜傳。

永初二年，旱，暢收葬洛城旁客死骸骨萬餘人，即時澍雨。後位至光祿勳。

趙咨傳，父暢爲博士。

靈帝紀，中平二年十月，光祿大夫許相爲司徒，代崔烈也。五年八月，[三]司徒許相罷，丁宮代之。光熹改元，袁紹收河南尹許相斬

[二]「父」，手稿作「母」，據後漢書改。
[三]「八」，手稿作「七」，據後漢書改。

3952 馬相

之。許劭傳，劭從祖敬，敬子訓，訓子相，並為三公，相以能諂事宦官，致台司封侯，數請劭。劭惡其行，終不候。何進傳，張讓、段珪等為詔，以少府許相為河南尹。袁紹與叔父隗矯詔召相斬之。
靈帝紀，中平五年六月，益州黃巾馬相自稱天子，旬月之間，破壞三郡，州從事賈龍斬之。劉焉傳，益州賊馬相亦自號黃巾。

3953 高相

范升傳，註：「沛人高相善易，與費直同時。」

3954 務相

巴郡南郡蠻傳，巴姓之子生於赤穴，餘姓悉沉，惟務相獨浮，因共立之，是為廩君。巴氏子務相獨中之。又令各乘土船，能浮者為君，乃共擲劍於石穴，約能中者，奉以為君。俱事鬼神，餘姓悉沉，惟務相獨浮，因共立之，是為廩君。

3955 韋晃

獻帝紀，建安二十三年正月甲子，丞相司直韋晃起兵誅操，不剋。

3956 陳晃

律曆志，熹平四年，沛相上計掾陳晃上言曆元不正。

3957 蕪湖侯晃

齊武王傳，煬王石薨，[二]子晃嗣，及弟利侯剛與母太姬宗更相誣告。貶爵為蕪湖侯。

3958 許晃

李業傳，業習魯詩，師博士許晃。

3959 王向

隗囂傳，囂將攻安定大尹王向。向，莽從弟平阿侯譚之子也，威風獨能行其邦內，屬縣皆無叛者。囂乃移書於向，喻以天命，反復誨示，終不從。於是進兵虜之，以狗百姓，然後行戮，安定悉降。

3960 劉向

劉植傳，植卒，子向嗣，徙封東武陽侯。註：「屬東郡，在武水之陽。」

〔二〕「煬」，手稿作「殤」，據後漢書改。

3961 劉向
賈逵傳，註：「五家穀梁之學，一劉向。」

3962 黃向
李固傳，阿母宦者詐爲飛章陷固，大司農黃向等請之於大將軍梁商。

3963 鄧訪
鄧騭傳，宮人誣告悝、弘、閶先從尚書鄧訪取廢帝故事云云。

3964 馬訪
周舉傳，梁太后詔以殤帝廟次宜在順帝之下，太常馬訪奏宜如詔書。

3965 杜訪
李固傳，註：「謝承書曰：固所授弟子，穎川杜訪等七十二，共論集德行一篇。」

3966 王訪
黨錮傳序，朱並告訪爲「八顧」。

3967 第五訪
循吏傳，字仲謀，京兆長陵人。少孤貧，傭耕養兄嫂。仕郡功曹，察孝廉，補新都令。遷張掖太守。歲飢，開倉賑救，一郡得全。遷南陽太守，去官。拜護羌校尉，卒官。西羌傳，桓帝永壽元年，以前南陽太守第五訪代張貢爲校尉，甚有威德，西垂無事。

3968 鄭亮
鄭興傳，順帝立，除衆子亮爲郎。

3969 楊亮
楊震傳，獻帝徙都許，追封奇子亮爲陽城亭侯。

3970 羊亮
楊秉傳，秉條奏青州刺史羊亮等。

3971 郭亮
李固傳，固弟子汝南郭亮，年始成童，遊學洛陽，乃左提章鉞，右秉鐵鑕，詣闕上書，乞收固尸。不許，因往臨哭，陳辭於前，守喪不去。夏門亭長呵之：「李、杜爲大臣，不能安上納忠，興造無端。卿曹何等腐生，公犯詔書，干試有司乎？」亮曰：「亮含陰陽以生，戴乾履坤。義之所動，豈知性命，何爲以死相懼」云云。太后聞而不誅。

註：「謝承書曰：亮字恆直，朗陵人也。」

3972 張亮

竇武傳，張亮唷血。[二]見朱瑀下。

3973 宋亮

曹節傳，與從史官張亮等矯詔。西域傳，馬達欲將諸郡兵出塞擊于寘，亮到，開募于寘，令自斬輸棃。亮後知其詐，而竟不能出兵。于寘恃此遂驕。時輸棃死已經月，桓帝不聽，徵達還，而以宋亮代為燉煌太守，部故王軍就質子卑君為後部王。又永興元年，斷死人頭送燉煌，而不言其狀。

3974 焦貺

鄭弘傳，師同郡河東太守焦貺。楚王事發，以疏引貺，被收捕，於道病亡，妻子閉繫。弘髠頭負鐵鎖訟之，送貺喪及妻子還鄉。

3975 劉曠

六十九卷，平一名曠。

3976 呂曠

袁紹傳，袁尚之將畔歸曹操，譚復陰刻將軍印以假呂曠與高翔。

3977 伍宕

何進傳。見許涼下。

3978 袁閬

王龔傳，陳蕃留記謝病去，龔怒，使除其錄。功曹袁閬請見，言曰：「人臣不見察於君，不敢立於朝，蕃既以賢見引，不宜退以非禮。」龔改容謝之。閬字奉高，數辭公府之命，不脩異操，而致名當時。

3979 蕃嚮

黨錮傳序，廚蕃嚮字嘉景，魯國人，郎中。

3980 嚴象

薦禰衡傳。

3981 折像

方術傳，字伯式，廣漢雒人也。能通京氏易，好黃老言。父國卒，感多藏亡之義，散

[一]「唷」，手稿作「插」，據後漢書改。

卷一百九十 東漢書姓名韻（十七）去聲 十七漾

四七

金帛資產，周施親疏。自知亡日，召賓客九族飲食辭訣，忽然而終，年八十四。家無餘財，諸子衰劣如其言云。[二]傅山曰：像本上聲。

十八 敬

3982 阿母王聖 安帝紀。安思閻后紀，耿寶黨與王聖。泗水王傳。河間王傳。來歙傳。王堂傳。陳忠傳。楊震傳。杜根傳。左雄傳。李固傳。孫程傳，王聖女伯榮等煽動內外云云，閻顯爭權誅之。

3983 田聖 竇后妙紀，帝所寵唯采女田聖等，太后殺之。

3984 左聖 清河王傳，左雄伯父聖坐妖言伏誅。

3985 李聖 岑彭傳，從鮪擊王莽，揚州牧李聖殺之。

3986 許聖 南蠻傳，和帝永元十三年，蠻許聖等以郡收稅不均，懷恨反叛。明年夏，遣使者督荊州諸郡兵萬餘討之。聖等依險，久不破。諸軍分道並進，或自巴郡、魚腹數路攻之，蠻乃散走，乘勝追破之。聖等乞降，復悉置江夏。

3987 許敬 順帝紀，永建二年七月庚子，光祿勳許敬為司徒，代朱倀也。註：「敬字鴻卿，平輿人。」四年十二月庚辰，司徒敬免，劉崎代之。許劭傳，劭從祖敬，三公。

3988 王敬 桓帝紀，元嘉二年正月，西域長史王敬為于寘國所殺。[三]註：「敬殺于寘王建，故國人

[二]「衰」，手稿作「哀」，據後漢書改。
[三]「史」，手稿脫，據後漢書補。

3989 張敬　西域于寘國傳，桓帝元嘉元年，趙評病癰死於于寘，拘彌王成國譖之評子云殺之。敦煌太守馬達令長史王敬隱覈其事。敬貪立功名，且受成國之說，前到于寘，設供請王建而斬之。于寘侯輸棲等遂會兵攻敬，敬持建頭上樓宣告曰：「天子使誅耳。」于寘侯將上樓斬敬，懸首於市。

3990 張敬　桓帝紀，延熹二年，註：「封張敬山陽西鄉亭侯。」劉瑜傳。見「諝」下。

3991 張敬　來歙傳，歷要結符節令張敬。

3992 鄭敬　寇榮傳，刺史追劾榮以擅去邊，榮自訟曰：「張敬好爲諂諛，張設機網」云云。
　　鄭敬　與同郡鄭敬南遁蒼梧。後惲廷爭繇延過惡，門下掾鄭敬進曰：「君明臣直，惲不可，敬乃獨隱於弋陽山中。」[二] 歆意少解云云。鄭敬素與惲厚，見其忤歆，乃釣自娛。惲志在從政，謂敬曰：「鳥獸不可與同羣」云云。敬曰：「吾足矣。初從生相招去，惲不可，敬乃獨隱於弋陽山中。」居數月，歆復召繇延，敬乃功曹言切，明府德也，可無受觥哉？」[二] 歆意少解云云。鄭敬到惲傳，與同郡鄭敬南遁蒼梧。後惲廷爭繇延過惡，門下掾鄭敬進曰：「君明臣直，惲不可，敬乃獨隱於弋陽山中。」步重華於南野，謂來歸爲松子，[三] 今幸得全軀樹類，還奉墳墓，盡學問道。吾年耋矣，安得從子？子勉正性命」云云。鄭敬字次都，清志高世，[三] 光武連徵不到。

3993 鄧敬　郅惲傳，註：[四] 鄭敬同郡鄧敬折芰爲坐，以荷薦肉，瓠瓢飲酒，言談彌日。」

〔一〕「觥」，手稿作「觥」，據後漢書改。
〔二〕「歸」、「松」，手稿作「告」、「招」，據後漢書改。
〔三〕「志」，手稿作「字」，據後漢書改。
〔四〕「沈」，手稿作「承」，據後漢書改。

3994 陳伯敬 郭鎮傳，桓帝時，汝南有陳伯敬者，行必矩步，坐必端膝，呵狗叱馬，終不言死，目有所見，不食其肉，行路聞凶，便解駕留止，還觸歸忌，則寄宿鄉亭。年老寢滯，不過舉孝廉。後坐女壻亡吏，太守邵夔怒而殺之。

3995 華孟 質帝紀，歷陽賊華孟，自稱黑帝，攻殺九江太守楊岑。〉滕撫擊孟等斬之。〉朱穆傳註。

3996 王孟 隗囂傳，八年，囂使王孟塞雞頭道。

3997 宣孟 馮衍傳，註：「與宣孟書」云云「自傷前遭不良，比有去兩婦之名，事誠不得不然。」

3998 元孟 班超傳，焉耆王廣欲悉驅人入山保。其左侯元孟先嘗質京師，[二]密遣使告超，超斬使示不信用。後大會，斬王廣等，乃更立元孟爲焉耆王。西域焉耆傳，和帝永元六年，班勇傳，唯焉耆王元孟未降，勇上請攻元孟。見張朗下。至安帝時，西域背叛。延光中，超子勇爲西域長史，不降。順帝永建二年，勇與敦煌太守張朗擊破，元孟乃遣子詣闕貢獻。質帝紀，叛羌詣左馮翊梁並降。西羌傳，沖帝永嘉元年，左馮翊梁並稍以恩信招誘之，於是離湳、狐奴等五萬餘戶詣梁並降，隴右復平。[三]順帝永和五年，馬續與中郎將梁並、烏桓校尉王元發緣邊兵及烏

3999 梁並 桓、鮮卑、羌胡合二萬餘人，掩擊句龍吾斯、車紐，破之。吾斯等更屯聚，攻沒城邑。

[二]「嘗」，手稿作「常」，據後漢書改。
[三]「南」，手稿作「西」，據後漢書改。

4000 逯並

天子遣使責讓，開以恩義，令相招誘。單于本不豫謀，乃脫帽避帳，詣並謝罪。並以病徵。

4001 朱並

逯並傳，左隊大夫逯並好士，憚說之曰：「當今上天垂象，智者以昌，愚者以亡」云云。並奇之，使署為吏，不受。
黨錮傳序，張儉鄉人朱並，承望中常侍侯覽意旨，[二]上書告儉與同郡二十四人別相署號，共為部黨，圖危社稷。

4002 董並

董宣傳，拜子並為郎，後官齊相。

4003 鄧盛

靈帝紀，中平元年四月，太僕弘農鄧盛為太尉，代楊賜也。註：「盛字伯能。」二年五月，太尉鄧盛罷。張延代之。五行志，夜龍射闕。註引「應劭為太尉議曹掾，[三]白太尉鄧盛宜遣主者參問。盛曰：府不主盜賊，當與諸府相候。」

4004 鄧盛

王允傳，太守王球欲殺允，刺史鄧盛聞而馳傳，辟別駕從事。

4005 張盛

律曆中，復令待詔張盛、景防、鮑鄴等以四分法與楊岑課。歲餘，盛等所中多岑六事。是時張盛未能分明曆元，綜較分度，先試之於公府，又復之於端門，後尚書張盛奏除此科。瓊上言

4006 張盛

永平十二年十一月丙子，詔令盛代岑署弦望月食加時。[三]四分之術，始頗施行。

黃瓊傳，左雄議舉吏，盛未能分明曆元，綜較分度，故但用其弦望而已。

[二]「侍」，手稿脫，據後漢書補。
[三]「劭」，手稿作「盛」，據後漢書改。
[三]「令」，手稿作「會」，據後漢書改。

卷一百九十　東漢書姓名韻（十七）　去聲　十八敬

五一

4007 丁盛 張盛，禹卒，長子盛嗣安鄉侯。

4008 徐盛 承宮傳，鄉里徐子盛者，以春秋教授諸生數百人。

4009 徐子盛 單超傳，璜弟盛爲河内太守。

4010 丁盛 丁鴻傳，綝從世祖征伐，鴻獨與弟盛居，憐盛幼小而共寒苦。[二]及綝卒，鴻當襲封，上書讓國於盛，不報。既葬，乃掛縗絰於冢廬而逃去，留書與盛曰：「鴻貪經書，不顧恩義，弱而隨師，生不供養，死不飯晗，皇天先祖，並不祐助，身被大病，不任茅土，前上疾狀，願辭爵仲公，章寢不報，迫且當襲封。謹自放棄，逐求良醫。如遂不瘳，永歸溝壑。」

4011 丁盛 劉愷傳註。袁敞傳，郎丁盛立行不修。見張俊下。

4012 丁盛 符融傳，同郡田盛，字仲響，與郭林宗同好，名知人，優游不仕，並以壽終。

4013 田盛 陽球傳。

4014 齊盛 列女傳，姜詩妻，同郡龐盛之女也。

4015 龐盛 靈帝紀，中平四年，張純等叛殺右北平太守劉政。劉虞傳，張純等殺北平太守劉政。中山簡王薨，政會葬，私取簡王姬徐妃，又盜迎掖庭出女。[三]詔削薛縣，立四十四年薨。

4016 東海王政 光武十王傳，恭王薨，子靖王政嗣。政淫欲薄行，

[二]「憐」，手稿作「鄰」，據後漢書改。
[三]「迎」，手稿作「送」，據後漢書改。

4017 濟北王政 章帝八王傳，王鸞薨，子政嗣。薨，無子，建安十一年國除。

4018 河間王政 章帝八王傳，孝王開薨，子惠王政嗣。政傲狠不奉法，後改節自修。立十年薨。又見沈景下。

4019 陳政 安城孝侯傳，賜與顯子信結客陳政等九人，燔燒殺亭長妻子四人。

4020 王政 公孫述傳，述將王政斬任滿首降岑彭。

4021 王政 劉虞傳，張純爲其客王政所殺。

4022 蘧政 梁商傳，中常侍蘧政等共譖商廢立，[二]伏誅。

4023 楊政 樂恢傳，恢爲功曹，同郡楊政數衆毀恢，恢舉政子爲孝廉，由是鄉里歸之。

4024 楊政 儒林傳，字子行，京兆人也。從代郡范升受梁丘易。建初中，官至左中郎。爲人嗜酒，不拘小節，果敢自矜，然篤於義。京師語曰：「說經鏗鏗楊子行。」互見「升」、「武」下。

4025 李子政 郭泰傳，同郡李子政。註：「謝承書曰：太原季子政。」李、季有一訛。

4026 沛王正 光武十王傳，釐王薨，子節王正嗣。元興元年，封正弟二人爲縣侯，正立十四年薨。

4027 法正 劉焉傳，璋遣法正將兵迎備。註：「字孝直。」

4028 郭正 法眞傳，友人郭正稱之曰：「法眞名可得聞，身難得而見，逃名而名我隨，避名而名我追，可謂百世之師矣！」

〔二〕「常」，手稿作「帝」，據後漢書改。

4029 左勝 天文志，延熹八年，南鄉侯左勝以罪死。趙岐傳，中常侍惲兄勝代劉祐爲河東太守。

4030 平原王勝 章帝八王傳，勝，和帝長子也。不載母氏。鄧太后立樂安王子，得奉其後。周章傳，鄧太后以皇子勝有錮疾，延平元年封，立八年薨。於京師無子，鄧太后立樂安王子，得奉其後。殤帝崩，羣臣以勝疾，非鋼意，咸歸之。鄧禹傳。

4031 河間王勝 章帝八王傳。

4032 劉勝 杜密傳，密去官還家，每謁守令，多所陳託。同郡劉勝亦自蜀郡告歸，閉門埽軌，無所干及。

4033 解勝 杜茂傳，雁門人。詳郭涼下。

4034 任勝 任光傳，西陽侯屯卒，子勝嗣。

4035 伏勝 伏湛傳，九世祖勝，字子賤。所謂濟南伏生者也。傳末云：自伏生已後，世傳經學，清靜無競，東州號爲伏不鬭云。

4036 郭勝 馮衍傳，衍爲曲陽令，誅斬劇賊郭勝等，降五千餘人。

4037 郭勝 何進傳，中常侍郭勝，進同郡人也。太后及進之貴幸，勝有力焉。故勝親信何氏，遂共趙忠等議，不從蹇碩計，而以碩書示進。張讓傳，中常侍郭勝。

4038 李勝 李尤傳，尤同郡李勝，亦有文才，爲東觀郎，著詩、賦、頌、論數十篇。

4039 繁勝 西南夷傳，夷渠帥棟蠶與姑復、楪榆、梇棟、連然、滇池、建憐、昆明諸種反叛，殺長吏。益州太守繁勝與戰而敗，退保朱提。

4040 郭竟 郭后紀，后從兄竟以騎都尉從征有功，封新郪侯，官至東海相，永平中卒。

4041 曹竟

馮異傳，更始左丞相曹竟。

4042 蘇竟

字伯況，扶風平陵人。平帝世，以明易爲博士講書祭酒。劉歆等共典校書，拜代郡中尉。光武即位，就拜代郡太守。後還京師，莽時與劉歆等共典校書，拜代郡中尉。終不伐其功，潛樂道術，作記誨篇及文章傳於世。七十卒於家。

註：「竟字子期，山陽人，後死於赤眉之難，見前書。」

4043 太子慶

章德竇后紀，廢慶爲清河王。章帝八王傳，清河孝王慶，母宋貴人。建初四年立爲太子。竇太后誣陷宋氏貴人，漸疏慶，出居承祿觀。七年，廢爲清河王。慶時雖幼，而知避嫌畏禍，言不敢及宋氏，帝憐之，勅皇后令衣服與太子齊等，太子即位，是爲和帝。慶以長別居丙舍。[二]永元中，帝將誅竇氏，欲得外戚傳，太子特親愛之。慶從千乘王求，夜內之。又令慶傳語中常侍鄭衆求索故事。[三]及憲誅，寶太后崩，求上母貴人塚致哀，許之。帝崩，就國。立二十五年，乃歸國。慶小心恭孝，其年病薨，年二十九。太后使掖庭送左姬喪，與王合葬廣丘。尊陵曰甘陵，廟曰昭廟，[三]置令、丞，設兵車周衞，比章陵。安城孝侯傳，父慶，春陵侯敞同產弟，更始即位，以慶爲燕王。

4044 燕王慶

殺。劉玄傳，封宗室慶爲燕王，更始降，慶爲亂兵所殺。

4045 劉慶

吳漢傳。見陳康下。

[一]「丙」，手稿作「內」，據後漢書改。
[二]「侍」，手稿脫，據後漢書補。
[三]「廟」，手稿作「日」，據後漢書改。

4046 陳慶　隗囂傳，囂勒兵十萬擊殺雍州牧陳慶。

4047 陰慶　陰興傳，永平元年，詔封興子慶爲鮦陽侯。[二]慶推田宅財物悉與弟員、丹。帝以爲義讓，擢爲黃門侍郎。

4048 周慶　賈逵傳，註：「五家穀梁之學，一周慶。」

4049 禽慶　逸民傳，向長與北海禽慶遊五嶽名山，不知所終。

4050 譙慶　譙玄傳，玄弟慶，以玄狀詣闕自陳。

4051 楊定　獻紀，興平二年七月，車駕東歸，楊定爲後將軍。董卓傳，安西將軍楊定者，故卓部曲。懼催忍害，乃與汜合謀迎天子幸其營。後催、汜復欲劫帝西，[三]楊定爲汜所遮，亡奔荊州。來歙傳，歷卒，子定嗣，尚安帝妹平氏長公主。

4052 來定　公主紀，註：「歙玄孫虎賁中郎將定尚平氏長公主。」順帝時爲虎賁中郎將。

4053 馮定　公主紀註。馮魴傳，楊邑侯柱卒，子定嗣。官至羽林郎將，無子國除。

4054 沛王定　光武十王傳，獻王萇，子釐王定嗣。元和二年，封定弟十二人爲鄉侯。定立十一年薨。

4055 彭城頃王定　孝明八王傳，考王惷，子頃王定嗣。本初元年，封定兄弟九人皆亭侯。定立四年薨。

4056 甘陵王定　章帝八王傳，甘陵威王蒜，子貞王定嗣，立四年薨。

〔二〕「鮦」，手稿作「銅」，據後漢書改。

〔三〕「西」，傅山全書初版本誤作「行」，據手稿改。

4057 李定

李通傳，音卒，子定嗣。

4058 耿定

馮異傳，北地豪長耿定等悉叛囂降異。

4059 蘇定

馬援傳，註：「交阯太守蘇定。」見徵側下。南蠻傳，建武十六年，交阯太守蘇定以法繩之，側忿，故反。

4060 王定

王允傳，允子定見害。

4061 魏應

儒林傳，字君伯，任城人也。建武初，詣博士受業，習魯詩。歸為郡吏，舉明經，除濟陰王文學。以疾免，教授山澤。永平初，為博士，再遷侍中。十三年，遷大鴻臚。十八年，拜光祿大夫。建初四年，詔入授千乘王伉。明年，出為上黨太守。徵拜騎都尉，卒官。寶固傳，固代應為大鴻臚。承宮傳，北單于使求得見承宮，宮曰：「夷狄眩名，非識實者也。宜選有威容者。」乃以大鴻臚魏應代之。丁鴻傳，諸儒論定五經白虎觀，使五官中郎將魏應主承制問難，侍中淳于恭奏上，帝親稱制臨決。桓郁傳，趙典傳，李傕欲遣人殺溫，董卓從弟應，溫故掾也，諫之免。

4062 董應

袁術傳，舒仲應為沛相，術以米十萬斛與為軍糧，仲應悉散以給飢民。術怒，將斬之。

4063 舒仲應

仲應曰：「知當必死，故為之爾。寧可以一人之命，救百姓於塗炭。」術下馬牽之曰：「仲應，足下獨欲享天下重名，不與吾共之耶？」[二]

[二]「不」，手稿作「必」，據後漢書改。

4064 馮勤馮勤傳，永元七年，詔復封奮兄羽林右監勤為平陽侯，奉公主之祀。

4065 丁姓賈逵傳，註：「五家穀梁之學，一丁姓。」

4066 孫性吳祐傳，祐為膠東侯相，嗇夫孫性私賦民錢，市衣進父，父怒，促歸伏罪。[二]性自首。

4067 許靖獻紀，建安十七年，封皇子熙等。註：「山陽公載記曰：時許靖在巴郡，聞之曰：『掾以親故，受污濊之名，觀過斯知仁矣。』使歸復父，還以衣遺之。」

4068 許靖許邵傳，許靖與從兄邵不睦，時議少之。註：「蜀志：靖字文休，勛與靖俱有高名，好共覈論人物，每月輒更其品，[三]故汝南有『月旦評』。」註：「劭與靖俱有高名，好共覈論人物，排擯靖不得齒敘，以馬磨自給。」[三]

4069 鄒靖應劭傳，皇甫嵩西征邊章，請發烏桓三千。北軍中候鄒靖言，烏桓衆弱，宜開募鮮卑。

4070 荀靖荀淑傳，八龍：三靖。有至行，年五十而終，號曰玄行先生。註：「高士傳：靖字叔慈，少有俊才。或問汝南許章曰：『靖、爽孰賢？』章曰：『皆玉也。』慈明外朗，叔慈內潤。』潁陰令丘禎謚之。」

4071 周靖張奐傳，與少府周靖率五營士圍寶武。寶武傳，詔以少府周靖行車騎將軍，加節，與護匈奴中郎將張奐率五營士討武。

[一]「促」，手稿作「從」，據後漢書改。

[二]「月」，手稿作「日」，據後漢書改。

[三]「給」，手稿作「終」，據後漢書改。

十九宥

4072 竇靖
竇武傳，靈帝立，封兄子紹弟靖爲西鄉侯，遷侍中，監羽林左騎。

4073 宣靖
黨錮傳序，朱並告靖爲「八顧」。

4074 關靖
公孫瓚傳，建安三年，袁紹復大攻瓚，瓚欲自將突騎直出，傍西山以斷紹後。[一]長史關靖諫曰：「今將軍將士，莫不懷瓦解之心，所以猶能相守者，顧戀其老小，而恃將軍爲主故耳。堅守曠守，或可使紹自退。若舍之而出，後無鎭重，易京之危，可立待也。」[三]瓚乃止。後關靖見瓚敗，嘆恨曰：「前若不止將軍自行，未必不濟。吾聞君子陷人於危，必同其難，豈可獨生！」乃策馬赴紹軍而死。

4075 張靖
蔡邕傳，註：「考吏張靜謂邕曰：『省君章云欲仇怨未有所施，法令無比。』又梗韻。

4076 夏馥
黨錮傳，夏馥弟靜，乘車馬，載縑帛，追馥於涅陽市中。遇馥不識，聞言聲，覺而拜之。追隨至客舍，共寢。夜中密呼靜曰：『念營苟全，奈何載物相求，是以禍見追也。』別去。

4077 光武名秀
諡法：「能紹前業曰光，克定禍亂曰武。」[三]建武三十一年，中元二年。

[一]「山」，手稿脫，據後漢書補。
[二]「待」，手稿作「俟」，據後漢書改。
[三]「克」，手稿作「賊」，據後漢書改。

4078 陳茂

光武紀，郭后紀，后叔父梁扈南陽陳茂以恩澤封南䜌侯。[二]王莽秩宗將軍陳茂敗於昆陽，往歸之。齊武王傳。王常傳。

4079 陳茂

劉玄傳，劉望略有汝南，見嚴尤下。

4080 蘇茂

光武紀。建武元年，朱鮪遣討難將軍蘇茂與朱鮪守洛陽。五年十月，張步殺茂以降，齊地平。劉永傳，初，陳留人蘇茂爲更始討難將軍，與朱鮪討斬孺子嬰，方望等，又拒赤眉於弘農。既降漢，光武使茂與蓋延俱攻永。軍中不相能，茂遂反，殺淮陽太守，掠得數縣，據廣樂而臣於永。光武以茂爲大司馬、淮陽王。永奔譙。茂與佼彊、周建合軍救永，爲蓋延所敗。建武三年，吳漢等圍蘇茂於廣樂，周建帥衆救茂，茂、建戰敗，棄城復還湖陵，蘇茂奔下邳，與董憲合。後憲破蘇茂，奔張步。張步傳，步攻耿弇於臨淄，兵大敗，還奔劇。退保平壽，茂將萬餘人來救之。[三]茂讓步曰：「以南陽兵精，延岑善戰，而耿弇走之。大王奈何就攻其營」云云。帝遣使告步、茂，能相斬降者，封爲列侯。步遂斬茂，使使奉其首降。王常傳，寇恂傳，朱鮪使討難將軍蘇茂，副將賈彊將兵度鞏河攻溫，恂馳赴，從光武擊蘇茂，大破茂軍，追至洛陽。吳漢傳，漢圍蘇茂於廣樂。

4081 劉茂

光武紀，建武元年，時宗室劉茂自號厭新將軍，率衆降，封爲中山王。泗水王傳，歙

[一] 「䜌」，手稿作「蠻」，據後漢書改。
[二] 「來」，手稿作「求」，據後漢書改。

4082 劉茂

從父弟茂，年十八，漢兵起，茂自號劉失職，[一]亦聚衆京、密間，稱厭新將軍。攻下潁川、汝南，衆十餘萬人。光武至河內，茂率衆降，封爲中山王。十三年，宗室爲王者皆降爲侯，更封茂爲穰侯。〈岑彭傳〉〈劉盆子傳，盆子兄。

桓帝紀，延熹八年十月，太常劉茂爲司空，代周景也。註：「茂字叔盛，彭城人也。」九年九月，司空劉茂免。〈宣酆傳，劉愷傳，劉茂，字叔盛，歷位出納，[二]桓帝時爲司空。與陳蕃、劉矩共訟李膺、成瑨、劉瓆等，坐免。建寧中，復爲大中大夫，卒。〈陳蕃傳，與司空劉茂等共諫劉瓆等罪，有司劾奏之，茂不敢復言。

4083 劉茂

茂獨行傳，字子衛，太原晉陽人。家貧，筋力養母。官沮陽令。莽篡，棄官歸避弘農山中。建武二年，歸爲郡門下掾。後太守孫福上言劉茂之義，詔書卽徵，茂拜議郎。遷宗正丞，後拜侍中，卒官。

4084 卓茂

光武紀，建武元年九月甲申，以前高密令卓茂爲太傅。四年十一月，太傅茂薨。本傳，太傅褒德侯卓茂字子康，[三]南陽宛人也。初辟丞相府史，以儒術舉爲侍郎，給事黃門，遷密令，蝗不入界。莽秉政，遷京部丞。莽居攝，以病免歸，常爲門下掾祭酒，不肯任職吏。更始立，以茂爲侍中祭酒。光武卽位，以茂爲太傅，封褒德侯。四年薨，車駕素服臨葬。〈王渙傳〉

[一]「失」，手稿作「先」，據後漢書改。
[二]「位」，手稿作「供」，據後漢書改。
[三]「褒」，手稿作「宣」，據後漢書改。

4085 杜　茂　光武紀。本傳，驃騎大將軍參遽侯杜茂字諸公，南陽冠軍人。初歸光武於河北，爲中堅將軍。即位拜大將軍，封樂鄉侯，擊五校於眞定，進降廣平。二年，更封苦陘侯，與王梁擊五校於魏郡、清河、東郡，三郡清靜。明年，拜驃騎大將軍，擊沛郡，拔芒。五年春，率馬武攻拔西防。七年，屯廣武。九年，與郭涼擊尹由於繁峙，築亭侯，[二]脩烽火，建屯田，驢車轉運。十三年，更封脩侯。十五年，坐斷兵馬稟繖，使軍吏殺人，免官。削戶邑，定封參遽侯。十九年卒。〈劉永傳。張堪傳。〉

4086 蔡　茂　光武紀，建武二十年六月庚寅，廣漢太守蔡茂爲大司徒，代戴涉。二十三年五月丁卯，[三]茂薨，王況代之。本傳，字子禮，河內懷人。哀平間以儒學顯，徵試博士，對策陳災異，高等，拜議郎，遷侍中。莽居攝，以病自免，不仕莽朝。素與竇融善，因避難歸之。後與融俱徵，復拜議郎，再遷廣漢太守。建武二十年，代戴涉爲司徒，二十三年薨於位。〈侯霸傳，司徒河內蔡茂得薨位。又見王況下。〉

4087 李　茂　光武紀，建武二十二年，匈奴請和，使中郎將李茂報命。

4088 裴　茂　獻帝紀，初平四年六月，遣侍御史裴茂訊詔獄，原輕繫。建安三年四月，遣謁者裴茂率中郎將段煨討李傕，夷三族。董卓傳，獻帝使御史裴茂訊詔獄，原繫者二百餘人，中有爲傕所枉繫者，傕恐茂赦之，乃奏茂擅出囚徒，疑有姦。

〔二〕「候」，手稿作「侯」，據後漢書改。
〔三〕「三」，手稿作「四」，據後漢書改。

4089 劉智茂 五行志，火災，桓帝延熹六年。註：「袁山松書：陳蕃、劉智茂上疏曰：世之火災皆君弱臣強，極陰之變」云云。

4090 隗茂 孔奮傳，奮爲武都郡丞時，隴西餘賊隗茂等夜攻府舍，執奮妻子，欲以爲質。西南夷傳，建武中，隗囂族人隗茂反，殺武都太守，氐人大豪齊鍾留與郡丞孔奮擊隗茂，破斬之。

4091 樊茂 樊宏傳，宏卒，帝悼之不已[一]封少子茂爲平望侯。

4092 巴茂 丁鴻傳，門人北海巴茂至公卿。

4093 楊茂 楊璇傳，高祖父茂，本河東人，從光武征伐，封烏傷新陽鄉侯，就國，因家焉。

4094 沐茂 李雲傳，洛陽市長沐茂上疏請雲，帝悫，貶茂秩二等。

4095 朱祐 光武紀。本傳，建義大將軍南侯朱祐字仲先，南陽宛人。少孤，歸外家復陽劉氏，往來舂陵。伯升拜大司徒，以祐爲護軍。光武爲大司馬，復以祐爲護軍。從征河北，爲偏將軍。世祖即位，拜建義大將軍，封堵陽侯。[三]二年，更封祐爲鬲侯。與諸將擊鄧奉於淯陽，爲奉所獲。明年，奉因祐降，復祐位。擊新野、隨、陰、酇，皆平之。破斬秦豐將張成。代岑彭圍秦豐於黎丘，攻降之。還與臧宮會擊延岑餘黨，筑陽三縣平之。祐將兵多受降，以定城邑爲本，不存首級之功。九年，屯南行唐拒匈奴。

[一]「悼」，手稿作「憚」，據後漢書改。
[二]「建義」，手稿作「諫議」，據後漢書改。

4096 趙祐

十三年，定封鬲侯。十五年，朝京師。二十四年，卒。

熹平四年，小黃門趙祐、議郎卑整上言：「春秋之義，母以子貴。今沖帝母虞大家，質帝母陳夫人，皆誕生聖皇，而未有稱號」云云。帝感其言，拜虞為憲貴人，陳為渤海孝王妃。呂強傳，宦者北海趙祐等五人，稱為清忠，皆在里巷，不爭威權。祐博學多覽，著作較書，諸儒稱之。

4097 安帝名祐

謚法：「寬容和平曰安。」清河王慶子。永初七年，元初六年，永寧一年，建光一年，延光四年。清河孝王傳，鄧太后以殤帝襁抱，遠慮不虞，留慶長子祐與嫡母耿姬居清河邸。至秋，帝崩，立祐為嗣，是為安帝。

4098 劉祐

黨錮傳，祐字伯祖，中山安國人。初察孝廉，補尚書侍郎，除任城令，遷揚州刺史。奏梁旻贓罪，旻坐徵。復遷祐河東太守，再遷，轉司隸校尉。權貴子弟罷州郡還者，每至界，改易輿服，隱匿財貨。中常侍蘇康、管霸固天下良田美業，山林湖澤。祐移書所在，依科沒入之。桓帝怒，論祐輸作左校。後赦出，[二] 復歷三卿，疾乞骸骨田里。詔拜中散大夫，杜門絕迹。靈帝初，陳蕃輔政，以劉祐為河南尹。蕃敗，祐黜歸，卒於家。明年，大誅黨人，劉祐不及禍[三] 皇甫規傳，劉祐、馮緄、趙典、尹勳正直多怨，流放家門。馮緄傳，會河東太守劉祐去郡，轉武傳，以祐為河南尹。趙岐傳。蕃敗，祐黜歸。陳蕃傳。

[二] 「赦」，手稿作「救」，據後漢書改。

[三] 「東」，手稿脫，據後漢書補。

4099 吳祐 字季英，陳留長垣人。年十二，喪父，居無檐石，而不受贍遺。牧豕長垣澤中，後舉孝廉，以光祿四行遷爲膠東侯相。九年，遷齊相，大將軍梁冀表爲長史。及冀誣奏李固，祐聞而請見，爭之不得。馬融在坐，爲冀草章，祐曰：「李公之罪，成于卿手。卿何面目見天下之人乎？」出爲河間相，自免歸，躬灌園蔬，以經書教授，年九十八卒。循吏傳序。

4100 陰就 明帝紀，永平二年，少府陰就自殺。郭后紀。陰后麗華紀。吳良傳，永平中，車駕近出，信陽侯陰就干突禁衛，車府令徐匡鉤就車，收御者送獄。馮衍傳，顯宗卽位，爲少府。朱暉傳，新陽侯陰就慕信陽侯陰就訴，譖延多所冤枉，延坐論，朝臣莫及，然性剛敖，不得衆譽。虞延傳，親錄囚徒。擇除官屬，衍不自量，願侯白以衍備門衛之。」陰興傳，弟就，嗣父封宣恩侯，後改封爲新陽侯。善談論，朝臣莫及，然性剛敖，不得衆譽。顯宗卽位，爲少府。朱暉傳，新陽侯陰就慕暉賢，自往候之，避不見。復遣家丞致禮，閉門不受。楊政傳，就至，責讓馬武，令與政交友。井丹傳：信陽侯陰就以外戚貴盛，乃詭說五王，求錢千萬，約能致丹，而別使人要劫之，故爲設麥飯葱葉之食。第五倫傳。

4101 鮑就 信陽侯陰就數致禮請恢，恢絕不答。

4102 尹就 王堂傳，永初中，西羌寇巴郡，中郎將尹就攻討，連年不尅。三府舉堂治劇也。西羌

〔一〕「御」，手稿作「衛」，據後漢書改。

4103 戴就傳，安帝元初二年，遣中郎將尹就將南陽兵，因發益部諸郡屯兵擊零昌黨呂叔都。四年夏，以尹就不能定益州，坐徵抵罪，以益州刺史張喬領尹就軍屯南陽。永和二年，李固駁書有「虞來尚可，尹來殺我」之謠。

獨行傳，字景成，會稽上虞人。仕郡倉曹掾，揚州刺史奏太守成公浮贓罪，收就拷掠，五毒參至。燒鐵斧，使就挾於肘腋。臥就覆船下，以馬通薰之。一夜二日，皆謂已死，發船睜視之，就方睜眼大罵云云。

4104 黃就，觀津長梁國黃就。[二]見董昭下。

4105 公賓就，東海人公賓就斬莽於漸臺。

4106 車師後部王軍就，勇擊後部王軍就，大破之。捕得軍就及匈奴持節使者，將至索班沒處斬之，以報其恥，傳首京師。西域傳，安帝永寧二年，車師後部王軍就及母沙麻反叛，至延光四年，長史班勇擊軍就，大破，斬之。

4107 劉授，安帝紀，延光元年五月庚戌，宗正劉授為司空，代陳震。順帝紀，司空劉授免，陶敦代之。楊震傳，耿寶、閻顯薦於震，震皆不從。司空劉授聞之，即辟此二人，旬日間，皆見拔擢。

4108 陳授，延熹二年，太史令陳授因小黃門徐璜陳災異日食之變，咎在大將軍。梁冀聞之，諷洛陽令收考，授死於獄，帝由此發怒。

4109 沮授，袁紹傳，韓馥以冀讓紹，騎都尉沮授等聞而諫曰：「冀州雖鄙，帶甲百萬，穀支十年。

〔二〕「津」，手稿作「澤」，據後漢書改。

雷授

袁紹孤客窮軍，仰我鼻息」云云。馥不聽。紹領冀州，以沮授為別駕。後表為奮武將軍，使監護諸將。興平二年，說紹西迎大駕。而郭圖、淳于瓊等以為非計，紹竟不從。紹出譚繼兄後，沮授諫紹曰：「萬人逐兔，一人獲之，貪者悉止」云云。紹不聽。攻許，沮授諫曰：「宜先遣使獻捷天子，若不得通，乃表曹操隔我王路」云云。紹不許，圖、審配異議，圖等因譖授御衆於外，不宜知內。紹乃分授所統為三都督，使授及圖、淳于瓊各典一軍。後紹討操，沮授臨行，會宗族，散資財以與之，曰：「六國蚩蚩，為嬴弱姬。今之謂乎！」及紹渡河，沮授臨船歎曰：「上盈其志，下務其功，悠悠黃河，吾其濟乎！」遂以疾退，紹不許而意恨之。紹進保陽武。沮授又說曰：「南幸於急戰，北利在緩師。宜徐持久，[三]曠以日月。」不從。紹軍潰，授為操軍所執，乃大呼曰：「授不降也。」操見授謂曰：「分野殊異，遂用圮絕，[三]不圖今日乃相得也。」授曰：「冀州失策，自取奔北。授智力俱困，宜其見擒。」操曰：「本初無謀，不相用計。今喪亂過紀，方當與君圖之。」授曰：「叔父、母、弟懸命袁氏，若蒙公靈，速死為福。」操歎曰：「孤早相得，天下不足慮也。」遂赦而厚遇焉。授尋謀歸袁氏，乃害之。

嚴授

獨行傳，雷義子授，官蒼梧太守。

劉茂傳。鮮卑傳。殤帝延平元年，漁陽太守張顯率百人出塞，追擊鮮卑。兵馬掾嚴授

[一]「久」，手稿作「公」，據後漢書改。
[二]「圮」，手稿作「北」，據後漢書改。

諫曰：「前道險阻，域勢難量，宜且結營，先令輕騎偵視之。」顯意甚銳，怒欲斬之。

4112 皇女綬
因復進兵，遇虜伏發，士卒悉走，惟授力戰，身被十數創，手殺數人而死。

光武女綬，封酈邑公主，適陰豐。傅山曰：〔二〕一作「綬」。

4113 廣陵侯元壽
光武十王傳，永平十四年，封荆子元壽爲廣陵侯，服玉璽綬。肅宗建初七年，詔元壽兄弟俱朝京師。又有韻。

4114 瑯琊王壽
光武十王傳，夷王薨，子恭王壽嗣，立十七年薨。

4115 孔伷
臧洪傳，酸棗之盟，豫州刺史孔伷。符融傳，薦孔伷於馮岱。孔融傳，父伷，太山都尉。鄭太傳，孔公緒清談高論，噓枯吹生。董卓傳，卓以孔伷爲豫州刺史。袁紹傳，初平元年，紹與豫州刺史孔伷同時起兵討卓，屯潁川。

4116 馮冑
李郃傳，郃卒，門人上黨馮冑獨制服心喪三年。冑字世威，奉世之後也。常慕周伯況、閔仲叔之爲人，隱處山澤，不應徵聘。

4117 車冑
袁紹傳，建安五年，左將軍劉備殺徐州刺史車冑。

4118 張繡
荀彧傳，「魏志曰：繡在南陽降，既而悔之，反操，與戰，軍敗，遣使招繡，繡遂屯襄陽，爲表北藩。」劉表傳，註：「張濟死，從子繡收衆而退。表自責以爲己無賓主禮，遣使招繡，操敗於張繡。」

4119 東郭寳
段熲傳，太山琅邪賊東郭寳、公孫舉等聚衆三萬人，破壞郡縣，連年不克。永壽二年，段熲傳，段熲破斬之。

〔一〕「傅山曰」三字，傅山全書初版本脫，據手稿補。

4120 棟蠶若豆 西南夷傳，王莽政亂，益州郡夷棟蠶若豆等起兵殺郡守，武威將軍劉尚斬棟蠶帥。傳山曰：似夷部名，非人名。

二十沁

4121 耿弇禁 耿弇傳，耿良，一名無禁。

4122 張子禁 襄楷傳，註：「桓帝美人外親張子禁怙恃榮貴，不畏法罔，成瑨殺之。」

4123 張禁 郅惲傳，註：「東觀記曰：坐前長沙太守張禁多受遺送千萬，[二]以惲不推劾，故左遷也。」

二十一勘

4124 伏湛 光武紀，建武三年三月壬寅，以大司徒司直伏湛為大司徒，代鄧禹。註：「續漢書：建武十一年，省司直。」五年十一月壬寅，大司徒伏湛免，侯霸代之。本傳，字惠公，琅邪東武人。性孝友，傳父業齊詩，成帝時，以父任為博士弟子。莽時，為繡衣執法，使督大奸，遷後隊屬正。更始立，為平原太守。時倉卒兵起，天下驚擾，湛獨晏然，教授不廢云云。時門下督素有氣力，謀欲為湛起兵，湛惡其惑衆，即收斬之。光武即位，徵拜尚書，使典定舊制。鄧禹征西，以湛為司直，行大司徒事。建武三年，代禹

[二]「送」，手稿作「愛」，據後漢書改。

4125 廖湛

4126 韓湛

4127 曹湛

4128 張湛

爲司徒，封陽都侯。上疏諫親征彭寵。遣到平原招降賊徐少。是歲，奏行鄉飲酒禮。冬，車駕征張步，留湛居守。時蒸祭高廟，而河南尹、司隸校尉爭論於廟中，湛不舉，坐免。六年，徙封不其侯，就國。十三年，徵，因譴見中暑，病卒。伏恭傳。

〈順陽侯傳〉。〈劉玄傳〉，平林人陳牧、廖湛復聚衆千餘人，號平林兵以應之。聖公因往從牧等，爲其軍安集掾。復入湖池爲盜云云。申屠建、廖湛皆以爲然。後詳張卬下。事不集，復入湖池爲盜云云。申屠建、廖湛皆以爲然。後詳張卬下。董憲欲間道歸降，而吳漢校尉韓湛追斬憲於方輿，傳首洛陽，封韓湛爲列侯。

〈劉永傳〉。建初二年，已封參，後曹湛爲平陽侯，故不復及。〔一〕

〈韋彪傳〉，扶風平陵人。矜嚴好禮，遇妻子若嚴君。人或謂湛僞詐。成哀間，爲二千石。

張湛字子孝，扶風平陵人。矜嚴好禮，遇妻子若嚴君。人或謂湛僞詐。成哀間，爲二千石。莽時，歷太守、都尉。建武初爲左馮翊，修典禮，設教化。告歸平陵，望寺門而步。五年，拜光祿勳。光武臨朝，或有惰容，輒諫其失。〔二〕常乘白馬，帝每見湛，曰：「白馬生且復諫矣。」七年，以病乞身，拜大中大夫，代王丹爲太子太傅。及郭后廢，因稱疾不朝，拜大中大夫，居中東門候舍，時人號曰中東門君。戴涉誅，強起代爲大司徒，至朝堂，遺失溲便，罷，卒於家。〈鮑永傳〉，永拜更始墓，帝意不平，問公卿曰：「奉使如此，何如大中大夫？」張湛對曰：「仁者行之宗，忠者義之主，仁不遺舊，忠不忘君，行之高者也。」帝意乃釋。

〔一〕「曹湛爲平陽侯，故不復及」，傅山全書初版本誤作「曹湛爲平陽故，復不侯及」，據手稿改。

〔二〕「失」，手稿作「先」，據後漢書改。

4129 宗湛 楊厚傳，太守宗湛使統為郡求雨，即降澍。

4130 丁湛 丁鴻傳，鴻卒，子湛嗣，為亭鄉侯。

4131 梁湛 繆肜傳，太守隴西梁湛召肜為決曹史，後送湛喪，會羌叛，肜獨不去。

4132 舒承梵 律曆中，永元十四年，太史令舒承梵等對：「案官所施漏法令甲第六常符漏品」云云。

4133 李梵 律曆中，詳編訢下。

4134 高梵 來歙傳，中傳高梵徙朔方。見籍建下。种暠傳，中常侍高梵從中單駕出迎太子，暠手劍當車，曰：「今常侍來無詔信，何以知非姦耶？」梵辭屈，不敢對，馳命奏之。虞詡傳，詡子顗候中常侍高梵車，叩頭流血言枉狀，梵乃入言之。孫程傳，見籍建下。後坐贓罪減死一等。

4135 郭梵 郭伋傳，父梵，為蜀郡太守。

4136 樊梵 樊鯈傳，鯈子梵，字文高，為郎二十餘年，推財物二千餘萬，與孤兄子官至大鴻臚。

4137 李汎 劉玄傳，赤眉生得松時，松弟汎為城門校尉，赤眉使謂之曰：「開門活汝兄。」汎即開門。

4138 程汎 公孫述傳，遣田戎及南郡太守程汎將兵下江關。岑彭傳，九年，述遣程汎破馮駿等。

4139 鄧汎 鄧晨傳，封長子汎為吳房侯，奉母公主祀。

4140 桓汎 桓郁傳，郁讓爵土與兄子汎，顯宗不許，郁悉以租人與之。

4141 張汎 岑晊傳，宛有富賈張汎者，桓帝美人之外親，善巧雕鏤玩好之物，頗以賂遺中官，以

4142 史汎
此並得顯位，恃其伎巧，用執縱橫。晊與張牧勸成瑨收捕，遇赦，竟誅之，並收其宗族賓客二百餘人。中常侍矦覽使汎妻訟冤。中黃門史汎封臨沮矦。

4143 尉黎王汎
班超傳，大會諸國王，叱吏士收焉。

4144 公乘宗紺
律曆中，永元十二年正月十二日，蒙宗紺上言："今月十六日月當食，而曆以二月。"者王廣、尉黎王汎等於陳睦故城斬之，傳首京師。施行五十六歲。至本初元年，天以十二月食，〔二〕曆以後年正月，於是始差。詔以紺法署。

4145 田紺
任延傳，延為武威太守時，將兵長史田紺賓客為人暴害，延收繫之。

4146 郭汜
朱儁傳，儁東屯中牟，移書州郡，請師討卓。卓聞之，使其將李傕、郭汜等數萬人屯河南拒儁，儁逆擊，為傕等所破。西羌傳，獻帝興平元年，馮翊降羌反，寇諸縣，郭汜、樊稠擊破之，斬首數千級。紙韻、感韻並收之。

4147 范汜
獨行傳，式一名汜。

4148 張汜
王景傳。又收紙韻。

4149 來豔

二十二豔

豔靈帝紀，建寧四年四月，太常來豔為司空，代橋玄也。註："豔字季德，南陽新野人。"七月，司空來豔免，宗俱代之。光和元年四月，太常來豔又為司空，代陳耽也。

〔二〕"天"，手稿作"天"，據後漢書改。

無弋爰劍

九月，司空來豔薨，袁逢代之。來歙傳，虎弟豔，字季德，少好學下士，開館養徒。靈帝時，再遷司空。

西羌傳，無弋爰劍者，秦厲公時爲秦所執，以爲奴隸。不知爰劍何戎之別也。後得亡歸，而秦人追之急，藏於巖穴中得免。羌人云爰劍初藏穴中，秦人焚之，有景象如虎，爲蔽其火，得以不死。既出，又與劓女遇於野，遂成夫婦。女恥其狀，被髮覆面，羌人因以爲俗，遂亡入三河間。諸羌見爰劍被焚不死，怪其神，共事之，推以爲豪。河湟間少五穀，多禽獸，以射獵爲事，爰劍教之田畜，遂見敬信，廬落種人依之者日衆。羌人謂奴爲無弋，以爰劍嘗爲奴隸，故因名之。其後世世爲豪。自爰劍後，子孫支分，凡百五十種。九種在賜支河以西，及在蜀漢徼北，[二]前史不載口數。唯參狼在武都，勝兵數千人。其五十二種衰少，不能自立，分散爲附落，或絕滅無後，或引而遠去。其八十九種，唯鍾最强，勝兵十餘萬。其餘大者萬餘人，小者數千人，更相鈔盜，盛衰無常。無慮順帝時，勝兵合可二十萬人。[三]發羌、唐旄等絕遠，未嘗往來。氂牛、白馬羌在蜀、漢，其種別名號，皆不可紀知也。

[二]「徼」，手稿作「繳」，據後漢書改。
[三]「兵」，手稿脫，據後漢書補。

卷一百九十　東漢書姓名韻（十七）　去聲　二十二豔

七三

卷一百九十一 東漢書姓名韻（十八）

入聲

一屋

4151 李育　〈光武紀〉，時王郎大將李育屯柏人，朱浮、鄧禹為所敗。〈王昌傳〉，趙繆王林與趙國大豪李育、張參等通謀，共立郎為天子，育為大司馬。〈隗囂傳〉，公孫述遣其將李育，田弇助囂攻略陽不下。〈公孫述傳〉，遣將軍李育等出陳倉，又遣育將萬餘人救囂，敗沒其軍。述死，李育以才幹擢用之。〈岑彭傳〉，公孫述將李育將兵救囂，守上邽。

4152 李育　〈班固傳〉，奏記東平王曰：「扶風掾李育，經明行著，教授百人，客居杜陵，茅室土階。京兆、扶風二郡皆請，育以家貧，數辭病去。溫故知新，論議通明，廉清修潔，行能純備，雖前世名儒韋、平、翟、孔，無以加焉。宜令考績，以參萬事。」〈儒林傳〉，字元春，扶風漆人也。少習公羊春秋。班固薦之東平王蒼，輒辭病去。常避地教授，讀左傳，雖樂文采，然謂不得聖人深意。於是作難左氏義四十一事。建初元年，衛尉馬廖舉方正，為議郎。後遷博士。四年，詔與諸儒論經白虎觀，以公羊義難賈逵，往反皆有理證。遷尚書令。及馬氏廢，育坐為

4153 李育

傅育

所舉免歸。歲餘徵，遷侍中，卒。

章帝紀，章和元年三月，護羌校尉傅育追叛羌，戰歿。西羌傳，肅宗建初二年，武威太守傅育代吳棠為校尉，移居臨羌。章和元年，育上請發隴西、張掖、酒泉各五千人，諸郡太守將之，育自領漢陽、金城五千人，合二萬兵，與諸郡尉期擊叛羌。令隴西兵據河南，張掖、酒泉兵遮其西。並未及會，育軍獨進。迷吾聞之，徙廬落去。選精騎三千窮追之，夜至建威南三兜谷，去虜數里，須旦擊之，不設備。迷吾乃伏兵三百人，夜突育營，營中驚潰散走，育下馬手戰，殺十餘人而死，死者八百八十人。顯宗初，為臨羌長，秩奉贍給知友，妻子不免操井臼。

匈奴。食祿數十年，

靈帝紀，熹平三年，北地太守夏育追擊鮮卑，破之。六年，遣護烏桓校尉夏育出高柳，並伐鮮卑，育等大敗。蓋勳傳，叛羌圍護羌校尉夏育於畜官，勳與州郡合兵救育，至狐槃為羌所破。段熲傳，詳田晏下。鮮卑傳，靈帝熹平三年冬，鮮卑入北地，太守夏育率休著屠各追擊之。遷育為烏桓校尉。五、六年，鮮卑連寇幽州〔二〕三邊。夏育上言：「請徵幽州諸郡兵出塞擊之，〔三〕一冬二春，必能擒滅。」朝廷未許。會田晏求王甫立功，因此遣與夏育並力討賊。議郎蔡邕議駁之，不從。遂遣育出高柳。育等大敗，三將檻車徵下獄，贖為庶人。互見「旻」、「晏」下。

〔二〕「幽」，手稿作「出」，據後漢書改。
〔三〕「州」，手稿作「冀」，據後漢書改。

4156 宗育 詣京師。

4157 呂育 劉盆子傳，註：「呂母子名育。」

4158 賈育 禹擊破赤眉別將諸營保，郡邑皆開門歸附。西河太守宗育遣子奉檄降，禹遣詣京師。

賈育 賈復傳，膠東侯邯卒，子育嗣。

4159 劉育 劉平傳，平爲濟陰郡丞，太守劉育任以郡職，上書薦平。

4160 朱福 光武紀，註：「宛人朱福，亦爲舅訟租於尤，尤止車獨與上語，[二]不視福。」

4161 周福 任城貞王傳，永元十四年，封母弟福爲桃鄉侯。

4162 桃鄉侯福 黨錮傳序，桓帝爲蠡吾侯，受學於甘陵周福，即位，擢福爲尚書。時同郡河南尹房植有名當朝，鄉人語曰：「天下規矩房伯武，因師獲印周仲進。」[三]二家賓客，互相譏揣，由是甘陵有南北部。

4163 歐陽福 歐陽歙傳，子福嗣。

4164 鄧福 鄧晨傳，國卒，子福嗣。永建元年，無子國除。

4165 韓福 岑彭傳，長沙相韓福等遣使貢獻。

4166 岑福 岑彭傳，細陽侯熙卒，子福嗣，爲黃門侍郎。

4167 傅福 梁商傳，尚方令傅福等共譖商，謀廢立，伏誅。

[二]「車」，傅山全書初版本誤作「軍」，據手稿改。
[三]「因」，手稿作「固」，據後漢書改。

4168 包福

包咸傳，子福拜郎中，亦以論語授和帝。

4169 孫福

劉茂傳，建武二年，赤眉攻郡，劉茂負太守孫福踰牆藏空穴中，其暮，俱奔孟縣。明年，詔書求天下義士，福言茂。

4170 衞福

鮮卑傳，延平元年，漁陽太守張顯率數百人出塞擊鮮卑，中流矢，主簿衞福與功曹徐咸皆自投赴顯，俱歿。鄧太后賜福等各錢十萬，除一子爲郎。

4171 徐福

楊倫傳，往來徐州刺史徐福等云云。總見「疊」下。

4172 徐福

東夷傳，有夷洲及澶洲，傳言秦始皇遣方士徐福將童男女數千人入海，求蓬萊神仙不得，福畏誅不還，遂止此洲，世世相承，有數萬家。人民時至會稽市。會稽東冶縣人有海行遭風，流移至澶州者，所在絶遠，不可往來。

4173 賈福

西羌傳。本傳。永和六年，罕種羌千餘寇北地，北地太守賈福與武威太守擊之，不利。

4174 賈復

光武紀。本傳，嘉〔一〕持嘉書見光武於河北柏人。署破虜將軍，遷護軍將軍。擊青犢，又與五校戰於眞定，創甚。愈，光武即位，拜執金吾，封冠軍侯。渡河攻洛陽，破降陳僑。建武二年，〔二〕益封穰，朝陽二縣。擊郾，降尹尊。東擊淮陽，降暴汜。南擊召陵、新息，平中王劉嘉，迎嘉書，復亦聚衆於羽山。下江、新市兵起，爲縣掾，左將軍膠東侯賈復字君文，南陽冠軍人。少好學，習尚書。王莽末，歸漢中王劉嘉，持嘉書見光武於河北柏人。署破虜將軍，遷護軍將軍。擊青犢，督盜賊，捕鄗尉，不許。光武至信都，以復爲偏將軍。拔邯鄲，遷護軍將軍。擊青犢，又與五校戰於眞定，創甚。愈，光武即位，拜執金吾，封冠軍侯。渡河攻洛陽，破降陳僑。建武二年，擊鄴賊，破之。

〔一〕「武」，手稿作「光」，據後漢書改。
〔二〕

4175 劉復

之。明年，遷左將軍，別擊赤眉新城、澠池。十三年，定封膠東，以列侯就第。三十一年卒，諡剛。朱浮傳，建武三十年，代賈復爲執金吾。北海靖王傳，封興子復爲臨邑侯，好學能文章。永平中，有講事，輒令復典掌焉。馬嚴傳，與宗室臨邑侯劉復等議論政事。賈逵傳，時有神雀集宮殿官府，冠羽五彩。帝問臨邑侯劉復，復不能對，薦逵博物多識。劉平之王扶傳，永平中，臨邑侯劉復著漢盛德頌，稱王扶爲名臣云。

4176 荒禿

光武紀，註：「銅馬賊帥東山荒禿。」

4177 邢穆

明帝紀，永平十四年四月丁巳，鉅鹿太守南陽邢穆爲司徒，代虞延。註：「穆字綏公，宛人。」十六年五月癸丑，司徒穆下獄死，坐淮陽王延謀反事，王敏代之。

4178 竇穆

章德竇后紀，祖穆，坐事死。竇融傳，長子穆，尚內黃公主，代友爲城門校尉。後永平二年，穆等干亂政事，矯陰太后詔，令劉盱去婦。帝大怒，盡免穆等官，將家屬歸故郡。穆等西至函谷關，詔悉追還。帝以穆不能修尚，而擁富資，居大第，[二]常令謁者一人監護其家。居數年，謁者奏穆父子怨望，帝令將家屬歸本郡。後坐賂遺小吏，郡捕繫，與子宣俱死平陵獄。傅山曰：「安豐之嗣，忽諸伏波諄諄教子弟以謙愼，尚不免惹苡之釁，況干亂政事者乎？亦自取之耳。想及以涼州入漢問禮儀時，亦須忠厚報之。」

4179 尋穆

五行志。見柳分下。

［二］「第」，手稿作「節」，據後漢書改。

卷一百九十一 東漢書姓名韻（十八） 入聲 一屋

七九

4180 杜穆
4181 張穆
4182 文穆
4183 朱穆

杜穆　岑彭傳，蒼梧太守杜穆等遣使貢獻。

張穆　吳漢傳，十八年，蜀郡守將史歆反於成都，攻太守張穆，踰城走廣都。〔二〕廉范傳，蜀郡太守丹之故吏也。范西迎父喪，穆重資送之，范無所受。

文穆　竇固傳，烏桓校尉文穆，出平城塞。見來苗下。

朱穆　頡子，字公叔。年五歲，有孝稱。父母有病，輒不飲食，差乃復常。〔三〕及壯耽學，不自知忘失衣冠，顛墜坑岸。初舉孝廉。順帝末，梁冀辟之，因推災異，奏記勸戒冀。冀舉為侍御史。太后臨朝，穆以冀勢地，望有以扶持王室，作崇厚論。又著絕交論，亦矯時之作。穆奏記諫冀，不納。又奏記諫之。報云：「如此，僕無可耶？」永興元年，擢為冀州刺史，州有宦者三人為中常侍，以檄謁穆，疾之，不見。冀部令長聞穆濟河，解印綬去者四十餘人。到，以威略權宜，誅諸賊渠帥。而收其家屬，或死獄中。宦者趙忠葬父，僭分。穆下郡案驗。吏畏其嚴明，遂發墓陳尸。帝聞之大怒。徵穆詣廷尉，輸作左校。太學生劉陶訟之，赦。居家數年，徵拜尚書。既深疾宦官，及在台閣，旦夕共事，志欲除之。上疏曰：「按漢故事，參選士人。建武以後，乃悉用宦者。以為可悉罷省，遵復往初。」不納。復次口陳：「舊典侍中、中常侍各一人，省尚書事，黃門侍郎一人，傳發書奏，皆用姓族」云云，「宜博選者儒宿德，與參政事。」帝怒

〔二〕「都」，傅山全書初版本誤作「郡」，據手稿改。

〔三〕「差」，手稿作「善」，據後漢書改。

4184 公沙穆

不應。穆伏不起。左右傳出，良久乃去。穆素剛，不得意，憤懣發疽。延熹六年，年六十四卒。穆卒，蔡邕與門人共諡爲文忠先生。荀爽聞而非之。書云：「竊見故冀州刺史南陽朱穆奉憲操平，摧破姦黨，掃清萬里。」劉矩傳、劉陶傳，書云：「及徵樊英、楊厚，朝廷若待神明，至輔。馮緄傳，緄征荊州蠻，請中常侍一人監軍財費，尚書朱穆縆以財自嫌，失大臣之節。延篤傳。方術傳，一百十二上卷，論：「及徵樊英、楊厚，朝廷若待神明，至竟無他異。英名最高，毀最甚。」李固、朱穆等以爲處士盜虛名，無益於用，所以然也。」

4185 黃穆

吳祐傳，公沙穆來遊太學，無資粮，變服客傭，爲祐賃舂。[二]祐與語大驚，遂共定交於杵臼之間。方術傳，字文乂，北海膠東人。家貧賤。自爲兒童不好戲弄，習韓詩、公羊春秋，尤銳思河洛推步之術。居建成山中，依林爲阻，獨宿無侶。時暴風雨，有聲於外呼穆者三。有頃，呼者自牖入，音狀甚怪，穆誦經自若。及舉孝廉，遷繒相。又遷弘農令。

4186 渠穆

范滂傳。見殿陶下。何進傳，尚方監渠穆拔劍斬進於嘉德殿前。

4187 楊穆

鮮卑傳，安帝建光元年秋，[三]其至鞬復寇居庸。雲中太守成嚴擊之，兵敗，功曹楊穆以身捍，俱歿。

[二]「祐」，手稿作「佑」，據後漢書改。
[三]「光」，手稿作「元」，據後漢書改。

4188 鮑昱

明帝紀，永平十七年三月癸丑，司徒鮑昱爲司徒，代王敏。章帝紀，建初四年五月甲戌，司徒鮑昱爲太尉，代牟融。六年六月丙辰，太尉鮑昱薨，鄧彪代之。本傳，鮑昱，字文泉。少傳父學，客授東平。建武初，太守戴涉請署守高都長，討賊知名。後爲沘陽長，再遷，中元元年，拜司隷校尉。永平五年，坐救火遲，[二]免。後拜汝南太守。十七年，代王敏爲司徒。建初元年，大旱。對曰：「楚獄繫者千餘人，諸徙者骨肉離分。宜一切還諸徙家屬」云云。四年，代牟融爲太尉，六年薨。耿恭傳，司徒鮑昱議當救關寵。鄧彪傳，代鮑昱爲太尉。楊終傳，司徒鮑昱等難第五倫。高獲傳，昱爲汝南太守，請獲，既至，門令主簿就迎，主簿但遣騎吏迎之，獲卽去。牟融傳。鄭均傳。陳寵傳。

4189 西平侯昱

光武十王傳，見濟南王香下。

4190 隨昱

盧芳傳，五原人，總見李興下。十二年，留守九原，欲脅芳降。拜昱爲五原太守，封鐫胡侯。郭伋傳，伋購賞結寇心。芳將隨昱遂謀脅芳降，芳遂亡入匈奴。

4191 侯昱

馬援傳，有譖馬援前所載還皆明珠文犀。馬武與於陵侯昱等以章言其狀，帝益怒。昱，司徒霸之子。侯霸傳，霸卒，子昱嗣則鄉侯。後徙封於陵侯。永平中，兼太僕。王丹傳，時司徒侯霸欲與丹交友，及丹被徵，遣子昱候於道。昱迎拜車下，丹下答之。昱

〔二〕「火」，手稿作「大」，據後漢書改。

4192 荀昱 荀淑傳，兄子昱，字伯脩，爲沛相。與弟曇皆正身疾惡，志除閹宦。昱後共竇武誅中官，與李膺俱死。竇武傳，請前越巂太守荀昱爲從事中郎。黨錮傳，八俊。

4193 孔昱 字元世，魯國魯人也。世祖霸，褒成君。昱少習家學尚書，梁冀辟，不應。太尉舉方正，對策不合，辭病去。遭黨事禁錮。靈帝即位，公車徵拜議郎，補洛陽令，以師喪去官，卒。

4194 王昱 杜密傳，太守王昱謂密曰：「劉勝位爲大夫，見禮上賓，知善不薦，聞惡無言，隱情惜己，自同寒蟬，此罪人也。今志義力行之賢，密達之，迷道失節之士，密糾之。使明府賞刑得中，令問休揚，[二]不亦萬分之一乎？」昱慚服。

4195 程昱 荀彧傳，或使程昱說范，[三]東阿固守。註：「魏志：昱字仲德，東阿人。」

4196 趙昱 陶謙傳，謙信用非所，別駕從事趙昱，知名士也，而以忠直見疏，出爲廣陵太守。笮融走廣陵也，趙昱待以賓客禮。融利廣陵財貨，遂乘酒酣殺昱，放兵大掠。昱字元達，琅邪人。清己疾惡，潛志好學，雖親友希得見之。爲人耳不妄聽，目不妄視。太僕种拂舉爲方正。

4197 陳睦 明帝紀，永平十八年六月，焉耆、龜茲攻西域都護陳睦，悉沒其衆。耿恭傳，時焉者、

[二]「揚」，手稿作「物」，據後漢書改。
[三]「說」，手稿脫，據後漢書補。

4198 尹睦

龜茲攻沒都護陳睦。班超傳，永平十八年，帝崩，焉耆以中國大喪，遂攻沒都護陳睦。西域傳，明帝崩，焉耆、龜茲攻沒都護陳睦，悉覆其衆。又見焉者國傳。和帝紀，永元四年八月癸丑，大司農尹睦爲太尉，錄尚書事，代宋由。五年十月辛未，太尉尹睦薨，張酺代之。註：「漢官儀：睦字伯師，鞏人。」袁安傳，永元五年，大司農尹睦議阿佞事同安。章和四年爲太尉。尹勳傳，伯父睦，司徒。

4199 陰睦

陰麗華紀，註：「幼公生尹孟名睦，即后之父，追爵爲宣恩哀侯。」

4200 敬王睦

北海靖王傳，興薨，子敬王睦嗣。睦好學，博通書傳，光武愛之。顯宗在東宮，尤見幸待。中興初，禁罔尚闊，睦性謙恭好士，千里交結，聲價益重。永平中，憲法頗峻，睦乃謝絕賓客，放心音樂。歲終，遣中大夫朝賀，曰：「朝廷設問寡人，大夫何辭以對？」對曰：「大王忠孝慈仁」云云。靖王薨，睦悉推財産與諸弟。能屬文，作春秋旨議始終論及賦頌數十篇。又善史書，當世以爲楷則。及病，帝驛馬令作草書尺牘十首。立十年惰，聲色是娛」云云。初，靖王薨，其對以志意衰惰。

4201 馬睦

度尚傳，豫章艾縣人，應募不得賞，怨恨反。遣謁者馬睦，督荊州刺史劉度擊之，睦、度奔走。南蠻傳，桓帝延熹三年冬，武陵蠻寇江陵，荊州刺史劉度與謁者馬睦等皆奔走。互見「度」、「肅」下。

4202 李睦

西羌傳，肅宗建初元年，隴西太守孫純遣從事李睦及金城兵會和羅谷，與卑湳等戰，斬首虜數百人。

4203 虞續

虞續質帝紀，豫章太守虞續坐贓，〔一〕下獄死。

4204 安平王續

安平王續孝明八王傳，孝王萇，子續立。中平元年，爲黃巾劫質，囚於廣宗。賊平復國。其年秋，坐不道誅。立三十四年，國除。李固傳，先是安平王續爲張角所略，國家贖王，遣議復其國。燮奏：「續守藩不稱，損辱聖朝，不宜復國。」時議者不同，續竟歸國，卒被不道誅。京師語曰：「父不肯立帝，子不肯立王。」

4205 馬續

馬續馬嚴七子，續知名，字季則，七歲通論語，十三明尚書，十六治詩，博觀羣籍，九章算術。順帝時，爲護羌校尉，遷度遼將軍，所在有恩威。應劭傳，駮募鮮卑之議曰：「往者度遼將軍馬續曾發鮮卑」云云。曹大家傳，漢書始出，多未能通者，同郡馬融伏於閣下，從昭受讀，後又詔融兄馬續繼昭成之。西羌傳，順帝永建四年，張掖太守馬續代韓皓爲校尉。兩河間羌以屯田近之，〔二〕恐見圖，乃解仇詛盟，各自儆備。續欲先示恩信，乃上移屯田湟中，羌意乃安。陽嘉三年，續遣兵擊鍾羌良封，斬首數百級。商表曰：「竊見度遼將軍續素有謀謨，〔三〕且典邊日久，深曉兵要，每得續書，與臣策合。宜令續深溝高壘，以恩信招降。」從之，詔續招降叛虜。商又移續等書：「勿貪小和元年，續遷度遼將軍。匈奴傳，耿曄病，馬續代爲度遼將軍。永和五年，吾斯、車紐等背叛，因復招誘右賢王，合七八千騎圍美稷，馬續與梁並等掩擊破之，大將軍梁商表曰：

〔一〕「章」，手稿脫，據後漢書補。
〔二〕「兩」，手稿作「西」，據後漢書改。
〔三〕「將軍」，手稿脫，據後漢書補。

卷一百九十一　東漢書姓名韻（十八）　入聲　一屋

八五

4206 陸續

功」云云。續及諸郡，並遵行之，於是右賢王抑鞮等萬三千口詣續降。六年春，續帥鮮卑五千騎到穀城擊吾斯，斬首數百級，夏，馬續免，而城門校尉吳武代之。仕郡戶曹史。又刺史辟爲別駕從事。還郡，爲門下掾。

獨行傳，字智初，會稽人。

4207 張續

張皓傳，綱卒，拜子續爲郎中，賜錢百萬。

4208 李續

李善傳，李元家相繼死，續始生數旬，而資財千萬，諸婢私計，謀殺續分財。善潛負續逃，去山陽瑕丘界中，親自哺養，乳爲生湩，雖在襁褓，奉之不異長君。後光武詔拜善及續並爲太子舍人。

4209 羊續

字興祖，太山平陽人也。桓帝時以忠臣子孫拜郎中，去官後，[二]辟竇武府。武敗，坐禁錮十餘年，禁解，辟太尉府，四遷廬江太守。又拜南陽太守，是懸魚於庭。中平六年，靈帝欲以續爲太尉。時拜三公者，皆輸東園禮錢千萬，令中使督之，名爲「左騶」。續坐使人於單席，舉縕袍示之，曰：「臣之所資，唯斯而已。」以此不登公位。而徵爲太常，會病卒。

4210 楊仲續

楊厚傳，註：「益部耆舊傳：[三]統曾祖父仲續舉河東方正，拜祁令，[三]甚有德惠。樂益部風俗，因留家新都，以夏侯尚書相傳。」

[一]「官」，手稿脫，據後漢書補。
[二]「部」，手稿作「都」，據後漢書改。下同。
[三]「祁」，手稿作「初」，據後漢書改。

4211 公孫續

公孫瓚傳，建安三年，紹大攻瓚，瓚遣子續請救於黑山諸帥，四年，張燕與續率兵十萬，三道來救。未及至，瓚密使行人齎書告續曰：「昔周末喪亂，僵屍蔽地，以意而推，猶爲否也。不圖今日親當其鋒。袁氏之攻，狀若鬼神，梯衝舞吾樓上，鼓角鳴於地中，日窮月急，不遑啓處。烏厄人歸，滱水陵高，汝當碎首於張燕，馳騖以告急。父子天性，不言而動。且厲五千鐵騎於北隰之中，起火爲應，吾當自內出，奮揚威武，決命於斯。〔二〕不然，吾亡之後，〔三〕天下雖廣，不容汝足矣。」紹候得其書，如期舉火，瓚以爲救至，出戰。紹伏發，續爲屠各所殺。

4212 梁淑

桓帝紀，延熹二年八月，衛尉梁淑伏誅。梁冀傳，收親從衛尉淑等棄市。

4213 城陽王淑

章帝八王傳，城陽王淑，以永元二年封，分濟陰爲國。立五年薨，葬於京師。無子，國除，還幷濟陰。

4214 解瀆亭侯

章帝八王傳，解瀆亭侯淑，以河間孝王子封。靈帝立，建寧元年，竇太后詔追尊皇祖淑爲孝元皇，陵曰敦陵，廟曰靖廟。

4215 劉淑

黨錮傳，字仲承，河間樂成人也。少學明五經，隱居教授。永興二年，司徒种暠舉淑賢良方正，辭疾。不得已，興病詣洛，對策第一，拜議郎。再遷尚書，遷侍中、虎賁中郎將。帝以宗室之賢敬異。靈帝即位，宦官譖淑與竇武等通，下獄死，是爲一君。

4216 許淑

律曆中，建武八年，大中大夫許淑等數上書，言曆不正，宜當更改。時分度覺差尚微。

〔一〕「決」，手稿作「既」，據後漢書改。「斯」，傅山全書初版本誤作「此」，據手稿改。
〔二〕「後」，手稿脫，據後漢書補。

4217 徐淑

范升傳，與韓歆及大中大夫許淑等互相辯難。

徐璆傳，父淑，度遼將軍，有名於邊。左雄傳，廣陵孝廉徐淑，年未及舉，臺郎疑而詰之。淑對曰：「詔書有如顏回、子奇，不拘年齒，故本郡以臣充選。」雄詰之：「回聞一知十，孝廉聞一知幾耶？」淑不能對，乃譴卻郡。

4218 李淑

劉玄傳，軍帥將軍豫章李淑上書諫曰：「方今賊寇始誅，王化未行，百官有司宜慎其任。夫三公上應台宿，九卿下括河海，故天工人其代之。陛下定業，雖因下江、平林之勢，斯蓋臨時濟用，不可施之既安。宜蕩改制度，更延英俊，因才授爵，以匡王國。今公卿大位莫非戎陣，尚書顯官皆出傭伍，資亭長、捕賊之用，而當輔佐綱維之任」云云。

4219 陰淑

陰識傳，永寧元年，鄧太后以璜弟淑紹封原鹿侯。

4220 荀淑

字季和，潁川潁陰人，少有高行。安帝時，徵拜郎中，遷當塗長。去職還里，譏貴倖，為梁冀忌，出補朗陵侯相。棄官歸，閑居養志。產業每增，輒以贍宗族知友。年六十七，建和三年卒。李膺時為尚書，自表師喪。鍾皓傳，李膺嘆曰：「荀君清職難尚。」[二]黨錮傳。荀彧傳。潁川荀淑至慎陽遇憲於逆旅。

4221 賈淑

字子厚，林宗鄉人也。雖世有冠冕，而性險害，邑里患之。林宗遭母憂，淑來修弔，既而孫威直亦至。以林宗賢而受惡人弔，心怪之，不進而去。林宗追而謝郭泰傳，

[二]「君」，手稿作「尹」，據後漢書改。

4222 朱公淑

之曰：「賈子厚誠凶惡，然洗心向善」云云。又見璦、操下，淑從之改過自勵，終成善士。

岑晊傳，晊有高才，郭林宗、朱公淑皆爲友。

4223 李肅

桓帝紀，延熹五年十月，武陵蠻寇江陵，南郡太守李肅坐奔北，棄市。延熹四年，南郡太守李肅坐蠻夷盜寇郡縣，[一]背敵去，棄市。馮緄傳，長沙、武陵蠻寇南郡，太守李肅奔走，主簿胡爽扣馬諫，肅殺爽而走，後徵肅，棄市。南蠻傳，桓帝延熹三年冬，武陵蠻寇南郡，太守李肅

4224 李肅

董卓傳，令騎都尉李肅與布同心勇十餘人待卓，卓入門，肅以戟刺之。後呂布使肅討牛輔，肅敗走弘農，布誅肅。

4225 巴肅

靈帝紀，建寧二年十月，鉤黨死，前潁川太守巴肅。黨錮傳，肅字恭祖，[三]渤海高城人。初察孝廉，歷愼令、貝丘長，皆以郡守非其人，辭病去。辟公府，稍遷拜議郎。與陳、竇謀誅閹宦，陳、竇遇害，肅亦坐黨禁錮。曹節後聞其謀，收之。自載詣縣，縣令見肅，入閣解印綬，與俱去。肅曰：「爲人臣有謀不敢隱，有罪不逃刑。既不隱其謀矣，又敢逃其刑乎？」遂被害。

4226 東海王肅

光武十王傳，靖王甍，子頔王肅嗣。永元十六年，封肅弟二十一人爲列侯。肅性恭儉，

[一] 手稿「郡縣」下衍一「賊」字，據後漢書刪。
[二] 「肅」，手稿作「顧」，據後漢書改。

循恭王法度。永初中，〔二〕以西羌未平，上錢二千萬。元初中，復上縑萬匹，助國費，立二十三年薨。

4227 王肅　馬援傳，王磐子肅復出入北宮及王侯邸第。見「种」下。

4228 馮肅　馮魴傳，楊邑侯琁卒，子肅嗣，爲黃門侍郎。

4229 殷肅　「殷」一作「段」。班固傳，奏記東平王曰：「弘農功曹殷肅達學洽聞，才能絕倫，誦詩之間，奉使專對。」

4230 丁肅　胡廣傳，與中常侍丁肅婚姻。呂強傳，時宦者濟陰、丁肅等五人稱爲清忠，不爭威權。

4231 橋肅　橋玄傳，父肅，東萊太守。

4232 荀肅　荀淑傳，八龍：七肅。

4233 張肅　黨錮傳序，朱並告肅爲「八俊」。

4234 張肅　劉焉傳，張松勸備襲璋，松兄廣漢太守張肅懼禍及己，以松謀白璋。

4235 孟戫　靈帝紀，熹平六年十二月甲寅，太守河南孟戫爲太尉，代劉寬也。註：「戫字叔達。」

4236 許戫　靈帝紀，光和元年正月，太尉孟戫罷，張顥代之。劉陶傳，光和四年九月，衛尉許戫爲太尉，代劉寬也。五年十月，太尉許戫免，楊賜代之。光和五年，詔公卿以謠言舉刺史、二千石爲民蠹害者。時太尉許戫、司空張濟承望內官，受取貨賂，其宦者子弟賓客，雖貪污穢濁，皆不問，而虛紀邊遠

〔二〕「初」，手稿作「元」，據後漢書改。

4237 桓郁

小郡清修有惠化者二十六人。[二]吏人詣闕陳訴。許荊傳，孫儆，靈帝時爲太尉。張奮傳，寶憲傳，屯騎校尉桓郁累世帝師，而性和退自守，故上書薦之，令授經禁中。桓榮傳，榮子郁字仲恩，少以父任爲郎。榮卒，郁當襲，上書讓於兄子汎，不許。郁受封，悉以租入與汎。帝自製五家要說章句。永元五年，代桓郁爲太常。宣明殿，以侍中監虎賁中郎將。[三]永平十五年，入授皇太子經，遷越騎校尉。肅宗卽位，郁以母憂乞身，詔聽以侍中行服。建初二年，遷屯騎校尉。和帝卽位，寶憲上疏宜令郁與宗正劉芳並入教授，由是復入侍講，轉爲侍中奉車都尉。永元四年，代丁鴻爲太常。明年，卒。初，榮受朱普學章句四十萬言，榮入授顯宗，減爲二十三萬言。郁復刪省定成十二萬言。由是有桓君大小太常章句。子普嗣。楊震傳，震受歐陽尚書於太常桓郁。

4238 汝郁
賈逵傳，郁字叔異，性仁孝，親歿，遂隱處山澤。復累遷爲魯相，以德教化，百姓稱

4239 薛郁
黨錮傳序，朱並告郁爲「八顧」。

4240 梁郁
孔僖傳，鄰房生梁郁儳和之曰：「如此，武帝亦是狗耶？」

4241 習郁
孔龐公傳，註：「襄陽記曰：鹿門山舊名蘇嶺山，建武中，襄陽侯習郁立神祠於山，刻二石鹿夾神道口，俗因謂之鹿門廟，遂以廟名山也。」之，流人歸者八、九千戶。

[二]「紀」，手稿作「紀」，據後漢書改。
[三]「監」，手稿作「兼」，據後漢書改。

4242 周郁

列女傳，沛郡周郁妻趙氏阿。

南匈奴傳，建武二十六年，遣中郎將段郴、副校尉王郁使南單于，立其庭，去五原西部塞八十里。互見「郴」下。冬，前畔五骨都侯子復將其衆三千歸南部，追擊，悉獲其衆。南單于拒戰不利。於是復詔單于徙居西河美稷，因使中郎將段郴及副校尉王郁留西河擁護之。

4243 王郁

4244 荀或

字文若，潁川潁陰人。父緄，濟南相。緄畏宦官，爲或娶唐衡女。或以少有才名，故得免於議。何顒見之曰：「王佐才也。」中平六年，舉孝廉，再遷亢父令。董卓之亂，棄官歸鄉里。冀州牧同郡韓馥迎之，比至冀，而袁紹已奪馥位，紹待或以上賓之禮。初平二年，去紹從曹操。操與語大悅，曰：「吾子房也。」以爲奮武司馬，時年二十九。明年，又爲操鎮東司馬。興平元年，〔二〕操擊陶謙，使守鄄城，張邈謫之，不得。郭貢來到城下，或即往見之。貢知城不可攻，即引去。操擊且無取徐州，宜先破呂布，卒全三城以待操。二年，勸操且無取徐州，宜先破呂布，復兗州以爲根本。操從之，遂大收熟麥，與布戰。布走，兗州遂平。操欲迎車駕，都許。衆以山東未定，韓暹、楊奉負功恣睢，未可卒制云云。或勸操若不時定，使豪傑懷貳。操從。及帝都許，以或爲侍中，守尚書令。三年，遂擒呂布，定徐州。五年，紹與書甚倨。操怒，欲先攻紹。或說先取呂布，然後圖紹。

〔二〕「興平元年」，手稿作「興元二年」，據後漢書改。

4245 北宮伯玉

曰：「奇之時，不可失也。」操從之，遂以奇兵敗紹，紹退，封或萬壽亭侯。操又欲南征劉表。或計紹乘虛以出，則事去矣。操乃止。九年，操拔鄴，自領冀州牧。[二]有說操宜復還九州者，或不可。操報書寢之。十七年，董昭等欲共進操爵，九錫備物，或策可聲出宛、葉，間行輕進。操從之，會表病死。君子愛人以德，不宜如此。」事遂寢。操心不能平。[三]會南征孫權，表請或勞軍於譙，因表留或，以匡振漢朝云云。操將伐劉表，或密訪或，曰：「曹公本興義兵，丞相軍事。至濡須，或病留壽春，操饋之食，發之，空器也。於是飲藥卒，時年五十，諡敬。明年，操遂稱魏公號。華佗傳，曹操收佗，荀或請曰：「佗方術實工，人命所懸」云云，顗稱或王佐之器。仲長統傳，尚書令荀或，舉統為尚書郎。何顗傳，荀淑傳。

靈帝紀。劉陶傳註。董卓傳，先零羌及枹罕、關河羣盜共立湟中義從胡北宮伯玉、李文侯為將軍。三年，韓遂殺北宮伯玉等。西羌傳，中平元年，北地降羌先零種，因黃巾大亂，與漢中羌義從胡北宮伯玉等寇隴右。互見湟中月氏胡傳。

4246 趙玉

和熹后紀，后欲飲藥，宮人趙玉者固止之。

4247 梁伯玉

梁冀傳，冀私通友通期，生伯玉。冀慮壽害之，常置複壁中。

4248 史玉

應劭傳，初，潁川人史玉殺人當死，玉母軍詣官求代其命。

〔一〕「領」，手稿作「頷」，據後漢書改。
〔二〕「心」，手稿作「以」，據後漢書改。

4249 緱玉　申屠蟠傳，同郡緱氏女玉爲父報仇，[二]殺夫氏之黨，吏執玉以告外黃令梁配，配欲論殺玉。蟠年十五，爲諸生，諫曰：「玉之節義，足以感無恥之孫，激忍辱之子」云云。配善其言，乃得減死論。

4250 霍玉　蔡邕傳，續以永樂門史霍玉，依阻城社。

4251 郭玉　方術傳，廣漢人郭玉，師事程高，學方診六微之技，[三]陰陽不測之術。和帝時爲太醫丞。

4252 崔子玉　趙岐傳，註：「工草書。」見「襲」下。

4253 童仲玉　童恢傳，父仲玉，遭荒傾家賑恤，族里賴全者以百數。

4254 觀鵠　靈帝紀，中平四年十月，零陵人觀鵠自稱平天將軍，寇桂陽，長沙太守孫堅斬之。

4255 梁鵠　楊賜傳，鵠以便辟之性云云。蓋勳傳，梁鵠畏懼貴戚，欲殺蘇和正。詳蘇和正下。虞詡傳，鵠以便辟之性云云。見郄儉下。

4256 盧毓　盧植傳，子毓，知名。註：「魏志：字子家，十歲而孤，以學行稱，仕魏至吏部尚書。」

4257 龐淯　列女傳，酒泉龐淯母者，趙氏之女也。

4258 王服　獻帝紀，建安五年，偏將軍王服等受詔誅操，事洩，操殺之。董卓傳，董承更與偏將

[二]「報」，手稿作「執」，據後漢書改。
[三]「微」，手稿作「徵」，據後漢書改。

4259 夏馥

軍王服等謀誅操，爲操害。

黨錮傳：馥字子治，陳留圉人也。同縣高、蔡並富殖，郡人畏事之，馥比門不與交通。桓帝初，舉直言，不就。雖不交時宦，然以聲名爲中官所憚，遂與范滂、張儉等俱被誣，詔下州郡，捕爲黨魁。剪鬚變形，入林慮山中，爲治家傭。積二三年，人無知者。黨禁未解而卒。

4260 韓馥

荀彧傳，同郡韓馥遣騎迎。公孫瓚傳，疏紹罪曰：「逼迫韓馥，竊奪其州。」董卓傳，卓以尚書韓馥爲冀州刺史。初平元年，馥等到官，與袁紹同盟討卓。袁紹傳，初平元年，紹與冀州牧韓馥等同起兵討卓，屯鄴。馥見人情歸紹，忌其得衆，[二]恐將圖己，常令從事守紹門，不聽出兵。橋瑁詐書三公移書，傳驛州郡，馥乃聽紹舉兵。註引英雄記曰：「劉岱與劉子惠書曰：『卓死之後，當迴師討文節。』擁强兵，何凶逆，[三]寧可得置？」封書與韓，馥大懼。」又曰馥意猶深疑於紹，每貶節軍糧，欲使離散。後依張邈，紹承制以馥爲奮威將軍，而無所將御。後依張邈，紹遣使詣邈計議，因共耳語。馥疑見圖，如廁自殺。

4261 遺腹

西域疏勒傳，安帝元初中，疏勒王安國死，無子，母持國政，與國人共立舅臣磐同產弟子遺腹爲疏勒王。臣磐自月氏還，國人卽共奪遺腹印綬，立臣磐爲王。更以遺腹爲磐櫜城侯。

[一]「其」，手稿作「方」，據後漢書改。
[二]「何」，手稿作「阿」，據後漢書改。

4262 魯旭

獻帝紀，初平三年，催反，攻長安，城陷，太常魯旭戰歿。魯恭傳，謙子旭，官至太僕。從獻帝西入關，與司徒王允同謀共誅董卓。及李催入長安，旭遇害。

4263 耿宿

耿純傳，與從昆弟宿等迎世祖於育，皆爲偏將軍，至代郡太守，封遂鄉侯。

4264 嚴晷

律曆中，章帝使賈逵問治曆者嚴晷等。

4265 劉儵

五行志，御史劉儵建議立靈帝，帝立，侯覽畏親近間己，白拜儵太山太守，因令司隸迫促殺之。

4266 謝篤

安思后紀，耿寶黨與謝惲弟篤。

4267 竇篤

章德后紀。竇固傳，弟篤，爲黃門侍郎。肅宗遺詔以篤爲虎賁中郎將，憲振旅還京時，篤爲衛尉。明年，封鄳侯，進位特進，得舉吏。後憲敗，就國自殺。周紆傳，[二]皇后弟黃門郎竇篤從宮中歸，夜至止姦亭，見禮依三公，亭長霍延遮止篤，篤蒼頭與爭，延遂拔劍擬篤，而肆罵恣口。後篤兄弟秉權，延自謂無全，乃柴門自守，以待其禍。篤以紆公正，卒不敢害。袁安傳。

4268 張篤

光武十王傳。見濟南王香下。

4269 劉篤

字叔堅，南陽犨人。少從穎川唐谿典受左氏傳，[三]旬日能諷誦之。又從馬融受業，博通

〔一〕「紆」，手稿作「紆」，據後漢書改。下同。
〔二〕「弟」，手稿作「帝」，據後漢書改。
〔三〕「唐」，手稿作「堂」，據後漢書改。

4271 陳篤

4272 杜篤

經傳百家之言。舉孝廉，爲平陽侯相。表龔遂之墓，擢用其後於畎畝之間。以師喪棄官奔赴，五府並辟不就。桓帝以博士徵，拜議郎，著作東觀。稍遷侍中，遷左馮翊徙京兆尹。皇子有疾，下郡縣出珍藥，而梁冀遣客詣京兆，並求牛黃。篤發書收客殺之。冀慚而不得言，以病免，教授家巷。時人或疑仁孝前後之證，篤論之云：「仁人之有孝，猶四體之有心腹，枝葉之有根本。」後遭黨事禁錮。永康元年，卒於家。鄉里圖其形於屈原之廟。篤論解經傳，後儒服虔以爲折中。趙岐傳，京兆尹延篤，後以爲功曹。劉祐傳，篤貽祐書云：「吾子懷遷氏之可卷，體甯子之如愚，微妙玄通，沖而不盈，蔑三光之明，未暇以天下爲事，何其勁歟！」循吏傳序。鄧禹傳。崔寔傳。陳俊傳。蘄春侯傳卒，子篤嗣。

馬防傳，京兆杜篤之徒，常爲食客。第五倫傳，「伏聞馬防西征，請杜篤爲從事中郎，多賜財帛。篤爲鄉里所廢，客居美陽，女弟爲馬氏妻，恃此交通，在所縣令苦其不法，收繫論之。今來防所，議者咸致疑怪，況乃以爲從事，將恐議及朝廷」云云。不省。文苑傳，字季雅，京兆杜陵人。高祖延年。篤少博學，不修小節，不爲鄉人所禮。居美陽，與美陽令遊，數從請託，不諧，頗相恨。後仕郡文學掾，以目疾，二十餘年不闚京師。篤之外高祖辛武賢以武略稱。光武詔諸儒誄之，篤於獄中爲誄，辭最高，帝美之，賜帛免刑。會大司馬吳漢薨，先帝舊京，不宜改營洛邑，乃上奏論都賦。篤常歎曰：「杜氏文明善政，而篤不任爲吏；

〔一〕「怒」，手稿作「怨」，據後漢書改。

4273 李篤

辛氏秉義經武,而篤又怯於事。外內五世,至篤衰矣!」女弟適扶風馬氏。建初三年,車騎將軍馬防請爲從事中郎,戰歿於射姑山。所著賦、誄、弔、書、讚、七言、女誡及雜文,凡十八篇。又著明世論十五篇。王景傳。

4274 孫篤

張儉傳,儉流轉東萊,〔二〕止李篤家。外黃令毛欽操兵到門,篤謂欽曰:「蘧伯玉恥獨爲君子,足下如何自專仁義?」欽撫篤曰:「篤雖好義,明廷今日載其半矣。」篤因緣送儉出塞。

董卓傳,註:「袁宏紀:張濟使太官令孫篤宣諭催等。」〔三〕

4275 于毒

朱儁傳,賊有于毒等徒。袁紹傳,魏郡兵反,與黑山賊于毒等共覆鄴城,紹討斬之。

4276 身毒

西域莎車傳,龜茲國人共殺則羅駟鞬,而遣使匈奴,更請立王。匈奴立龜茲貴人身毒爲龜茲王。龜茲由是屬匈奴。此尚遺腹條下。

4277 謝祿

劉玄傳,更始請降,赤眉使其將謝祿往受之。十月,更始遂隨祿肉祖詣長樂宮云云。更始長依謝祿居,三輔苦赤眉暴虐,皆憐更始,而張印等以爲慮,謂祿今營長多欲篡聖公云云。於是祿使從兵與更始共牧馬郊下,因令縊殺之。劉盆子傳,謂祿爲右大司馬,〔四〕總詳「崇」下。東觀記:「祿字子奇,東海臨沂兵數萬,盆子立,祿爲右大司馬,〔四〕總詳「崇」下。東觀記:「祿字子奇,東海臨沂

〔一〕「東」,手稿作「高」,據後漢書改。
〔二〕「儉」,手稿作「篤」,據後漢書改。
〔三〕「太」,手稿作「天」,據後漢書改。
〔四〕「右」,手稿作「左」,據後漢書改。

4278 胡奴祿 應奉傳。「銚期傳，督盜賊李熊之弟陸。詳『熊』下。人。」見許訓下。

4279 李陸 見許訓下。

4280 五鹿 朱儁傳，賊有五鹿等徒。

4281 李大目 朱儁傳，賊大眼者爲李大目。袁紹傳，紹擊賊李大目等。

4282 陳牧 劉玄傳，平林人陳牧、廖湛等復聚衆千餘人，號平林兵，應王匡等。更始元年，以陳牧爲大司空。二年，封陳牧爲陰平王。

4283 丁牧 東平王傳，初，蒼歸國，驃騎時吏丁牧、周栩以蒼敬賢下士，不忍去，遂爲王家大夫數十年事祖及孫。肅宗東巡，引見於前，既愍其淹滯，且欲揚蒼德美，卽皆擢拜議郎，牧至齊相。

4284 趙牧 彭城王傳，王恭以事怒子醻，自殺。國相趙牧以狀上，因誣奏祠祀惡言。實無徵。牧坐下獄，會赦免死。註：「牧字仲師，長安人。修春秋，事樂恢。恢以直諫死，牧爲陳寃得申。高第侍御史。」

4285 楊牧 楊震傳，震五子，長子牧，富波相。

4286 張牧 岑晊傳，太守成瑨以張牧爲賊曹吏，與岑晊勸成瑨收捕張汎西域傳，拘彌王主簿秦牧隨長史王敬在會，持刀出殺于寘王建。互見「敬」下。

4287 秦仲叔

4288 閔世叔 八十三卷序。見「貢」下。

4289 曹世叔 列女傳。獨行傳。李郃傳。

4290 潘叔鄧晨傳，註：「東觀記：晨與上共載，逢使者不下車。上稱江夏卒史，晨更名侯家丞。〔二〕使者以其詐，將至亭，欲罪之，新野宰潘叔得免。」

4291 趙叔趙憙傳，節鄉侯直卒，子叔嗣，無子國除。

4292 孟叔孫程傳，中黃門孟叔封中廬侯，永建元年，與程訟虞詡罪。

4293 耿叔西羌傳，順帝永和五年，以騎都尉耿叔副征西將軍馬賢，將左右羽林校士及諸郡兵十萬人屯漢陽。又於扶風、漢陽隴道作塢壁三百所，置屯兵以保聚百姓。

4294 尸逐寶憲傳，燕然山銘敘曰：「血尸逐以染鍔。」註：「尸逐，匈奴王號也。」

4295 焦觸袁紹傳，袁熙、尚爲其將焦觸、張南所攻，尚奔烏桓。觸自號幽州刺史，驅率諸郡太守背袁向曹。〔三〕

4296 蔡谷蔡邕傳，邕謂從弟谷曰：「董公性剛而遂非，吾欲東奔兗州」云云。谷曰：「君狀異恆人，每行觀者盈集。以此自匿，不亦難乎？」

4297 曹子穀曹大家傳，註：「三輔決錄曰：齊相曹子穀，頗隨時俗。」註云：「曹成，壽之子也。子穀卽成之字也。」

4298 張族南匈奴傳，延光三年，新降一部大人阿族等反叛，脅呼尤徵欲與俱去，呼尤徵不從，阿族等遂將妻子輜重亡去，中郎將馬翼追擊破之。

〔二〕「丞」，手稿作「承」，據後漢書改。
〔三〕「向」，手稿作「相」，據後漢書改。

卷一百九十二 東漢書姓名韻（十九）

入聲

二質

4299 李軼

光武紀，地皇三年十月，與李通從弟軼起於宛。齊武王傳，光武與李軼等起於宛。初，軼諂事更始貴將，光武戒伯升曰：「此人不可復信。」李通傳，從弟軼，亦素好事，乃共計議南陽劉伯升兄弟汎愛容衆，可與謀大事。通卽遣軼迎光武於宛，後爲朱鮪所殺。劉玄傳，封五威中郎將李軼爲舞陰王。

4300 陰軼

和帝陰后紀，后弟軼等大逆無道，軼、敞徙日南比景。陰識傳，綱三子，軼、輔、敞，皆黃門侍郎。軼、敞徙日南。

4301 劉軼

馬嚴傳，坐與宗正劉軼等更相屬託。劉昆傳，子軼，字君文，傳昆業，門徒亦盛。永平中，爲太子中庶子。建初中，遷宗正，卒官。

4302 公孫述

光武紀。本傳，字子陽，扶風茂陵人。哀帝時，以父任爲郎。補清水長。太守以其能，使兼攝五縣。莽天鳳中，爲導江卒正，居臨邛。更始立，述遣使迎宗成等至成都云云，詐稱漢使者，假述輔漢將軍、蜀郡太守、益州牧。攻成等，大破之。建武元年四月，

4303 馮述 遂自立爲帝，色尚白。建元曰龍興元年。[二]終不肯降漢，戰死。見延岑下。《馬援傳。》張堪傳。譙玄傳。班固傳。

靈帝紀，建寧元年九月，曹節矯詔誅。《竇武傳，》引同志馮述爲屯騎校尉，武事敗，述夷族。

4304 姜述

4305 劉述 劉植傳，東武陽侯向卒，子述嗣。永平十五年，坐與楚王英謀，國除。

4306 龍述 馬援傳，龍伯高，名述，亦京兆人，爲山都長，由此擢拜零陵太守。

4307 王述 馬嚴傳，註：「東觀記：余卒時，嚴七歲，依姊婿父九江連率平阿侯王述。」[三]明年，母復終，會述失郡，居沛郡。」

4308 牛述 爰延傳，外黃令隴西牛述好士知人，請爰延爲廷椽，范丹爲功曹，濮陽潛爲主簿，常共言談而已。

4309 馬實 順帝紀，漢安二年十一月，使匈奴中郎將馬實遣人刺殺句龍吾斯。又順帝建康元年，進擊餘黨，斬首千二百級，烏桓七十萬餘口，皆詣實降。南匈奴傳，順帝漢安二年，中郎將馬實募刺殺句龍吾斯，送首洛陽。車重牛羊，不可勝數。桓帝初，舉至孝，詣公車，病不對策，除爲郎。

4310 崔實 實子字子眞。[三]父卒，居墓側，作政

[一]「龍」，手稿作「新」，據後漢書改。
[二]「阿」，手稿作「河」，據後漢書改。
[三]「實」，手稿作「瑗」，據後漢書改。

4311 陳

寔

論。後辟太尉袁湯、大將軍梁冀府，並不應。司空黃瓊薦寔，拜議郎，與邊韶、延篤等著作東觀。出爲五原太守，爲邊最。以病徵，復拜議郎，會梁冀誅，以故吏免官，禁錮數年。司空黃瓊薦拜遼東太守，[二]母劉氏卒，[三]求歸行喪。服畢，召拜尚書。數月免歸。初，寔父卒，葬訖，因窮困，以酤釀販饗爲業。時人譏之，寔終不改，取足而已。建寧中病卒，無以殯，楊賜、袁逢、段熲爲備棺具，大鴻臚袁槐碑頌。

4312 劉

瓆

字仲弓，穎川許人。出於單微。少作縣吏，常給事廝役，後爲都亭刺史佐。受業太學。避隱陽城山中。家貧，復爲郡西門亭長，轉功曹。黃瓊避選理劇，補聞喜長，以事喪去官。再遷太丘長。以沛相賦斂違法，解印綬去。司徒楊賜、張讓父死，寔往弔之。後黨事連寔，就獄。會赦出。靈帝初，辟寶武府，陳耽每拜公卿，輒寮畢賀，賜等輒嘆先寔登大位云。[三]黨禁解，何進、袁隗遣人辟寔，謝不起。中平四年，年八十四，卒於家。諡文範先生。寶武傳，辟穎川陳寔爲屬。獨行傳，王烈師之。上成公傳。黨錮傳。郭泰傳。又陌韻。

桓帝紀，延熹九年，太原太守劉瓆以譖棄市。註：「太原太守劉瓆等志除姦邪」云。註：「謝承書曰：瓆字文理，平原人也。遷

[一]「瓆」，手稿作「琬」，據後漢書改。
[二]「氏」，手稿作「道」，據後漢書改。
[三]「大」，手稿作「太」，據後漢書改。

4313 蔡質
太原太守。收中官親戚爲百姓所患者殺之。桓帝徵詣廷尉，使自殺。」劉愷傳，劉茂訟瓚。陳蕃傳，太原太守劉瓚考殺小黃門趙津。瓚字文理，高唐人，知名當時，死獄中。王允傳。禮儀志，註引蔡質漢儀。百官志，太尉，註引蔡質漢儀。律曆志下，註引蔡邕上章云：「以叔父故衞尉質，時爲尚書。」蔡邕傳，邕叔父質與將作大匠陳球有隙云云。下質洛陽獄。

4314 伏質
不其侯無忌卒，子質嗣，官至大司農。伏湛傳。

4315 杜密
靈帝紀，建寧二年十月，鈎黨死前太僕杜密。黨錮傳，密字周甫，潁川陽城人。司徒胡廣辟，稍遷代郡太守。徵，三遷太山太守、北海相。宦官子弟爲令長有姦惡輒捕案之。桓帝時，拜尚書令，遷河南尹，轉太僕。黨事免歸。陳蕃輔政，復爲太僕。坐黨事被徵，自殺。與李膺名行相次，亦稱「李社」。竇武傳，徵名士廢黜者杜密。陳蕃傳。韓韶傳。

4316 王密
楊震傳，震爲東萊太守，之郡，道經昌邑，昌邑令王密故所舉荆州茂才也。夜懷金十斤遺震，震曰：「故人知君，君不知故人，何也」云云。密愧而出。

4317 夏密
李固傳，註：「固爲荆州刺史，賊帥夏密等斂其魁黨六百餘人，自傳歸首。」

4318 秦密
董扶傳，註：「字子勑，廣漢綿竹人。少有才學，不應辟命。廣漢太守夏纂請爲師友祭酒，領五官掾，稱疾臥第舍，尋拜左中郎將、長水校尉。遷大司農而卒。」

4319 蒼頭子密
彭寵傳，蒼頭子密等三人，斬寵頭降，封爲不義侯。

4320 劉逸

靈帝紀,熹平五年六月壬戌,太常南陽劉逸爲司空,代陳耽也。註:「字大迴,安衆人。」六年七月,司空劉逸免,陳球代之。

4321 陳逸

陳蕃傳,朱震匿蕃子於甘陵界中,後大赦黨人,乃追還。逸官至魯相。

4322 甄逸

孔融傳,註:「甄氏父逸,上蔡令。」

4323 王逸

文苑傳,字叔師,南郡宜城人。安帝元初中,舉上計吏,爲較書郎。順帝時,爲侍中。著楚辭章句行於世。賦、誄、書、論及雜文凡二十一篇。[二]又作漢詩百二十三篇。[三]樊英傳,註:「南郡王逸與英善,與英書勸使就聘,英順逸議,談者失望也。」

4324 周珌

獻帝紀,初平元年二月庚辰,卓殺督軍校尉周珌。董卓傳,卓忍性矯情,必。續漢書、魏志並作毖。」乃任吏部尚書漢陽周珌、袁紹等討卓。周珌陰爲內主,後陰諫遷都,見殺。袁紹傳,紹奔冀州,卓覦求紹,侍中周珌爲卓所信待,陰爲紹說卓,授紹渤海太守。

4325 种拂

獻帝紀,初平元年六月辛丑,光祿大夫种拂爲司空,代荀爽也。二年六月地震,七月司空种拂免。三年六月,催反,攻長安,城陷,太常种拂戰歿。本傳,冑子字穎伯。初爲司隸從事,拜宛令。時南陽郡吏好因休沐,遊戲市里,爲百姓所患,拂出逢之,必下車公謁,自是莫敢出者。累遷光祿大夫。初平元年,代荀爽爲司空。

[二]「論」,手稿作「令」,據後漢書改。
[三]「三」,手稿作「二」,據後漢書改。

袁術

明年，以地震策免，復爲太常。李傕之亂，[二]長安城潰，百姓多避兵衝。拂揮劍而出，[三]曰：「大臣不能止戈除暴，去欲何之！」戰死。長安，殺衛尉种拂。

劉翊傳，河南种拂臨郡，辟翊爲功曹。翊以拂名父之子，乃爲起焉。董卓入長安，殺衛尉种拂。

獻帝紀，初平元年六月，吳修等安集關東，後將軍袁術執而殺之。四年三月，袁術殺揚州刺史陳溫，據淮南。建安二年春，術燒南宮九龍門及東西宮，術殺陳王寵。四年六月，術死。

陳愍王傳。何進傳，進被害，袁術乃燒南宮九龍門及東西宮，欲以脅出張讓等。董卓傳，何進敗，袁術乃燒南宮，欲討宦官。劉虞傳，袁術質和，使報虞遣兵俱西。公孫瓚知術詐，固止虞遣兵，虞不從，瓚乃陰勸術執和，[三]使奪其兵。又見「越」下。

袁紹傳，初平元年，紹與從弟後將軍術等同時俱起討卓。

袁術阻兵屯魯陽，表不得至。陸康傳。袁安傳。徐璆傳。王允傳。鄭太傳。孔融傳。劉表傳，命表爲荊州刺史，袁術畏董卓廢立之禍，奔南陽，劉表表爲南陽太守。與紹釁隙，李傕授以左將軍，假節，封陽翟侯，遂僭逆。後窮困，歸帝號於紹，欲北至青州依譚，操使劉

結公孫瓚，與曹操戰，敗，退保雍丘。又奔九江，殺揚州刺史，稱徐州伯。李傕授以累遷河南尹、虎賁中郎將。畏董卓廢立之禍，奔南陽，劉表表爲南陽太守。與紹釁隙，本傳，字公路，汝南人，逢之子。少以俠聞，數與諸公飛鷹走狗，後折節，舉孝廉，

[一] 「之」，手稿作「三」，據後漢書改。
[二] 「拂」字上，手稿衍一「衝」字，「揮劍而出」下脫「曰」字，據後漢書改。
[三] 「術」，手稿作「虞」，據後漢書改。

4327 李術

備繳之，不得過，復走還壽春，嘔血死。

4328 井畢

荀彧傳，註：「殺嚴象者。」見「象」下。律曆志，賈逵論曆，問典星待詔井畢等十二人。[一]詳見姚崇下。

4329 鄧弼

天文志，延熹八年，越騎校尉鄧弼繫暴室。

4330 謝弼

弼字輔宣，東郡武陽人。建寧二年，[三]舉有道之士，除郎中。時青蛇見前殿，大風拔木，弼上封事。左右惡其言，出爲廣陵府丞。去官歸家。曹紹爲東郡太守，怨疾弼，以它罪考掠，死獄中。

4331 史弼

弼字公謙，陳留考城人。少仕州郡，辟公府，遷北軍中侯。上封事劾勃海王悝。遷尚書，出爲平原相。時詔書下舉鉤黨，唯弼無所上。從事怒，奏弼。會黨禁中解，弼以俸贖罪得免，濟活者千餘人。遷河東太守，考殺侯覽所遣諸生，覽遂詐作飛章下司隸，弼誹謗，檻車徵。受誣當棄市。魏郡行賂，得減死，論輸左校。刑竟歸里，稱病閉門。何休訟弼有幹國之器，徵拜議郎。侯覽誣之，出爲彭城相，病卒。蔡邕傳註。見薛氏下。何休傳，與其師羊弼追述李育意以難二傳，作公羊墨守云云。

4332 羊弼

4333 宗正吉

陰后麗華紀。見大司徒涉下。

4334 皇女吉

肅宗女吉，陰安公主。

〔二〕「人」，手稿脫，據後漢書補。
〔三〕「三」，手稿作「三」，據後漢書改。

4335 袁吉
公孫述傳，吳漢破斬其執金吾袁吉。吳漢傳，述遣將袁吉等攻漢，漢終斬之。見謝豐下。

4336 邛肜吉
邛肜傳，父吉，遼西太守。

4337 邴吉
來歙傳，廚監邴吉。見王男下。

4338 奴吉
馬援傳，與楊廣書，見其奴吉從西方還。

4339 干吉
襄楷傳，順帝時，琅邪宮崇上其師干吉於曲陽泉水上所得神書，號太平青領書。有司奏妖妄不經，乃收藏之。崇，吉並琅邪人。

4340 鄭吉
鄭弘傳。

4341 張吉
張純傳，武始侯甫卒，子吉嗣，無子國除。自昭帝封安世至吉，傳國八世，經歷篡亂，二百年間未嘗譴黜。

4342 王吉
桓典傳，國相王吉以罪被誅。故人親戚莫敢至者，典獨棄官收斂歸葬，服喪三年，負土成墳，為立祠堂，盡禮而去。酷吏傳，陳留浚儀人，中常侍甫之養子。少好誦書傳，性殘忍。年二十餘，即斬其父母，合土棘埋之。凡殺人皆磔屍車上，宣示屬縣，腐爛則以繩連其骨。視事五年，凡殺萬餘人。及陽球奏甫，執死洛陽獄。劉長卿妻傳，長卿卒，妻刑耳自誓，沛相王吉上奏高行，顯其門閭，號曰「行義桓嫠。」〔三〕

〔二〕「鼇」，手稿作「嫠」，據後漢書改。

4343 謝宓

4344 鄧騭

安思閻后紀，謝篤弟大將軍長史宓減死髠鉗。

和熹后紀，后兄騭，終帝世不過虎賁中郎。

及女弟爲貴人，騭兄弟皆除郎中。河間王傳。本傳，訓子字昭伯，少辟大將軍竇憲府。

平元年，拜車騎將軍、儀同三司。騭兄弟皆除郎中。延平元年，封騭上蔡侯，兄弟食邑各萬戶。騭以定策功，增邑三千戶。殤帝崩，太后與騭定策立安帝。永初元年，封騭上蔡侯，兄弟食邑各萬戶。

夏，涼部叛羌搖蕩西州，詔騭將左右羽林、北軍五校士及諸部兵擊之。冬，徵騭班師。朝廷以太后故，遣五官中郎將迎拜騭爲大將軍。推進天下賢士何熙等。建光元年，母新野君薨。騭兄弟乞身行服。服闋詔還，更授前封。

及弘、悝等見誣，騭以不與謀，但免特進，遣就國。沒入騭等貲貨田宅，又徙封騭爲羅侯，騭與子鳳並不食死。帝復封騭爲上蔡侯，位特進。魯丕傳，永初二年，詔公卿舉儒術篤學者，大將軍鄧騭舉丕。袁崧書曰：鄧后問厚曰：「大將軍鄧騭應輔臣不？」對曰：「不應。」以此不合其旨。張霸傳，大將軍鄧騭貴盛中郎將鄧騭欲與霸交，霸不答。楊厚傳，註：「袁崧書曰：謀誅鄧騭兄弟，車騎將軍鄧騭辟舉茂才。」劉愷傳，騭黨護任尚陳禪傳，車騎將軍鄧騭辟參傳。參上疏宜且振旅，詔徵騭還，參奏記於騭。楊震傳，大將軍鄧騭辟之，舉茂才。虞詡傳，永初四年，羌胡反，亂并、涼。大將軍鄧騭欲棄涼州，并力北邊。李充傳，充爲侍中，爲鄧騭陳海內隱居懷道之士，頗有不合。騭欲絕其說，以肉啗之。充抵肉於地，曰：「說士猶於肉！」曹大家傳，永初中，太后兄大將軍鄧騭以母憂，上書乞身，太后不欲許，以問

4345 岑晊

昭。昭上疏曰：「四舅深執忠孝，引身自退，而以方垂未靜，拒而不許；如後有毫毛加於今日，恐推讓之名不可再得。」太后許之。陳忠傳。馬融傳。西羌傳，安帝永初元年冬，遣車騎將軍鄧騭與任尚將兵五萬人屯漢陽。明年春，鍾羌數千人先擊敗騭軍於冀西，殺千餘人。冬，騭使任尚等與滇零戰於平襄，大敗。互見「尚」下。後詔騭還師，以鄧太后故，迎拜騭為大將軍。黨錮傳，晊字公孝，南陽棘陽人也。李膺、王暢稱其幹國器，雖在閭里，慨然有正天下之志。為太守成瑨功曹，勸瑨殺張汜。晊與張牧逃亡，會赦出。及李、杜之誅，復逃竄於江夏山中云。襄楷傳，註：「成瑨與功曹岑晊捕張子禁，殺之。」賈彪傳，獨閉門不納晊，時人望之。

4346 郭躬 4347 張佚

郭躬傳，躬中子晊，亦明法律，至南陽太守，政有名迹。
桓榮傳，二十八年，詔問誰可傅太子者，群臣皆言陰識。博士張佚正色曰：「今立太子，為陰氏乎？為天下乎？則固宜用天下賢才。」帝稱善，即拜佚為太子太傅。

4348 路佛

王允傳，郡人有路佛者，少無名行，而太守王球召以補吏。允犯顏固爭云云。佛以是廢棄。

4349 趙壹

文苑傳，字元叔，漢陽西縣人也。身長九尺，美鬚豪眉，望之甚偉。而恃才倨傲，為鄉黨所擯，作解擯。謝友恩。又作刺世疾邪賦。光和元年，舉郡上計到京師。司徒袁逢主計，壹長揖，往造河南尹羊陟云云。候皇甫規，不即通，遁去。規致書，壹報之，去不顧。十辟公府，並不就，終於家。袁逢使善相者相之，云

4350 沙壹

「仕不過郡吏」，竟如其言。著賦、頌、箴、誄、書、論文十六篇。

西南哀牢夷傳，其先有婦人名沙壹，居於牢山。常捕魚水中，觸沉木若有感，因懷姙，十月，產子男十人。後沉木化爲龍，出水上。沙壹忽聞龍語曰：「若爲我生子，今悉何在」云云。互見「隆」下。

4351 扈栗

4352 賢栗

哀牢傳，註：「九隆代代相承，柳貌死，子扈栗代。」

哀牢傳，建武二十三年，其王賢栗遣兵乘箄船，南下江、漢，擊附塞夷鹿茤。鹿茤人弱，爲所擒獲。於是震雷疾雨，南風飄起，水爲逆流，翻湧二百餘里，箄船沈沒，[一]哀牢之衆溺死數千人。賢栗復遣其六王。哀牢耆老共埋六王。夜虎復出其尸而食之，餘衆驚怖引去。賢栗惶恐，謂其耆老曰：「我曹入邊塞，自古有之，今攻鹿茤，輒被天誅，中國其有聖帝乎？天祐助之，何其明也！」二十七年，賢栗遂率種人戶二千七百七十，口萬七千六百五十九，詣越嶲大守鄭鴻降，求內屬。光武封賢栗等爲君長。自是歲來朝貢。後永平十二年，哀牢王柳貌遣子內屬。與前註不同。註記哀牢代次，[二]哀牢王柳貌死，而其子扈栗立。此則賢栗之後，乃有柳貌。不知孰訛。

4353 盧忽 [三]

西羌傳，安帝建光元年，[三]馬賢率兵召盧忽斬之。盧忽者，飢五同種大豪也。千餘戶別留允街，而首施兩端。[四]互見「五」、「良」下。

[一]「沈」，手稿作「乘」，據後漢書改。
[二]「盧忽」，手稿作「盧忽」，據後漢書改。下同。
[三]「光」，手稿作「元」，據後漢書改。
[四]「施」，手稿作「首」，據後漢書改。

4354 滿 屈 西域傳，和帝永元十三年，安息王滿屈復獻師子及條支大鳥，〔二〕時謂之「安息雀」。

三曷

4355 武 勃 馮異傳，更始遣李軼、田立、朱鮪、白虎公陳僑與河南太守武勃共守洛陽。異攻下河南成皋東十三縣，降者十餘萬。勃將萬餘人攻諸畔者，異引軍渡河，與勃戰於士鄉下，大破斬勃。註：「士鄉，亭名，屬河南郡。」

4356 朱 勃 馬援傳，前雲陽令同郡朱勃詣闕上書訟援功，報，歸鄉里。勃字叔陽，年十二能誦詩、書。常候援兄況。衣方領，矩步辭言嫻雅。援裁知書，見之自失。況知其意，酌酒慰援曰：「朱勃小器速成，智盡此耳」云云。肅宗即位，追賜勃子穀二千斛。

4357 周 勃 第五種傳，註：「汝南周勃辟太尉清詔，使荊州。」

4358 呂 勃 周勃傳，梁太后臨朝，以殤帝幼崩，廟次宜在順帝下。諫議大夫呂勃以為宜先殤帝後順帝。

4359 彭 脫 皇甫嵩傳，嵩、儁乘勝進討，擊彭脫於西華，並破之。

4360 任 末 儒林傳，字叔本，蜀郡繁人。少習齊詩，遊京師，載友人董奉德喪知名。為郡功曹辭。後奔師喪，於道物故。

4361 都 末 西域莎車傳，莎車將君得在于寘暴虐，百姓患之。明帝永平三年，其大人都末出城，

〔二〕「復」，手稿作「後」，據後漢書改。

4362 單　于　拔

見野豕，欲射之，豕乃言曰：「無射我，我乃爲汝殺君得。」豕乃復與漢人韓融等殺都末兄弟。[二]互見「霸」下。而大人休莫霸復與漢人韓融等殺都末兄弟。[二]互見「霸」下。南匈奴傳，單于檀死，弟拔立，是爲烏稽侯尸逐單于。安帝延光三年立，四年死。弟休利立。

四轄

4363 長沙定王發　光武紀，帝生長沙定王發。

4364 崔　　發　崔駰傳，篆兒幸於莽。

4365 章帝名炟　明帝第五子，諡法：「溫克令儀曰章。」建初八年，元和三年，章和一年。

4366 來　　達　靈帝紀，中平元年六月，交阯屯兵執合浦太守來達。

4367 陳　　達　孫程傳，江京與鉤盾令陳達等煽動。崔瑗傳。

4368 任武達　馮衍傳，註：「衍集載與婦弟任武達書」云云。傳曰：「衍娶北地女任氏爲妻，悍忌，不得畜媵妾，兒女常自操井臼，老竟逐之，遂埳壈於時。

4369 封君達　甘始傳，封君達等率能行容成御婦人術，號「青牛師」。註：「隴西人，服黃連五十餘年，入鳥舉山，服水銀百餘年。」禰衡傳，司馬朗字伯達。

4370 司馬伯達

[二]「人」，手稿脫，據後漢書補。

4371 司馬達 南匈奴傳，桓帝元嘉元年，北呼衍王攻伊吾屯城。〔二〕夏，遣敦煌太守司馬達將敦煌、酒泉、張掖屬國吏士四千餘人救之，出塞至蒲類海，呼衍王聞之引去，漢兵無功而還。

4372 朱達 南蠻傳，桓帝永壽三年，居風令貪暴無度，〔三〕縣人朱達等及蠻夷相聚，攻殺縣令，衆至四五千人，進攻九眞，九眞都尉魏朗討破之。

4373 馬達 西域于寘國傳，桓帝元嘉二年，〔三〕敦煌太守馬達令長史王敬隱覈趙評死事，敬貪功名，斬于寘王建。于寘侯將輸棶等殺敬。馬達聞之，欲將諸郡兵出塞擊于寘，桓帝不聽，徵達還，而以宋亮代爲敦煌太守。互見「敬」下。

4374 文八 袁紹傳，紹討斬賊文八等。

4375 馮札 袁紹傳，曹操攻鄴，審配將馮札爲內應，開突門納操兵。

4376 八滑 南匈奴傳，順帝永建元年，班勇率後王農奇子加特奴及八滑等，發精兵擊北虜呼衍王，破之。勇於是上立八滑爲後部親漢侯。互見「奴」下。

五屑

4377 曹節 靈帝紀，建寧二年，長樂太僕曹節爲車騎將軍，〔四〕百餘日罷。蔡邕傳，章奏，帝覽而歎

〔一〕「吾」，手稿脫，據後漢書補。
〔二〕「風」，手稿作「夙」，據後漢書改。
〔三〕「二」，手稿作「六」，按後漢書于寘國傳文意，應爲「二」，故改。
〔四〕「長」，手稿作「常」，據後漢書改。

4378 曹節

息，〔二〕曹節於後竊視之，悉宣語左右，事遂洩漏。竇武傳，曹節白帝曰：「外間切切，請出御德陽前殿。」使乳母趙嬈擁衞左右，取榮信，閉諸禁門。召尚書官屬，脅以白刃，使作詔板。拜王甫爲黃門令。陽球傳，曹節見磔甫尸道次，拉淚曰：「我曹自可相食，何宜使犬舐其汁乎？」語諸常侍，且勿過里舍也。直入省白帝：「球故酷暴，不宜使在司隸，以騁毒虐」云云。宦者傳，字漢豐，南陽新野人。順帝初，遷小黃門。桓帝時，遷中常侍。建寧元年，迎靈帝，陪乘入宫。以定策封長安鄉侯。矯詔害竇武等，遷長樂衞尉，封育陽侯。二年，病困，〔三〕詔拜爲車騎將軍。復爲中常侍，位特進，轉大長秋。〔三〕遂與王甫等誣奏渤海王悝反，增邑，領尚書令。四年，死，贈車騎將軍。韋彪傳。桓彬傳。陳球傳。申屠蟠傳。張奐傳。陳蕃傳。黨錮傳。獻穆曹后名節，操女也。伏后殺，立節爲后。魏受禪，遣使求璽綬，節怒不與。呼使者入，親數讓之，曰：「天不祚爾」云云。魏以節爲山陽公夫人。〔四〕自后四十一年，魏景初元年薨。

4379 皇甫節 皇甫嵩傳，父節，鴈門太守。

4380 賈偉節 范冉傳，上黨人，能含棗核，不食可至五年十年。又能結氣不息，身不動搖，狀若死冉傳。冉鄔賈偉節。黨錮傳。

4381 郝孟節 方術傳，上黨人，能含棗核，不食可至五年十年。又能結氣不息，身不動搖，狀若死

〔一〕「帝」，手稿作「章」，據後漢書改。
〔二〕「因」，手稿作「因」，據後漢書改。
〔三〕「長秋」，手稿作「秋長」，據後漢書改。
〔四〕「爲」，手稿作「以」，據後漢書改。

4382 秦頡

人，可至百日半年。亦有家室。爲人謹質不妄言，似士君子。

靈帝紀，中平元年六月，南陽太守秦頡擊張曼成，斬之。二年，爲趙慈殺。見「慈」下。羊續傳，中平三年，江夏兵趙慈反，殺南陽太守秦頡。又儁與秦頡等合兵萬八千人，圍賊趙弘於宛城，八月不拔。朱儁傳，南陽太守秦頡擊殺賊張曼成。

4383 朱暉
朱暉傳，子頡，修儒術。安帝時，至陳相。頡子穆。

4384 李頡
李郃傳，父頡，以儒學稱，官至博士。

4385 第五頡
來歙傳，歷要結大中大夫五頡。第五倫傳，少子頡嗣，歷桂陽、廬江、南陽太守。順帝爲太子廢也，頡爲大中大夫，與太僕來歷共守闕固爭。帝即位，擢爲將作大匠，卒官。註：「三輔決錄曰：頡字子陵，歷桂陽、南陽、廬江三郡太守，爲郡功曹，州從事，公府辟舉高第，鄉里無田宅，客止靈臺中，或十日不炊。司隷校尉南陽左雄，諫議大夫。洛陽無主人，公府辟舉高第，擢爲侍御史，尚書廬江朱建、太史令張衡、孟興皆與頡故舊，各致禮餉，頡終不受。」

4386 崔烈
靈帝紀，中平二年三月，廷尉崔烈爲司徒，代張溫也。十一月，太尉崔烈罷。獻帝紀，初平三年，催反，攻長安，城陷，城門校尉崔烈戰歿。崔實傳，實從兄烈，有重名於北洲，歷位郡守[二]九卿。烈因傅母入錢五百萬，得爲司徒。於是聲譽稍減。子鈞與袁紹起兵，董卓收烈付郿獄，鋼

[二]「歷」，手稿作「應」，據後漢書改。

4387 王烈

之，銀鐺[二]卓誅，拜城門校尉。李傕入長安，為亂兵所殺。烈有文才。傅燮傳，西羌反，邊章、韓遂作亂隴右。司徒崔烈以為宜棄涼州，燮厲言曰：「斬司徒天下乃安。」獨行傳，字彥方，太原人。少師事陳實。察孝廉，三府並辟，皆不就。遭黃巾、董卓之亂，避地遼東，夷人尊奉之。公孫度欲以為長史，烈乃商賈自穢，得免。曹操聞名，遣徵不至。終於遼東。

4388 魏傑

興平二年，東澗之敗，傕殺步兵校尉魏傑。蓋勳傳，註：「勳表用處士桂陽魏傑為破敵都尉。」

4389 傅鐵

獻帝紀，永初七年，鄧太后復封昌子鐵，為高置亭侯。

4390 郝絜

傅俊傳，太原郝絜、胡武皆危言高論，與袁著友善。先是絜等連名奏記三府，薦海內高士，而不詣冀。冀追怒之，又疑為著黨，勅中都官移檄捕殺之，絜初逃亡，知不得免，因輿櫬奏書冀門。書入，仰藥而死，家乃得全。有詔以禮祀著等。

4391 摩螫

梁冀傳，羌岸尾、摩螫等鈔三輔。

4392 韓說

律曆志，論月食，太常就耽上選侍中韓說等難問馮恂、孫誠，奏正定六經文字。盧植傳。方術傳，字叔儒，會稽山陰人也。博通五經，尤善圖緯之學。舉孝廉。數陳災眚，及奉賦、頌、連珠。遷侍中。蔡邕傳，與議郎韓說等中平二年，上封事，太常就耽期宮中有災，皆驗。光和元年十月，言海日必食。

4393 嚴說

岑彭傳，甄阜死，彭被創亡歸宛，與前隊貳嚴說共城守。

[二]「銀」，手稿作「銀」，據後漢書改。

4394 倪說

馬嚴傳，日食封事揚州刺史倪說等。說見朱醹下。

4395 荀悅

儉之子，字仲豫。年十二，能說春秋。家貧無書，每之人間，所見篇牘，一覽能誦。靈帝時，閹宦用事，悅託疾隱居。初辟鎮東將軍曹操府，遷黃門侍郎。獻帝時，與孔融侍講禁中。累遷祕書監。作申鑒五篇。帝以班固漢書文繁，令悅依左氏傳爲漢紀三十篇。建安十四年，年六十二卒。

4396 公孫越

劉虞傳，公孫瓚既諫虞遣兵就術，而懼術知而怨之，乃使從弟越將千餘騎詣術自結。術遣越隨其將孫堅，擊袁紹將周昕，越爲流矢所中死。瓚因此怒紹，遂出軍屯槃河，將以報紹。上疏詔罪。

4397 蒯越

劉表傳，表單馬至宜城，請南郡人蒯越、〔二〕襄陽人蔡瑁與共謀畫。表曰：〔三〕「宗賊雖盛而衆不附，若袁術因之，禍必至矣。吾欲徵兵，恐不能集，其策焉出？」越對曰：「理平者先仁義，理亂者先權謀。袁術驕而無謀，宗賊雖盛，率多貪暴。越有所素養者，使人示之以利，必持衆來。使君誅其無道，施其才用，威德既行，襁負而至矣。兵集衆附，南據江陵，北守襄陽，荆州八郡可傳檄而定。公路雖至，無能爲也。」表曰：「善。」乃使越遣人誘宗賊帥，至者十五人，皆斬之而襲取其衆。陳坐擁兵據襄陽城，表使越與龐季往辟之，乃降。江南悉平。註：「宗賊雖盛，唯江夏賊張虎、陳坐擁兵據襄陽城」表使越與龐季往辟之，乃降。曹操平荆州，與荀彧書曰：不喜得荆州，喜得異度耳。」又與韓嵩同勸表以荆州

〔二〕「請」，手稿作「觀」，據後漢書改。
〔三〕「表」，手稿作「越」，據後漢書改。

4398	董越	附曹操,操以削越爲光祿勳。
4399	魏越	董卓傳,卓使東中郎將董越屯澠池。
4400	卑缺	呂布傳,布與其健將魏越等破張燕軍。 西羌傳,和帝永元四年,迷唐既還大、小榆谷,遣祖母卑缺詣校尉聶尚,尚自送至塞下,爲設祖道,令譯田汜等五人護送至廬落。

六藥

4401	趙博	安帝紀,漢陽太守趙博遣刺客殺杜琦。見「琦」下。西羌傳,安帝永初五年,漢陽太守趙博遣刺客杜習刺殺琦。
4402	趙博	梁慬傳,以西域長史趙博爲騎都尉。
4403	趙博	竇憲傳,憲以北虜微弱,遂欲滅之。復遣右校尉耿夔、司馬任尚、趙博等將兵擊北虜於金微山,大破之。北單于逃走,不知所在。
4404	趙博	楊終傳,博士趙博等表請終。
4405	任城王博	光武十王傳,延熹四年,桓帝立河間孝王子博爲任城王,以奉其祀。博有孝行,喪母服制如禮,增封三千戶,立十三年薨,無子國絕。
4406	張博	五行志,光和四年,魏郡男子張博送鐵盧詣太官,博上書室殿山居屋後宮禁,落屋謹呼。上收縛考問,辭「忽不自覺知」。
4407	王博	王常傳,註:「東觀記:其先鄠人,常父博,成、哀間客潁川舞陽,因家焉。」

4408 陰博

陰博寶憲傳，永平中，令陰黨、陰博、鄧疊三人互相糾察。陰興傳，永平元年，封興子慶、弟博爲灄強侯。

4409 楊博

楊博楊厚傳，厚母初與前妻子博不相安，博九歲，思令和親。乃託疾不言、不食。母知其旨，懼然改意，恩養加篤。博後至光祿大夫。

4410 范仲博

范仲博范滂傳，謂母曰：「仲博孝敬，[一]足以供養。」

4411 任逴

任逴安帝紀，元初三年二月，遣侍御史任逴督兵討蒼梧、鬱林諸叛蠻。南蠻傳，安帝元初二年，蒼梧蠻反叛。明年，遂招誘鬱林、合浦蠻漢數千人攻蒼梧郡。[二]鄧太后遣御史任逴奉詔赦之，皆降散。

4412 王卓

王卓順帝紀，陽嘉三年十一月乙巳，光祿勳河東王卓薨，郭虔代之。

4413 董卓

董卓河東解人。」永和二年三月乙卯，司空王卓薨，代孔扶也。註：「卓字仲遼，靈帝紀，中平元年，遣中郎將董卓攻張角，不尅。二年十一月，遣中郎將董卓討先零羌，不尅。六年，皇子辨即位，司空劉弘免，卓自爲司空，廢少帝爲弘農王，獻帝紀，永漢元年九月，[三]卓自爲太尉。十一月癸酉，卓自爲國相，黃琬代之。初平元年正月癸西，卓殺弘農王，丁亥，遷都。二年二月丁丑，卓自爲太師。三年四月辛巳，誅卓，

[一]「孝」，手稿作「教」，據後漢書改。
[二]「郡」，手稿作「即」，據後漢書改。
[三]「元」，手稿脫，據後漢書補。

夷三族。本傳，字仲穎，隴西臨洮人。性粗猛有謀。少嘗遊羌中，[一]盡與豪帥相結。後歸耕於野，諸豪帥有來從之，卓爲殺耕牛，與共宴樂，以健俠知名。後徵守塞下。[二]桓帝末，以六郡良家子爲羽林郎，從張奐擊漢陽羌，破之，拜郎中。[三]以賜帛九千疋，分與吏兵，無所留。稍遷西域戊己校尉。後爲幷州刺史，河東太守。中平元年，拜東中郎將，代盧植擊張角於下曲陽，軍敗抵罪。冬，北地先零羌反，拜卓破虜將軍，統於張溫，屯美陽，衞園陵。大破邊章等兵，章敗走榆中。五年，爲前將軍，與皇甫嵩討先零，爲羌所圍，唯卓全師而還，封斄鄉侯。及靈帝寢疾，璽書拜卓幷州牧，令以兵屬嵩，復不從命，於是駐兵河東，以觀時變。及何進呼卓入朝，脅殺之。卓得召，即時就道。乃諷朝廷策免司空劉弘而自代之。[四]遂廢帝爲弘農王，後酖殺之。乃立陳留王，是爲獻帝。殺何太后於永安宮。卓遷太尉，領前軍事，更封郿侯。與黃琬、楊彪俱帶鐵鑕詣闕上書，追理陳蕃、竇武及諸黨人，以從人望。遂縱放兵士，淫略剽虜，謂之「搜牢」云云。徙都長安，使呂布發諸帝陵，及公卿以下塚墓，收其珍寶。明年，孫堅屯陽人，卓遣李傕詣堅求和，堅拒不受。進軍大谷。卓日與戰於諸陵墓間，卓敗走，屯澠池。卓諷朝廷拜卓爲太師。引還長安。遂僭擬車服。結壘長安城

[一]「嘗」，手稿作「常」，據後漢書改。
[二]「徵」，手稿作「繳」，據後漢書改。
[三]「郎中」，手稿作「中郎」，據後漢書改。
[四]「乃」，手稿作「云」，據後漢書改。

4414 韓卓

東以自居。[二]築塢積穀爲三十年儲。自云：「事成，雄據天下﹔不成，守此足以畢老。」三年四月，大會未央殿，呂布、李肅刺殺之。皇甫規妻傳，罵卓曰：「羌胡之種，毒害天下。妾之先人，清德奕世，皇甫文武上才，爲漢忠臣，君非其趨走使吏乎？敢欲行非禮於君夫人耶？」何進傳，遂西召前將軍董卓屯關中上林苑。袁紹恐進變計，促卓等使馳驛上，欲進兵平樂觀，太后恐。又奐傳，申屠蟠傳，卓廢立，徵荀爽、陳紀、韓融等。楊彪傳，中平六年，代董卓爲司空。又奐傳，遣司馬尹端，董卓擊羌，大破之。鄭玄傳。崔實傳。种拂傳。蔡邕傳。荀爽傳。盧植傳。王允傳。鄭太傳。荀彧傳。袁紹傳。呂布傳。應劭傳，北軍中侯鄒靖言，宜募鮮卑。大將軍掾韓卓議：「烏桓兵寡，與鮮卑爲仇敵，若烏桓被發，則鮮卑必襲其家。烏桓聞之，當復棄軍還救。鄒靖居近邊塞，究其態詐。若令靖募輕騎五千，必有破敵之效。」符融傳，薦韓卓於馮岱。

4415 張孟卓

李膺傳。

4416 張角

靈帝紀，中平元年二月，鉅鹿人張角自稱黃天。盧植傳。黃巾帥角走保廣宗，植築圍鑿塹，垂當拔之。[三]皇甫嵩傳，鉅鹿張角自稱「大賢良師」，奉事黃老道，[三]畜養弟子，跪拜首過，符水呪說以療病，病者頗愈，百姓信向之。是爲黃巾賊帥，自稱「天公將

[一]「壘」，手稿作「壘」，據後漢書改。
[二]「當」，手稿作「欲」，據後漢書改。
[三]「奉」，手稿作「奏」，據後漢書改。

4417 張牛角

董卓傳，卓代盧植擊張角於下曲陽」。劉焉傳，注：「典略曰：熹平中，妖賊張角爲五斗米道。」傅燮傳，燮護軍司馬與皇甫嵩共討張角。劉陶傳。黨錮傳。何進傳。靈帝紀，中平二年，黑山賊張牛角並起。袁紹傳，注：「博陵張牛角與張燕合攻癭陶，角爲飛矢中流矢。」互見「燕」下。臧洪傳，注：「博陵張牛角之起，衆次癭陶，牛角爲帥。」張讓傳。向栩傳。

4418 青牛角

袁紹傳，紹擊賊青牛角等。所中，告其衆曰：「必以燕爲帥。」

4419 李傕

獻帝紀，初平三年五月，董卓部曲將李傕、郭汜、樊稠、張濟等反，攻京師。九月，傕自爲車騎將軍，汜後將軍，稠右將軍，濟鎮東將軍。興平二年二月，[二]傕殺樊稠。與郭汜相脅帝幸其營。四月，汜攻傕，傕移帝幸北塢。五月，傕自爲大司馬。六月，張濟和傕、汜。十一月，汜追乘輿，戰於東澗，王師敗。十二月，車駕乃進，傕等復追戰，王師大敗。建安三年，夷傕三族。董卓傳，卓遣李傕詣孫堅求和。後牛輔分遣校尉李傕、郭汜、張濟等擊朱儁於中牟。因掠陳留、潁川諸縣，殺略男女，所過無復遺類。傕、汜等以王允、呂布殺卓，忿怒并州人，在軍者男女數百人，皆殺之。牛輔敗，衆無所依，欲各散去。傕等恐，遣使詣長安，乞赦。王允不許。傕用賈栩計，西攻長安。呂布有叟兵內反，引傕衆入，放兵虜掠。王允保天子宣平城門樓。李傕、郭汜、樊稠皆爲將軍。及楊定與郭汜謀迎天子幸其營。傕知之，乃使兄子暹以三乘迎

〔二〕「二月」手稿作「三月」，據後漢書改。

卷一百九十二 東漢書姓名韻（十九） 入聲 六藥

一二三

4420 李樂

天子、皇后。帝於是幸催營。亂兵入殿，掠宮人財物，催徒御府金帛乘輿器服，而放火燒宮殿官府居人悉盡。司徒趙溫深解譬之，乃止。天子遣楊彪、張喜十餘人和解催、汜。催復欲徙帝池陽黃白城。帝亦思念舊京，因遣使敦請催求東歸，十反乃許。及段煨迎乘輿，楊定與煨有隙，誣煨反，攻其營十餘日。李催、郭汜既悔令天子東，招故白波帥李樂等來共擊催等，大破之。建安三年，使謁者僕射詔關中諸將段煨等討催，夷三族。屯河南，拒催，儁逆擊，為催等所敗。催自為大司馬，與郭汜相攻連月，死者數萬。張濟自陝來和解二人，催不聽。互見「酈下。又遣皇甫酈和催、汜」。汜從命，催復欲徙帝池陽黃白

實傳。楊震傳。种拂傳。蔡邕傳。黃琬傳。趙岐傳。王允傳。荀彧傳。朱儁傳。卓使其將李催樂、韓暹、胡才等，後李樂先渡河，具舟舉火為應。既渡，到太陽，幸樂營。後樂留獻帝紀，見胡才下。董卓傳。董承、楊奉譎催與連和，而密遣間使河東招故白波帥李河東，病死。袁術傳，催入長安法，袁紹傳。崔

4421 皇子邈

獻帝紀，建安十七年九月，立皇子邈為濟北王。

4422 陽都侯邈

光武十王傳，初平元年，琅邪王容遣弟邈至長安貢，獻帝以邈為九江太守，封陽都侯。

4423 張邈

臧洪傳，邈謂超曰：「聞弟委政於臧洪，洪何如人？」超曰：「洪海內奇士」云。邈即與引共語，大異之。乃使詣兗州刺史劉岱、豫州孔伷等定議，與諸牧守大會酸棗。初，邈至長安，盛稱東郡太守曹操忠誠於帝，操以此德邈。

4424 詩索　黨序，廚。荀彧傳，張邈譎彧曰：「呂將軍來助曹使君擊陶謙，[二]宜呕共軍實。」彧知邈有變，勒兵設備。鄭太傳，詭詞曰：「張孟卓，東平長者，坐不闚堂。」袁紹傳，初平元年，紹與陳留太守張邈起兵討卓。呂布傳，布畏紹，遂歸張楊。陳留，太守張邈遣使迎之。邈字孟卓，東平人，以俠聞。[二]為陳留太守。義兵之舉，邈不主紹有驕色，邈正義責之。紹既怨邈，且聞與呂布厚，乃令曹操殺邈。操不聽，自安。興平元年，聽陳宮計，迎呂布為兗州牧。[三]曹操復盡收諸城。邈詣袁術求救，未至壽春，為其兵所害。

4425 令孤略　馬援傳，徵側之夫。見「側」下。南蠻傳，徵側嫁為朱戩人詩索妻。

4426 張朔　馮衍傳，初，衍為狼孟長，以罪摧陷大姓令狐略。

4427 曹朝　李膺傳，張讓弟朔為野王令，貪財無道，殺孕婦，逃還京師，匿讓舍合柱中。膺知狀，將吏卒破柱取朔，付洛陽獄，受辭畢，即殺之。

4428 白雀　蘇順傳，又有曹朝，不知何許人，作漢頌四篇。

4429 韓約　朱儁傳，黃巾賊後，復有白雀等徒。董卓傳，即遂本名，後改為約。

4430 楊岳　董卓傳，註：「楊阜使弟岳於城上作偃月城，與超接戰。八月，而超入，拘岳於冀。」

[二]「君」，手稿脫，據後漢書補。
[二]「俠」，手稿作「使」，據後漢書改。
[三]「為」，手稿作「迎」，據後漢書改。

4431 雷薄 袁術傳，術奔部曲陳簡、雷薄於灊山。爲薄所拒。見「簡」下。

4432 高獲 方術傳，字敬公，汝南新息人。爲薄方面。少遊學京師，與光武有舊。師事司徒歐陽歙。歙下獄當死，獲冠鐵冠，帶鐵鑕，詣闕請歙。云善天文，曉遁甲，能役使鬼神。

4433 左賢王莫 南匈奴傳，建武二十五年春，單于比遣弟左賢王莫將兵萬餘人擊北單于弟薁鞬左賢王，生獲之。二十九年，單于比死，弟莫立，是爲丘浮尤鞮單于，中元元年立，一年死，弟汗代立。

4434 狼莫 西羌傳，安帝元初四年，冬，任尚將諸郡兵與馬賢進北地擊狼莫。[一]賢先至安定青石岸，狼莫逆擊敗之。會任尚兵到高平，因合勢俱進，狼莫等引退，乃轉營追之，至北地，相持六十餘日，戰於富平上河，[二]破之，斬首五千級，還得所掠人男女千餘人，牛馬驟羊駝十餘萬頭，狼莫走。五年，鄧遵募上郡全無種羌雕何等刺殺狼莫。

4435 丘就卻 西域大月氏國傳，初，月氏爲匈奴所滅，遷於大夏，分其國爲休密、雙靡、貴霜、肸頓、都密，凡五部翎侯。後百餘歲，貴霜翎侯丘就卻攻滅四翎侯，自立爲王，國號貴霜王。侵安息，取高附地。又滅濮達、[三]罽賓，悉有其國。丘就卻年八十餘死，子閻膏珍代爲王。

4436 莊蹻 西南夷滇王者，莊蹻之後，武帝平之，以爲益州郡。

[一]「地」，手稿脫，據後漢書補。
[二]「上河」，手稿作「河上」，據後漢書改。
[三]「濮」，手稿作「漢」，據後漢書改。

卷一百九十三 東漢書姓名韻（二十）

入聲

七陌

4437 徵側

光武紀。劉隆傳，副伏波將軍討徵側。馬援傳，交阯女子徵側及女弟徵貳反，側自立為王。援討斬之，傳首洛陽。註：「側為朱戴人詩索妻，甚雄勇。交阯女子徵側及其妹徵貳反，攻郡，麊泠縣雒將之女也。嫁為朱戴人詩索妻，甚雄勇。交阯太守蘇定以法繩，怨怒反。」南蠻傳，建武十六年，交阯女子徵側者，麊泠縣雒將之女也。嫁為朱戴人詩索妻，甚雄勇。交阯太守蘇定以法繩之，側忿，故反。於是九眞、日南、合浦蠻里皆應之，凡略六十五城，自立為王。十八年，伏波將軍馬援，[二]樓船將軍段志，發長沙、桂陽、零陵、蒼梧兵萬餘人討之。明年四月，破交阯，斬徵側等，餘皆降散。

4438 常山王側

孝明八王傳，永元二年，和帝立晙小子側為常山王。奉晙後，是為殤王。立十三年薨。

4439 蓋側

蓋延傳，延子扶卒，扶子側嗣。永平十三年，坐與舅王平謀反，伏誅，國除。

4440 馬側

馬武傳，漻亭侯震卒，子側嗣。

［一］「馬援」，手稿作「徵側」，據後漢書改。

4441 馮　石

安帝紀，建光元年九月戊子，幸衛尉馮石府。延光三年四月戊辰，光祿勳馮石爲太尉，太傅馮石免。四年，北鄉侯卽位。丁酉，太尉馮石爲太傅。順帝紀，永建元年正月辛巳，太傅馮石免，桓焉代之。來歷傳，歷代馮石爲執金吾。馮魴傳，定弟石，襲母封獲嘉侯，亦爲侍中，稍遷衛尉。能取悅當世，爲安帝所寵。帝常幸其府，留飲十許日，賜駁犀具劍、佩刀云云。自永初兵荒，王侯租秩多不充。特詔以他縣租稅足石，令如舊限，歲入穀三萬斛，錢四萬。遷光祿勳，遂代楊震爲太尉。及北鄉侯立，遷太傅，參錄尚書事。順帝立，以阿黨閻顯、江京等策免，復爲衛尉。卒。虞詡傳，數月間奏太傅馮石。

4442 平原王石

匽后紀，后崩，以帝弟平原王石爲喪主，蠡吾侯子也。

4443 殤王石

齊武王傳，哀王子殤王石嗣。建武二十七年，始就國。立二十四年薨。

4444 劉石

袁紹傳，紹又擊劉石等，皆屠其屯壁。

4445 王石

王渙傳，永初二年，鄧太后詔以渙子石爲郎中。

4446 王堅石

王梁傳，禹卒，子堅石嗣。追坐父禹及弟平與楚王英謀反，棄市，國除。

4447 曹破石

曹節傳，弟破石，爲越騎校尉。越騎營五百妻有美色，破石從求之，五百不敢違，妻執意不行，遂自殺。

4448 休屠黃石

任延傳。

4449 馬翼

安帝紀，延光三年五月，南匈奴左日逐王叛，使匈奴中郎將馬翼討破之。南匈奴傳，安帝延光三年，新降阿族等妻子輜重亡去，中郎將馬翼遣兵與胡騎追擊，破之。斬首

4450 平原王翼

及自投河死者殆盡,獲牛馬羊萬餘頭。

匽后紀,桓帝尊翼爲孝崇皇帝,陵曰「博陵」。章帝八王傳,永寧元年,鄧太后封河間孝王開子翼爲平原王,奉懷王勝祀。陵曰「蠡吾侯翼」。元初六年,鄧太后徵濟北、河間王諸子詣京師。奇翼美儀容,故以爲平原王後,留京師。歲餘,太后崩。安帝乳母王聖與中常侍江京等譖鄧騭兄弟及翼,云與中大夫趙王謀不軌云云。貶爲都鄉侯,遣歸河間。翼閉門自處。永建五年,父開上書,願分蠡吾縣以封翼,順帝從之。桓帝立,追尊蠡吾先侯曰孝崇皇,廟曰烈廟,陵曰博陵。

4451 恭王翼

順帝紀,永建元年七月庚戌,衛尉來歷爲車騎將軍。三年,紀曰是歲車騎將軍來歷罷。北海靖王傳,頃王薨,子恭王翼嗣,立十四年薨。

4452 來歷

本傳,稜子,字伯珍,少襲爵,以公主子,永元中爲侍中。永初三年,遷射聲校尉。永寧元年,爲執金吾。延光二年,遷太僕。濟陰之廢,[二]歷要結耿諷等,詣鴻都證太子無過。獨守闕,連日不去。帝怒,免歷兄官,黜公主不得會見。帝崩,閻太后起歷爲將作大匠。[三]順帝即位,遷衛尉。永建元年,拜歷車騎將軍。公主薨,稱病歸,服闋,爲大鴻臚。陽嘉二年,卒官。第五倫傳。陳忠傳。張皓傳。鄭衆傳,與太僕來歷共諫濟陰王事。桓焉傳,陽嘉二年,代來歷爲大鴻臚。

4453 李歷

李郃傳,弟子歷,字季子。清白有節,博學善交,與鄭玄、陳紀等相結。爲新城長,

(二)「廢」,手稿作「慶」,據後漢書改。
(三)「閻」,手稿作「嚴」,據後漢書改。

4454 房植

桓帝紀，永興元年十月，光祿勳房植爲司空，代趙戒也。永壽元年六月，洛陽大水，司空房植免，韓縯代之。

李固傳，薦清河房植等。荀淑傳，少府房植等舉淑賢良方正。

4455 耿植

岑彭傳，與彭共討鄧奉，有偏將軍耿植。耿純傳，[三]純與從昆弟植等共迎世祖於育，皆爲偏將軍。初，純攻王郎，墮馬折肩，病發，還詣懷宮。帝問「卿兄弟誰可使者」，純舉植，於是使植將純營，後爲輔威將軍，封武邑侯。

4456 呂植

更始大將軍呂植將兵屯淇園，彭說降之。

4457 劉植

驍騎將軍昌城侯劉植字伯先，鉅鹿昌城人。王郎起，與弟喜、從兄歆率宗族賓客數千人據昌城。光武從薊還，開門迎世祖，[三]以植爲驍騎將軍。遣說真定王劉揚降。從平河北。建武二年，更封昌城侯。討密縣賊，戰歿。

4458 盧植

植字子幹，涿郡涿人也。身長八尺二寸，音聲如鐘。少事馬融，通古今學，好研精而不守章句。融多列女倡歌舞於前。植侍講積年，未嘗轉眄，學終辭歸，閉門教授。性剛毅有大節，常懷濟世志，不好辭賦，能飲酒一石。時皇后父竇武援立靈帝，朝議欲加封爵。植以布衣，獻書規之，武不能用。州郡數命，不應。建寧中，徵爲博士，乃始起焉。熹平四年，九江蠻反，四府選植才兼文武，拜九江太守，蠻寇賓服，以疾去官。作尚書章句、三禮解詁。上書言宜置毛詩、左氏、周禮博士。會南夷反叛，拜廬江太

〔二〕手稿「耿純傳」下衍一「註」字，據後漢書刪。
〔三〕「開」，手稿脫，據後漢書補。

4459 管伯 守。歲餘，復徵拜議郎，較書東觀。光和元年，日食，上封事八事。中平元年，黃巾起，拜北中郎將，持節征之。小黃門左豐言，滅死一等。其年，復爲尚書。卓議廢立，植獨抗議，將誅植，蔡邕請之，卓乃止，檻車徵，免植官而已。以老病求歸，懼不免詭，道從轅輓出。卓果使人追之，到懷，不及。遂隱上谷，不交人事。冀州牧袁紹請爲軍師。初平三年卒。臨困，敕子儉葬土穴，不用棺槨，附體單帛而已。何進傳，張讓等脅帝奔小平津，唯尚書盧植夜馳河上。公孫瓚傳，瓚從盧植學於緱氏山中。董卓傳，卓爲東中郎將，代盧植。卓廢，立盧植。獨曰：「上富於春秋，行無失德」云云。郭泰傳。酈炎傳。

4460 李伯 桓帝紀，建和二年十月，南頓管伯稱眞人，圖舉兵，伏誅。

4461 妻子伯 獻帝紀，建安十六年閏九月，蜀郡李伯詐稱宗室，當立爲太初皇帝。伏誅。註：「妻子伯說曹天寒起沙爲城，以水灌之，可一夜而城。」馬超等挑戰不利。」云云。

4462 朱伯 桓帝紀，永興二年，恭爲中牟令，訟人許伯爭田，累守令不能判，恭爲平理曲直，皆退而自責，輟畊相讓。

4463 許伯 朱祐傳，冒侯濱坐從兄伯爲外孫陰皇后巫蠱事。

4464 彭伯 盧植傳，議郎彭伯諫卓曰：「盧尚書海內大儒，人之望也」云云。

4465 張伯 鍾離意傳，註：「男子張伯除堂下草，土中得玉璧七枚，伯懷其一，以六枚白意。後

發甕有丹書云：後世修吾書，董仲舒。護吾車，〔二〕拭吾履，發吾笥，會稽鍾離意。璧有七，張伯竊其一。」

4466 宋伯　宋均傳，父伯，建武初爲五官中郎將。

4467 張弟伯　鄧彪傳註。

4468 宗武伯　鄧彪傳，註：「東觀記曰：彪與同郡宗武伯、翟敬伯、陳綏伯、張弟伯同志好，齊名，南陽號曰『五伯』。」

4469 翟敬伯　鄧彪傳註。

4470 鄧彪伯　鄧彪傳註。

4471 陳綏伯　鄧彪傳註。

4472 楊太伯　馬嚴傳，嚴白援，〔三〕從平原楊太伯講學，專心墳典。〔三〕

4473 郭堅伯　蔡茂傳，郭賀祖父堅伯不仕王莽。

4474 韓仲伯　趙憙傳，憙爲赤眉兵所迫，〔四〕與所友韓仲伯等數十人出武關。仲伯以婦色美，慮有強暴者，欲棄之於道。憙不聽，因以泥塗仲伯婦面，載以鹿車，身自推之。遇賊輒言病狀，得免。

儲大伯　鮑永傳，光武即位，遣諫議大夫儲大伯，持節徵永詣行所在，永疑不從，乃收繫大伯。

〔二〕「護」，手稿作「獲」，據後漢書改。

〔三〕「白」，手稿作「向」，據後漢書改。

〔三〕「心」，手稿作「以」，據後漢書改。

〔四〕「兵」，手稿脫，據後漢書補。

4475 劉文伯　遣使馳至長安，知更始已亡，乃發喪，出大伯等。

4476 駁馬少伯　盧芳傳，初，安定屬國胡與芳為寇，芳敗，胡人還鄉里，陳訢擊降之，徙於冀縣。中有駁馬少伯等素剛壯；二十一年，遂率種人反叛，屯聚青山，盧芳傳，芳詐稱之。

4477 澹臺敬伯　薛漢傳，弟子會稽澹臺敬伯知名。

4478 令狐子伯　王霸妻傳，霸與令狐子伯為友，子伯為楚相，而其子為郡功曹。子伯乃令子奉書於霸，車馬服從，雍容如也。

4479 徐　白　四夷傳作徐由。

4480 惠　得　桓帝紀。見黃武下。

4481 平原王得　章帝八王傳，平原王勝薨，無子，鄧太后立樂安夷王寵子得為平原王，奉勝後，是為哀王。立六年薨。永寧元年，鄧太后又立都鄉侯翼為平原王嗣，安帝廢之，國除。鄧騭傳，宮人誣告弘、閻等謀立平原王得。註：「和帝子平原王勝無嗣，鄧太后立樂安王寵子得為平原王。」孫程傳。

4482 安平孝王　孝明八王傳，樂成王萇貶為臨湖侯。延光元年，以河間孝王子得嗣靖王後。以樂成比廢絕，故改國曰安平〔二〕是為安平孝王，立三十年薨。

4483 舞陰主別得　清河王傳，封女弟別得為舞陰長公主。

〔二〕「曰安」兩字，手稿作「晏」字，據後漢書改。

4484 得平氏主直〖清河王傳,封女弟直得爲平氏長公主。〗

4485 君得〖西域莎車傳,莎車將君得在于寘暴虐,百姓患之。明帝永平三年,其大人都末殺君得。〗

4486 後王安得〖車師後部王安得震怖。〗

4487 和得〖見「末」下。〗

4488 西域疏勒國傳,靈帝建寧元年,疏勒王臣磐與漢大都尉於獵中爲其季父和得所射殺,和得自立爲王。涼州刺史孟佗遣從事任涉等討之,攻楨中城,四十餘日不下,引去。

4489 東武成侯〖濟南安王傳,中元二年,封康子德爲東武成侯。〗

4490 安平王德〖章帝八王傳,永寧元年,鄧太后封河間王開子德爲安平王,奉樂成王黨祀。互見寬宴下。〗

4491 鄧德〖天文志,延熹八年,監羽林左騎鄧德繫暴室。〗

4492 鄧廣德〖鄧訓傳,詔大鴻臚持節,即弘殯封子廣德爲西平侯。及悝等被誣,廢爲庶人,以母閻后戚屬,得留京師,早卒。〗

鄧甫德〖鄧訓傳,以訓帝師之重,分西平之都鄉封廣德弟甫德爲都鄉侯。弘、閻等被誣,廢爲

4493 李文德 庶人。順帝立，更召徵德爲開封令，[一]學傳父業，喪母，遂不仕。
延篤，前越雋太守李文德素善於篤，時在京師，謂公卿曰：「叔堅有王佐之才」云云。篤聞，乃爲書止文德。

4494 董奉德 友人董奉德於洛陽病亡，末躬推鹿車，載其喪致墓所。

4495 劉偉德 任末傳，註：「七賢有賊劉偉德。」

4496 許德 袁閎傳，註：「續漢書：劉永別將許德據襄邑，延攻而拔之。」

4497 鮑德 蓋延傳，註：「續漢書：
鮑昱傳，昱爲太尉。除子德爲郎。修志節，有名稱，累官南陽太守。號神父。郡學久廢，修橫舍，備俎豆，行禮奏樂云云。在職九年，拜大司農，卒於官。法雄傳，雄爲平氏長，南陽太守鮑德上其理狀。陳寵傳，憲白令寵典喪事，欲因過中之。黃門侍郎鮑德說憲弟瓌，[三]瓌然之。

4498 應德 應劭傳，曹嵩子德。

4499 曹德 橋玄傳。

4500 陰德 朱儁傳，陶謙等奏記儁，列名有琅邪相陰德。

4501 伏德 董卓傳，註：「封議郎伏德爲列侯。」

4502 于寘王廣德 班超傳，時于寘王廣德新攻破莎車，遂雄張南道，而匈奴遣使監護其國。超至，廣德禮意甚疏。以巫言就超請馬。超令巫自來取，巫至斬之，以送廣德。廣德素聞超在鄯

[一]「封」，手稿作「分」，據後漢書改。
[三]「瓌」，手稿作「壞」，據後漢書改。下同。

善事，即攻殺匈奴使者，降超。西域莎車傳，廣德承莎車之弊，使弟輔國侯仁將兵攻莎車王賢，賢連被兵，乃遣使與廣德和。先是，廣德父拘在莎車數歲，於是賢歸其父，以女妻之，結爲兄弟，廣德引去。明年，莎車相且運等反，降于寘。廣德乃將諸國兵三萬人攻莎車。賢城守，使謂廣德曰：「我還汝父與汝婦，何擊我？」廣德曰：〔二〕「運」、「賢」下。後匈奴聞廣德滅莎車，遣五將發焉耆、尉黎、龜茲十五國兵三萬餘人圍于寘，廣德乞降，以其太子爲質，約歲給罽絮。〔三〕冬，匈奴立賢質子不居徵爲莎車王，廣德又攻殺之，更立其弟齊黎爲莎車王。于寘國傳云，廣德立，後滅莎車，〔三〕其國轉盛。從精絕西北至疏勒十三國皆服從。

左奭鞬臺耆且渠伯德〔五〕式

兒

4503

4504

張奐傳，伯德等寇美稷。〔四〕至桓帝永壽元年，匈奴左奭鞬臺耆、且渠伯德等復畔，寇鈔美稷、安定，屬國都尉張奐擊破降之。桓帝紀，永壽三年四月，九眞蠻夷叛，太守兒式討之，戰歿。南蠻傳，桓帝永壽三年，居風縣人朱達等反，九眞太守兒式戰死，詔賜錢六十萬，拜子二人爲郎。

〔一〕「曰」，手稿脫，據後漢書補。
〔二〕「給」，手稿作「終」，據後漢書改。
〔三〕「莎車」，手稿作「廣德」，據後漢書改。
〔四〕「復」，手稿作「後」，據後漢書改。
〔五〕「鞬」，手稿作「韃」，據後漢書改。下同。

4505 張式

董卓傳，註：「袁閎紀：張濟令校尉張式宣諭催等，欲東歸，十反乃許。」

4506 范式

獨行傳，字巨卿，山陽金鄉人，仕爲郡功曹。

4507 公孫域

桓帝紀，永康元年，夫餘王寇玄菟，太守公孫域戰，破之。王烈傳，註：「玄菟太守公孫域。」東夷傳，桓帝永康元年，夫餘王夫台將二萬餘人寇玄菟，太守公孫域擊破之，斬首千餘級。

4508 騫碩

靈帝紀，光熹元年，[二]上軍校尉騫碩下獄死。註：「時碩謀立勃海王協，發覺。」蓋勳傳，勳拜討虜校尉，靈帝召見，問天下何苦而反亂如此？對曰：「倖臣子弟擾之。」時宦者上軍校尉騫碩在坐，帝顧問碩，碩懼，不知所對，以此恨勳。後張溫舉勳爲京兆尹，帝方欲延接勳，而碩等止之，並勸從溫奏。何進傳，西園八校尉，小黃門騫碩爲上軍校尉，帝特親任碩，碩雖擅兵於中，而猶畏忌進。及帝疾篤，屬皇子協於碩。碩欲先誅進而立協，等書，郭勝以其書示進，進使黃門令收碩，誅之。袁紹傳，八校尉，註：「小黃門騫碩爲上軍校尉。」

4509 馮碩

獻帝紀，建安元年八月，操殺尚書馮碩等。董卓傳，註：「袁閎紀：諫議郎馮碩後與謀誅操，見殺。」

4510 平原王碩[三]

章帝八王傳，建和二年，更封帝兄都鄉侯碩爲平原王，留博陵，奉翼後。碩嗜酒，多

[二]「熹」，手稿作「和」，據後漢書改。
[三]「平原」，手稿作「河間」，據後漢書改。

過失，令馬貴人領王家事。建安十一年，國除。

4511 吳碩

碩，子碩，豪俠以貨殖聞。

杜篤傳，

4512 杜碩

董卓傳，董承與議郎吳碩等結謀誅操，事洩，見殺。

4513 王國

靈帝紀，中平四年四月，漢陽人王國並寇三輔。五年十一月，涼州賊王國等圍陳倉。

蓋勳傳，註：「王國十餘萬攻陳倉。」左雄傳，註引說苑。皇甫嵩傳，中平五年，涼州賊王國寇三輔，拜嵩爲左將軍，督前軍董卓，各率二萬人拒之。國死，卓由是大及國解去，嵩進擊之，卓不可。嵩曰：「不然」云云。卓欲速進，嵩不聽。

董卓傳，註引獻帝春秋：「涼州義從宋建、王國等反，詐金城郡降，求見涼州大人邊允等。」又漢陽王國，自號「合衆將軍」，皆與韓遂合。共推國爲主，〔二〕寇三輔慚。

五年，圍陳倉，卓與皇甫嵩擊破之。遂等共廢王國而劫故信都令閻忠孫程傳，長樂太官丞京兆王國並附同於程，封酈侯。

4514 王國

章帝八王傳，永和四年，立戰鄉侯安國爲濟北王，是爲釐王，立十年薨。

4515 濟北王安國

彭城考王道傳，註：「東觀記：道弟國爲安鄉侯。」

4516 耕亭侯安國

陳思王傳，永初七年，封敬王孫安國爲耕亭侯。

4517 安鄉侯國

〔二〕「五」，手稿作「六」，據後漢書改。

〔三〕「主」，手稿作「王」，據後漢書改。

4518 弋陽侯國　成武孝侯傳，順叔父弘生二子，次國封爲弋陽侯。

4519 梁安國　梁竦傳，樂平侯棠卒，子安國嗣。延光中，爲侍中，有罪免。

4520 竇廣國　竇融傳，七世祖廣國，孝文皇后之弟，封章武侯。

4521 鄧國　鄧晨傳，固卒，子國嗣。

4522 吳國　吳漢傳，分漢封爲三國，漢子成之弟國爲新蔡侯。

4523 李國　

4524 黃國　董卓傳。

　鄭弘傳，爲淮陰太守。註：「謝承書曰：弘行春，〔一〕隨車致雨，〔二〕白鹿方道，俠轂而行。」弘問主簿黃國曰：「鹿爲吉爲凶？」黃拜賀曰：「聞三公輅車作鹿，明府必爲宰相。」

4525 馬國　孫程傳，中黃門馬國封廣平侯。永建元年，與程訟虞詡，早卒，能保全封邑。

4526 耿國　耿弇傳，況遣舒弟國，字叔慮，建武四年入侍，爲黃門侍郎，遷射聲校尉。七年，射聲官罷，拜駙馬都尉。父況卒，次當嗣，上疏讓霸。歷頓丘、陽翟、上蔡令。徵爲五官中郎將。數言邊事，帝從其議，立比爲南單于。二十七年，代馮勤爲大司馬。上言宜置度遼將軍、左右校尉，屯五原，防逃亡。永平元年卒。顯宗如其議。南匈奴傳，建武二十四年春，八部大人共議立比爲呼韓邪單于。於是款五原塞，願永爲藩蔽，扞

〔一〕「弘行春」，手稿作「引行喜」，據後漢書改。

〔二〕「雨」，手稿作「兩」，據後漢書改。

4527 左賢王安國

禦北虜。帝用五官中郎將耿國議，許之。竇憲傳，度遼將軍鄧鴻及緣邊義從羌胡八千騎，與左賢王安國出捆陽塞，皆會涿邪山。南匈奴傳，南單于屯屠何言，願遣左賢王安國等將萬騎出居延。屯屠何死，而安國立於永元五年。安國初為左賢王，無稱譽，國中皆敬師子而不附左賢王，安國由是疾師子，欲殺之。諸新降胡怨師子，安國因委計降者，與同謀計。安國與中郎將杜崇不相平，迺上書崇，崇諷西河太守，令斷安國章，無由自聞。而崇因與朱徽上言南單于安國疏遠故胡，[二]親近新降，欲殺左賢王師子。右部降者謀迫脅背叛云云。和帝以卿議，遣崇等發兵造其庭，觀動靜。安國夜聞漢軍至，驚棄帳而去，因舉兵將新降者欲誅師子。追到曼柏城下，朱徽遣吏譬曉之，[三]安國不聽，乃格殺安國，而單于適之子師子立。

4528 張國

折像傳，張江封折侯，曾孫國為鬱林太守，徒廣漢，因封焉。有資財二億萬，僅八百人。

4529 張國

匈奴傳，永平二年，左校尉問章、右校尉張國等將黎陽虎牙營士屯五原、曼柏。互見苗章下。

4530 張國

鮮卑傳，順帝永建元年，鮮卑其至鞬寇代郡。明年春，中郎將張國遣從事將南單于兵步騎萬餘人出塞，擊之，獲其輜重二千餘種。

〔二〕「胡」，手稿作「故」，據後漢書改。
〔三〕「吏」，手稿脫，據後漢書補。

4531 趙充國〉西羌傳。

4532 義渠安國〉西羌傳。

4533 于寘安國〉西域傳。靈帝熹平四年,于寘王安國攻拘彌,大破之,殺其王。戊己校尉、西域長史各發兵輔立拘彌侍子為王。互見「輸棫下」。[二]

4534 拘彌成國〉西域傳。順帝陽嘉元年,敦煌太守徐由遣疏勒王臣槃發二萬人擊于寘,破之。更立拘彌王興之宗人成國為拘彌王而還。于寘傳,成國與于寘王建有隙。

4535 李益〉靈帝紀,中平五年,遣中郎將孟益率騎都尉公孫瓚討張純。

4536 孟益〉橋玄傳,勅督郵尹益逼致姜岐。[三]

4537 尹益〉李膺傳,父益,趙國相。

4538 孫策〉獻帝紀,興平元年。是歲,楊州刺史劉繇與袁術將孫策戰於曲阿,繇敗,策遂據江東。建安二年,策遣使貢奉。五年,策死。陸康傳,袁術遣將孫策攻康,康固守二年陷之。袁術傳,堅死,子策復領其部曲據江東,聞術欲僭號,與書諫之,術不納,策絕之。劉寵傳,袁術遣孫策攻劉繇。袁閎傳。許劭傳。孔融傳。

4539 李黑〉五行志,註:「李娥復生,外兄劉伯文曰:今武陵男李黑亦遣還,便可為伴」云云。

4540 李黑〉董卓傳,布使李黑等。見秦誼下。

4541 王黑〉王允傳,封其孫黑為安樂亭侯。

[二]「輸」,手稿作「興」,據後漢書改。
[三]「姜」,手稿作「羌」,據後漢書改。

4542 陰識

郭后紀，鄧奉起兵，后兄識爲之將。陰后紀。賈復傳，遣復與騎都尉陰識等擊鄧。桓榮傳。本傳，字次伯，南陽新野人也，光烈皇后之前母兄也。其先出自管仲，仲孫脩適楚爲陰大夫，因氏焉。伯升義兵起，識時遊學長安，聞之，委業而歸，率宗族、賓客千餘人詣伯升。乃以識爲校尉，行大將軍事。建武元年，光武遣使迎陰貴人於新野，併徵識至，以爲騎都尉，更封陰鄉侯。二年，以征伐功增封，叩頭讓曰：「天下初定，有功者衆，臣託屬掖庭，仍加爵邑，不可以示天下。」以爲關都尉，鎮函谷。遷侍中。十五年，定封原鹿侯。顯宗卽位，拜爲皇太子，以識守執金吾。所用掾史，如虞延、傅寬、薛愔，多至公卿校尉。[二]陰子方者，常自言「我子孫必將彊大」，至識三世，而遂執金吾繁昌。永平二年卒，諡貞。

4543 劉稷

齊武王傳，宗人劉稷數陷陣潰圍，勇冠三軍。將兵擊魯陽，聞更始立，怒曰：「本起兵圖大事者，伯升兄弟也」云云。更始乃與諸將陳兵數千人，收稷，將誅之，伯升固爭。李軼、朱鮪因勸并執伯升，[三]卽日害之。

4544 劉先職

泗水王傳。

4545 翟宣女習

城陽恭王傳。

〔二〕「尉」，手稿脫，據後漢書補。
〔三〕「軼」，手稿作「執」，據後漢書改。

4546 梁翟 竇憲傳，註：「梁棠弟翟。」梁竦傳，封雍弟翟單父侯。

4547 崔實 伏湛傳。

4548 陳實 獨行傳。

4549 宋則 宋弘傳，又質韻。漢之子則，字元矩，爲鄢陵令。拔同郡韋著，[二]扶風法眞，稱爲知人。子年十歲，與蒼頭共弩射，蒼頭弦斷矢激，誤中之，即死。奴叩就誅，則察而恕之。荀爽深以爲美。

4550 郭公則 臧洪傳註。詳張景明下。

4551 趙直 趙嘉傳，節鄉侯代物故，子直嗣，官至步兵校尉。李郃傳，郃陰與步兵校尉趙直謀立順帝。

4552 服直 种暠傳，會巴郡人服直聚黨百餘人，稱天王。太守應奉討捕不尅，冀因陷冒。

4553 馮直 左雄傳，雄舉故冀州刺史馮直爲將帥，直坐贓受罪，周舉劾雄。

4554 閻子直 第五種傳，孫斌友人同縣閻子直。詳見孫斌下。

4555 孫威直 鉅鹿孫威直以林宗賢而受惡人弔，心怪之，不進而去。互見賈淑下。

4556 司馬直 張讓傳，時刺史、二千石及茂才孝廉遷除，皆助軍脩宮錢，大郡至二三千萬。當之官者，皆先至西園諧價，然後得去。時鉅鹿太守河內司馬直新除，以清名減責三百萬。直被詔，悵然辭疾，不聽。行至孟津，上書極陳當世之失，吞藥自殺。書奏，帝爲暫

[二]「郡」，手稿作「羣」，據後漢書改。

4557 周澤

儒林傳，字穉都，北海安丘人。少習公羊嚴氏春秋。建武末，辟大司馬府，署議曹祭酒。徵試博士。中元元年，遷黽池令。永平五年，遷右中郎將。十年，拜太常。果敢直言。十二年，行司徒事，如眞。性簡，忽威儀，頗失宰相望。數月，復爲太常。〔一〕臥病齋宮，〔二〕妻哀其老病，問所苦，澤大怒，以妻干犯齋禁，收送詔獄謝罪。時語曰：「生世不諧，作太常妻，一歲三百六十日，三百五十九日齋，一日不齋醉如泥。」後數爲三老五更。建初致仕卒。

4558 王澤

郭泰傳，字季道，爲代郡太守。見王柔下。

4559 陸續

陸康傳，少子續仕吳爲鬱林太守，博學，善政，見稱當時。幼年曾謁袁術，懷橘墮地者也，有名稱。

4560 江革

字次翁，齊國臨淄人。少失父，與母居。遭亂負母逃難，採拾爲養。轉客下邳，裸跣行傭以供母，便身之物，莫不必給。建武末，歸鄉里。每至歲時，縣當案比，以老母不欲搖動，自在轅中輓車，不用牛馬，由是人稱之曰「江巨孝」。永平初，舉孝廉，爲郎，補楚太僕，去。建初，太尉牟融舉賢良方正，再遷司空長史。遷五官中郎將。上書乞骸，拜諫議大夫歸。元和中，詔齊相以縣穀千斛賜「巨孝」。八月長吏存問，〔三〕

〔一〕「復」，手稿作「後」，據後漢書改。
〔二〕「宮」，手稿作「堂」，據後漢書改。
〔三〕「吏」，手稿作「史」，據後漢書改。

4561 榆勒　班超傳，立故疏勒王兄子忠。[二]註：「本名榆勒，改名忠也。」
4562 蘇榆勒　西域莎車傳，于窴國相蘇榆勒共立休莫霸兄子廣德爲王。
4563 申屠狄　八十三卷序。
4564 鍾迪　鍾皓傳，註：「繇，迪之子也。」
4565 羊迪　李固傳，開陽城門候羊迪等，無他功德，初拜便眞。
4566 羊陟　黨錮傳，陟字嗣祖，太山梁父人。少清直學行，舉孝廉，辟太尉李固府，舉高第，拜侍御史。固誅，以故吏禁錮歷年。復舉高第，再遷冀州刺史，又遷虎賁中郎將、城門校尉，三遷尚書令。拜河南尹。計日受俸，常食乾飯茹菜，禁制豪右，京師憚之。黨事起，免官禁錮，卒於家。蔡邕傳，被召，問營護故河南尹羊陟、[三]侍御史胡母班事，不爲用致怨之狀。范康傳，羊陟大從車騎奉謁造壹，壹以公卿中非陟無足以託名者，乃日往到門，強許通之。明旦，陟詣闕訟康。趙壹傳，壹柴車草屏，路宿其傍，延陟前坐於車下，談至熏夕，極歡而去，執其手曰：「良璞不剖，必有泣血以相鳴者。」陟乃與袁逢共薦之。[三]

4567 雍陟　西南夷傳，靈帝熹平五年，諸夷反叛，執太守雍陟。益州太守李顒與刺史龐芝發板楯

〔一〕「王兄」二字，手稿脫，據後漢書補。又，「忠」，手稿作「勒」，據後漢書改。
〔二〕「問」，手稿作「門」，據後漢書改。
〔三〕「袁」，手稿作「共」，據後漢書改。

卷一百九十三　東漢書姓名韻（二十）　入聲　七陌
一四五

4568 皇甫酈

皇甫嵩傳，中平六年，卓爲并州牧，詔卓以兵委嵩，卓不從。嵩從子酈時在軍中，說曰：「本朝失政，天下倒懸，能安危定傾者，唯大人與卓耳。今怨隙已結，[二]勢不俱存。卓被委兵而上書自請，此逆命也。又以京師昏亂，躊躇不進，此懷姦也。且其凶戾無親，將士不附。大人今爲元帥，杖國威以討之，[三]上顯忠義，下除凶害，此桓文之事也。」嵩曰：「專命雖罪，專誅亦有責也。不如顯奏其事，使朝廷裁之。」董卓之詔遣謁者皇甫酈和催、汜。酈先譬汜，汜即從命。詣催，不聽。怒，呵遣酈，因令虎賁王昌追殺之。昌僞不及，酈得免。

4569 各

公孫瓚傳，公孫續爲屠各所殺。

4570 休著屠各

烏桓傳，桓帝永壽中，朔方烏桓與休著屠各並畔，中郎將張奐擊平之。鮮卑傳，熹平三年冬，鮮卑入北地，太守夏育率休著屠各追擊破之。傅山曰：休著屠各似部名，非人名也。以不再見，故記之。

4571 宗賊

劉表傳，表爲荆州刺史，時江南宗賊大盛。註：「宗黨共爲賊。」

4572 曹疾

禰衡傳，騰與少子疾避亂琅邪，陶謙殺之。

4573 黃射

禰衡傳，祖長子射爲章陵太守，尤善於衡。

4574 郭奕

陰瑜妻傳，瑜卒，爽女許同郡郭奕。

〔二〕「已」，手稿作「以」，據後漢書改。

〔三〕「杖」，手稿作「伏」，據後漢書改。

4575 梁戟 桓帝紀，延熹二年六月，長水校尉梁戟伏冀。梁冀傳，收親從長水校尉戟等，無長少皆棄市。

4576 輸犎 西域于寘傳，王敬殺于寘王建，于寘侯將輸犎等遂會兵攻殺敬。輸犎欲自立為王，國人殺輸犎而立建之子安國。

4577 單于適 南匈奴傳，永平二年，單于汗死，單于比之子適立。是為酼僮尸逐侯鞮單于。立四年，死。單于莫子蘇立。[一]

八緝

4578 王邑 光武紀。竇融傳，女弟為大司空王邑小妻，家長安中，出入貴戚。向長傳，莽大司空王邑辟之，連年乃至，欲薦之於莽，固辭。董卓傳，天子暫都安邑，河東太守王邑奉獻錦帛，封為列侯。

4579 王邑

4580 費邑 張步傳，建武五年，步聞帝將攻之，以其將費邑為濟南王，屯歷下。張步使其大將軍費邑屯軍歷下，弇傳，張步使其大將軍費邑屯軍歷下，邑分遣弟敢守巨里。耿弇進兵，先脅巨里，誘邑來降，邑分三千人守巨里，弇分三千人守巨里，自引精兵上岡阪，乘高合戰，大破之，臨陣斬邑。以首級示巨里，城中兇懼。敢亡歸張步。

4581 馬邑 馬成傳，棘陵侯玄卒，子邑嗣。

[一]「子」，手稿作「之」，據後漢書改。

4582 田邑

馮衍傳，鮑永以衍爲立漢將軍，與上黨太守田邑繕甲養士，扞衛幷土。[二]及世祖即位，遣宗正劉延攻天井關，與田邑連戰十餘合，延不得進。邑迎母弟妻子，爲延所獲。邑聞更始敗，乃遣使詣洛陽獻璧馬，即拜爲上黨太守。因遣使者招永、衍，永、衍等疑不肯降，而忿邑背前約，衍遺書讓邑，邑亦報書責永、衍：「河東畔國，兵不入堯，[三]上黨見圍，不窺大谷」云。後永遣子壻張舒誘降涅城，邑悉執繫其家。邑字伯玉，[三]馮翊人，爲漁陽太守。

4583 李邑

班超傳，別遣衛候李邑護送烏孫使者，[四]賜大小昆彌以下錦帛。邑始到于寘，而值龜茲攻疏勒，恐懼不敢前，因疏陳西域之功不可成，又盛毀超擁愛妻愛子，安樂外國，無内顧心。超聞之，遂去其妻。帝切責邑曰：「縱超擁妻，思歸之士千餘人，何能盡與超同心？」令邑詣超受節度。詔超：「若邑任在外者，便留與從事。」超曰：「邑前毀君，今何不緣詔書留之，更遣他吏送侍子。」超即遣邑將烏孫侍子還京師。徐幹曰：「邑毀超，故令遣之。内省不疚，何恤人言！是何言之陋！以邑毀超，故今遣之。」

4584 楊邑

王景傳，王閎與決曹史楊邑共殺王調，迎王遵，封列侯。

4585 來歙

光武紀。順陽懷侯傳。本傳，字君叔，南陽新野人。漢兵起，莽以歙劉氏外屬，收繫

[二]「衍」，手稿作「衍」，據後漢書改。
[二]「尋」，手稿作「尋」，據後漢書改。
[三]「王」，手稿作「王」，據後漢書改。
[四]「侯」，手稿作「侯」，據後漢書改。
[五]「懼」，手稿脱，據後漢書補。

一四八

之，賓客篡免。更始即位，以歆為吏，從入關。數言事不用，與劉嘉東詣洛陽，拜大中大夫。自請使囂。三年使囂。五年，復持節送馬援、囂。〔二〕還，復往說囂。子恂入質。拜歆中郎將。遣喻囂與俱伐蜀，囂不從，歆質責囂云。起欲刺囂，囂起，勒兵將殺歆，歆徐杖節就車而去。囂使牛邯圍守之。王遵諫之。歆有信義，言行不違，西州士大夫皆信重之，多為其言，故得免而歸。八年，與征虜祭遵襲略陽，遵病還，分精兵隨歆，二千餘人，伐山開道，從番須、回中徑至略陽，斬囂將金梁，保其城。囂盡銳攻之，自春至秋。帝大發兵，自將上隴，圍解。置酒高會，歆班坐絕席。詔留屯長安。上書伐蜀。詔率馮異等入天水，破田弇、趙匡。明年，拔落門，囂支黨周宗、趙恢皆降。擊羌於金城。破襄武賊傅栗卿等。傾倉廩，轉運諸縣，贍饑流，隴右遂安，涼州通焉。十一年，歆與蓋延等攻述將王元、〔三〕環安於河池、下辨，陷之。蜀使客刺歆。贈中郎將、征羌侯印綬，謚節。以歆有平羌、隴之功，故改汝南之當鄉縣為征羌國焉。隗囂傳，囂與來歙、馬援相善，〔三〕帝數使歆等往來勸囂入朝。五年，復遣歆說囂遣子入侍，後囂上書言慢，〔四〕復遣來歙至汧，〔五〕賜囂書責，遣恂弟歸闕。馬援傳，使大中大夫來歙持節送援西歸隴右。孔奮傳。西羌傳，建武十年，

卷一百九十三 東漢書姓名韻（二十） 入聲 八緝

〔二〕「因」，手稿作「用」，據後漢書改。
〔三〕「述」，手稿作「術」，據後漢書改。
〔三〕「相善」，手稿作「善相」，據後漢書改。
〔四〕「後」，手稿作「復」，據後漢書改。
〔五〕「汧」，手稿作「沂」，據後漢書改。

一四九

4586 歐陽歙

先零豪與諸種相復寇金城、隴西，遣中郎將來歙等擊之，大破。光武紀，建武十五年正月辛丑，歐陽歙爲大司徒，代韓歆。十五年十一月甲戌，大司徒歐陽歙下獄死，戴涉代之。儒林傳，歐陽歙，字正思，樂安千乘人。自歐陽生傳伏生尚書，至歙八世，皆爲博士。莽時爲長社宰。更始時爲原武令。[一]世祖即位，爲河南尹，封被陽侯。[二]世祖平河北，遷河南都尉，後行太守事。[三]世祖即位，爲河南尹，封被陽侯。徵爲大司徒，坐汝南贓罪下獄。侯霸傳，高獲傳，獲師事司徒歐陽歙。李憲傳，淳于臨夜侯。

4587 泗水王歙

屯灪山，楊州牧歐陽歙遣兵不能尅。陳元傳，復辟司徒歐陽歙府。字經孫，光武族父。更始立，歙從入關，封爲元氏王。劉玄傳，封宗室歙爲元氏王。更始敗，東奔洛陽。建武二年，封歙爲泗水王。十年，歙薨。

4588 公乘歙

鄧禹傳，禹渡汾陰，入夏陽。更始中郎將、左輔都尉公乘歙引其衆十萬，與左馮翊兵共拒於衙，禹破走之。

4589 耿歙

耿純傳，耿阜從同族耿歙與楚人辭語相連。

4590 李歙

梁商傳，張逵等矯詔收縛曹騰、孟賁等，帝勑宦者李歙釋之。

4591 田歙

岑彭傳，零陵太守田歙等遣使貢獻。

4592 楊翁

岑彭傳，使護軍楊翁與臧宮拒延岑等。

[一]「原武」，手稿作「武原」，據後漢書改。

[二]「後」，手稿作「復」，據後漢書改。

4593 吳翕

吳漢傳，帝以漢功大，復封弟翕爲褒親侯。吳氏侯者凡五國。

4594 伏翕

伏湛傳，次子翕嗣不其侯。

4595 李翕

皇甫規傳，屬國都尉李翕等多殺羌降，規條奏其罪。

4596 張翕

西南夷傳，永平中，越巂太守巴郡張翕政化清平，得夷人和，在郡十七年，卒。夷人愛慕，如喪父母，蘇祈叟二百餘人賣牛羊送喪至翕本縣安葬，起墳祭祀。詔書襃美，爲立祠堂。安帝元初中，以張翕有遺愛，乃拜其子湍爲太守。

4597 聞人襲

靈帝紀，建寧元年十一月，太僕沛國聞人襲爲太尉，代劉矩也。註：「襲字定卿。」風俗通曰：少正卯魯之聞人，其後氏焉。」二年五月，太尉聞人襲罷，劉寵代之。三年四月，大中大夫聞人襲又爲太尉，代郭禧也。四年三月，太尉聞人襲罷，李咸代之。

4598 耿襲

耿弇傳，牟平侯卒，子襲嗣，尚顯宗女隆慮公主。皇女迎適牟平侯耿襲。

4599 鄧襲

鄧禹傳，顯宗分禹封爲三國，封子襲爲昌安侯。

4600 寇襲

寇恂傳，釐卒，子襲嗣扶柳侯。

4601 繆襲

繆襲稱統才章足繼西京董、賈、劉、揚。仲長統傳，繆襲常稱統才章足繼西京董、賈、劉、揚。

4602 趙襲

趙襲與從兄襲貶議唐玹。註：「決錄云：襲字元嗣。」先是，杜伯度、崔子玉以工草書稱於前代，襲與羅暉拙書，見蚩於張伯英。英自矜高，與朱賜書云：[二]上比崔、杜不足，下方羅、趙有餘。」

〔二〕「書」，手稿作「出」，據後漢書改。

4603 杜襲　荀彧傳，進計謀士杜襲。註：「襲字子緒，潁川人。」操以爲丞相軍謀祭酒。魏國建，爲侍中。

4604 秦襲　秦彭傳，祖襲，潁川太守，三輔號萬石秦氏。

4605 伍習　獻紀，興平二年十月，郭汜使其將伍習夜燒所幸學舍，逼脅乘輿。董卓傳，汜將伍習殺汜。

4606 脂習　孔融傳，京兆人脂習元升，與融善，每戒融剛直。及融被害，習往撫尸曰：「文舉舍我死，吾何用生爲？」操聞大怒，將收習殺之，後得赦出。不以習有欒布之節，加中散大夫。

4607 杜習　西羌傳，安帝永初五年，漢陽太守趙博遣刺客杜習刺殺漢陽叛人杜琦，封習爲討姦侯，賜錢百萬。互見「琦」下。

4608 哀牢王吸　西南哀牢夷傳，註：「禁高死，子吸代。」

4609 田立　光武紀，建武元年八月，更始廩丘王田立降。馮異傳，時更始廩丘王田立等共守洛陽。

4610 王立　五行志，日食，初平四年正月，註：「袁宏紀曰：未食八刻，太史令王立奏曰：『日晷過度，無有變也。』於是朝臣皆賀。帝密令尚書候之，未晡一刻而食。賈詡奏：『立伺候不明，太尉周忠，職所掌典，請皆治罪。』詔曰：『天道遠，事驗難明』云云。不從。

4611 李立　五行志，建安初，荊州童謠。註：「干寶搜神記：〔二〕是時有華容女子忽啼呼云云。繋

〔二〕「干」，手稿作「于」，據後漢書改。

4612 李立

郡李立字建賢爲荊州刺史。

王昌傳，郎少傅李立爲反間，開門納漢兵。傅山曰：『此王昌郎王郎，郎名昌。

彭寵傳，其尚書韓立等共立寵子午爲王。

劉永傳，傳國至父立，元始中，立與平帝外家衞氏交通，爲王莽所誅。

馮衍傳，註：『華嶠書曰：衍祖父立生蒲，蒲生衍也。』

光武紀，建武七年，盧芳朔方太守田颯降。盧芳傳，朔方人田颯將兵云云。總見李興獄，忽曰：『劉荊州今日死。』續又歌吟曰：『不意李立爲貴人。』後操平荊州，以涿

4613 韓立

4614 劉立

4615 馮立

4616 田颯

下。又芳誅李興，而其朔方太守田颯叛芳舉郡降，令領職如故。西羌傳，中元二年，謁者張鴻領諸郡兵擊叛羌，戰於允吾唐谷，軍敗，鴻及長史田颯皆歿。

4617 田颯

章帝八王千乘王伉傳，初，迎立靈帝，道路流言悝恨不得立，欲鈔徵書，而中常侍鄭颯、中黃門董騰並任俠通剽輕，數與悝交通。王甫伺察，以爲有姦，密告司隸校尉段熲。熹平元年，遂收颯送北寺獄。段熲傳，熲黨中常侍王甫枉誅中常侍鄭颯、董騰等，寶武傳，山冰奏長樂尚書鄭颯，送北寺獄。事變，曹節使王甫出颯，使持節收捕武等陳蕃傳。

4618 鄭颯

颯字子產，河內脩武人。家貧好學，隨師無粮，常傭以自給。莽時歷州宰建武二年，辟鄧禹府。除侍御史，襄城令，遷桂陽太守。先是，含洭、滇陽、曲江三縣，越之故地，去郡遠者，或且千里，吏事往來，輒發民船，百姓苦之。鑿山通道五

4619 衞颯

4620 劉颯

百餘里，列亭傳，置郵驛，而役省勞息。視事十年，建武二十五年徵還。欲以爲少府，會病，不能拜起。

南匈奴傳，盧芳入居五原，光武方平諸夏，未遑外事，至建武六年，始令歸德侯劉颯使匈奴，匈奴亦遣使來獻。

光武紀，建武十六年九月，河內尹張颯等坐度田不實，下獄死。

4621 張颯

4622 王颯

耿弇傳，況與王莽從弟颯共學老子於安丘先生。

4623 耿颯

世祖曰：「軍營進退無常，卿宗族，不可悉居軍中。」以純族人耿颯爲蒲吾長，悉令將親屬焉。

4624 郭伋

字細侯，扶風茂陵人。哀平間辟大司空府，三遷漁陽都尉。莽時爲上谷大尹，遷并州牧。更始聞其名，徵拜左馮翊，使鎮撫百姓。世祖即位，拜雍州牧，再轉尚書令。建武四年，出爲中山太守。明年，彭寵滅，轉爲漁陽太守。匈奴畏之，不敢復入塞。後潁川盜起，九年，徵拜潁川太守。招降賊趙宏、召吳等。十一年，省朔方刺史屬并州，調伋爲并州牧。召見，言選補不宜專用南陽人，納之。至并州，購賞，結寇心，盧芳遂亡入匈奴。老病乞骸。二十二年，徵爲大中大夫。明年卒，年八十六。鄭興傳，興疏曰：「今公卿多舉漁陽太守郭伋可大司空而不以時定。」

4625 种輯

獻紀，建安五年，越騎校尉种輯等受密詔誅操，事洩，操殺輯。董卓傳，註：「段煨迎帝，煨與楊定有隙，不敢下馬。侍中种輯與定親，乃言曰：『段煨欲反。』」註：「封侍中种輯爲列侯。」後謀誅操，見殺。

九合

4626 陳揖
〈朱暉傳〉，暉與同郡陳揖友善。

4627 郭揖
〈范滂傳〉，滂自詣獄，縣令郭揖大驚，出，解印綬引與俱亡。

4628 李郃
〈安帝紀〉，元初四年五月丁丑，太常李郃為司空，代袁敞。永寧元年十月己巳，司空李郃免。延光四年，前司空李郃為司徒，代劉熹也。〈順帝紀〉，永建元年正月辛巳，司徒李郃免，朱倀代之。〈鄧訓傳〉，訓推進天下賢士李郃承望鄧隲旨，不復先請，即解任尚禁錮。〈李固傳〉，固，司徒郃之子。〈周舉傳〉，漢中南鄭人，遊太學，通五經。善河洛風星，外質樸，人莫之識。方術傳，字孟節，後舉孝廉，五遷尚書令，又拜太常。元初四年，代袁敞為司空，坐請託事免。翟酺門侯吏，陰謀立順帝，功不顯。坐吏民疾病，仍有災異，賜策免。北鄉侯立，復為司徒，封郃涉都侯，辭讓不受。年八十餘，卒於家。子固

4629 劉郃
上其功，封郃涉都侯，辭讓不受。年八十餘，卒於家。子固
〈靈帝紀〉，光和二年三月，大鴻臚劉郃為司徒，代袁滂也。十月甲申，司徒劉郃等謀誅宦官，事洩，下獄死。〈楊賜傳〉，代劉郃為司徒。〈陳球傳〉，潛與司徒劉郃謀誅宦官，郃兄儵先與竇武同謀，皆死，故郃與球相結未發，球復以書勸郃曰：「公出自公室，位登台鼎，豈得雷同容容無違而已？」後程璜以謀告節，節因白帝，郃等與藩國交通，數稱永樂聲勢云云。郃皆下獄死。〈蔡邕傳〉，初邕與司徒劉郃不相平，程璜使人飛章言邕與叔父質數以私事請託於郃，郃不聽，邕志欲相中。〈陽球傳〉，傅山

4630 張邰

曰：「飛章言遽如此，不然伯喈又一賴事，不止從董卓也。」

袁紹傳，紹使張郃等攻操營不下。註引魏志曰：「郃字儁文，河間鄭人也。」〔二〕說紹曰：〔三〕『曹公精兵往，必破瓊等，則事去矣』。郭圖曰：『曹營固，攻必不拔』云云。瓊等破，圖慚，又譖郃快軍敗，郃懼，歸太祖。」

4631 劉納

靈帝紀，光和二年十月，步兵校尉劉納謀誅宦官，事洩，下獄死。陳球傳，尚書劉納以正直忤宦官，出為步兵校尉，亦勸郃〔郃〕曰：「凶豎多耳目，恐事未會，先受其禍。」納曰：「公為國棟樑，傾危不持，焉用彼相。」郃許諾，復謀洩，下獄死。

4632 順烈梁皇后妠

大將軍商之女，恭懷皇后弟之孫也。〔三〕永建三年，與姑俱選入掖庭，太史卜兆得壽房，又筮得坤之比，遂以為貴人。陽嘉元年，立為皇后。建康元年，順帝崩，后臨朝。和平元年，歸政桓帝，崩，在位十九年。

4633 李法

字伯度，漢中南鄭人。博通群書。和帝永元九年，應賢良方正對策，除博士，遷侍中、光祿大夫。上疏以朝政苛碎，〔四〕宦官權重，又譏史官記事不實，後世有識，必不明信。故人問不合上意之由，不答。固問之，〔五〕曰：「鄙夫可與事君乎哉？苟患失之，無所不至」云云。在家八年，徵拜議郎、諫議大夫，正言極辭

〔一〕「鄭」，手稿作「鄭」，據後漢書改。
〔二〕「郃」，手稿作「紹」，據後漢書改。
〔三〕「弟之」，手稿作「第三」，據後漢書改。
〔四〕「碎」，手稿作「辟」，據後漢書改。
〔五〕「固」，手稿作「故」，據後漢書改。

4634 封昴

陳球傳。

如故。出爲汝南太守，歸卒。列女傳，漢中陳文矩妻，同郡李法之姊也。

4635 鄧曄

光武紀，更始二年正月壬午，更始復漢將軍鄧曄降。鄧禹傳，延岑敗於東陽，與秦豐合。四年春，復寇順陽，禹遣復漢將軍鄧曄等擊破岑於鄧。馮異傳，異遣復漢將軍鄧曄等要擊延岑。

4636 耿曄

十葉

順帝紀，永建二年，護烏桓校尉耿曄率南單于擊鮮卑，破之。六年九月，曄又遣兵擊鮮卑，破之。陽嘉四年十二月，烏桓圍度遼將軍耿曄於蘭池。耿恭傳，拜溥子曄爲郎，曄字季遇。順帝初，爲烏桓校尉，時鮮卑寇邊，曄率烏桓及諸郡卒出塞討破之。鮮卑數萬詣遼東降。(二)遷度遼將軍。楊厚傳，南匈奴傳，順帝陽嘉二年，宜備邊寇。三年，西羌寇隴右，明年，圍度遼將軍耿曄。烏桓傳，順帝陽嘉四年冬，度遼將軍宋漢遷太僕，以烏桓校尉耿曄代之。永和元年，曄病徵。烏桓寇雲中，遮擊道上商賈車牛千餘兩，度遼將軍耿曄率二千餘人追擊，不利，又戰於沙南，斬首五百級。烏桓遂圍曄於蘭池，於是發積射二千人，配上郡屯，以討烏桓，烏桓乃退。鮮卑傳，順帝永建二年，遼東鮮卑六千餘騎寇遼東玄菟，烏桓校尉耿曄發緣邊諸郡兵及烏桓率衆王出塞擊之，斬首數百級，大獲其生口牛羊什物，鮮

〔二〕「卑」、「遼」，手稿作「破」、「度」，據後漢書改。

卷一百九十三　東漢書姓名韻（二十）　入聲　十葉

一五七

4637 張曄 卑乃率種衆三萬人詣遼東乞降。三年，四年，〔二〕鮮卑頻寇漁陽、朔方。六年秋，耿曄遣司馬將胡兵數千人，出塞擊破之。又咄歸下云：「順帝陽嘉元年，耿曄遣之云云。

4638 張曄 岑彭傳，註：「張隆遣子曄詣彭，助征伐。」又見「隆」下。

4639 耿曄 耿弇傳，光武遣趙永復代郡，北還，而代令張曄據城反畔，乃招匈奴、烏桓以爲援助。耿舒爲復胡將軍，擊曄，破之。永乃得復。

4640 晃曄 耿紀與丞相司直韋晃、晃曄謀起兵誅曹操。

4641 桓曄 耿秉傳，

4642 宋曄 見「嚴」下。

楊震傳，楊琦誘李傕部曲將宋曄反傕。

樊曄 樊曄傳，字仲華，南陽新野人。少與光武遊。建武初，徵拜侍御史，遷河東都尉。初，酷吏傳，〔三〕以事拘新野。曄爲市吏，餽餌一笥，故德之。至郡，誅大姓馬適匡等。政嚴猛，行光武微時，旅至夜，聚裝道傍，曰「以付樊公」。涼州歌曰：「遊子常苦貧，力子天所富。寧見乳揚州牧，教民耕田種樹。坐法左轉軹長。隴右不安，拜天水太守。虎穴〔三〕不入冀府寺。大笑期必死，忿怒或見置。嗟我樊府君，安可再遭值！」視事十四年，卒官。

4643 趙曄 儒林傳，字長君，會稽山陰人。嘗爲縣吏，奉檄迎督郵，恥于斯役，遂棄車馬去。到

〔一〕「年」，手稿作「月」，據後漢書改。
〔二〕「微」，手稿作「徵」，據後漢書改。
〔三〕「寧」，手稿作「賞」，據後漢書改。

4644 廣陽王子接

犍爲資中，詣杜撫受韓詩。積二十年，絕問不還，家爲發喪制服。卒業乃歸。召補從事，不就。舉有道。卒於家。曄著吳越春秋、詩細歷神淵。蔡邕讀詩細，以爲長於論衡。

4645 戴 涉

光武紀，更始二年正月，故廣陽王子接起兵薊中以應郎。

光武紀，建武十五年十二月庚午，關內侯戴涉爲大司徒，代歐陽歙。二十年四月，大司徒戴涉下獄死。註：「古今註曰：坐入太倉令奚涉罪，蔡范代之。」陰后麗華紀，遣大司徒涉、宗正吉持節，其上皇后璽綬。[二] 竇融傳，二十年，大司徒戴涉坐所舉人盜金，下獄。帝以三公參職，不得已乃策免融。侯霸傳，韓歆死，千乘歐陽歙、清河戴涉相代爲大司徒，坐事下獄死。鮑昱傳，上黨太守戴涉謂昱署高都長，討太山中劇賊。張純傳，[三] 大司徒戴涉、大司空竇融議：「宜以宣、元、成、哀、平五帝四世代今親廟，宣、元皇帝尊爲祖、父，可親奉祠，成帝以下，有司行事，別爲南頓君立皇考廟。其祭上至春陵節侯，羣臣奉祠，[三] 以尊尊之敬，親親之恩」從之。袁安傳，註：「大司徒戴涉坐殺太倉令，下獄死。」宣秉傳。

4646 奚 涉

光武紀。見戴涉下。

[一]「其」，手稿作「共」，據後漢書改。
[二]「純」，手稿作「統」，據後漢書改。
[三]「羣」，手稿作「郡」，據後漢書改。

4647 原涉 馬援傳，王林薦涉於莽，以爲鎭戎大尹。註：「莽改天水爲鎭戎，太守爲大尹。」

4648 任涉 西域傳，見孟佗下。

4649 蘇鄴 光武紀，建武二十二年七月，司隸校尉蘇鄴下獄死。馬援傳，王磐與司隸校尉蘇鄴事相連坐。見王磐下。

4650 杜鄴 杜林傳，父鄴，成、哀間爲涼州刺史。

4651 鄧疊 和帝紀，永元四年六月庚申，收捕憲黨衛尉鄧疊。宋意傳，步兵校尉鄧疊等羣黨出入竇憲門，負勢放縱，意舉奏無所迴避。肅宗切責憲曰：「永平中令陰黨、陰博、鄧疊三人互相糾察」云云。憲出鎭涼州，以侍中鄧疊行征西將軍事爲副，後封穰侯。竇融傳，疊弟步兵校尉磊，皆下獄死。

4652 承疊 承宮傳，註：「續漢書曰：宮子疊，官至濟陰相。」

4653 應疊 應奉傳，中子疊，江夏太守。

4654 張疊 楊倫傳，上書曰：「往者湖陸令張疊等釁穢旣章，咸伏其辜。」

4655 傅燮 靈帝紀，中平四年四月，金城羌寇漢陽，太守傅燮戰歿。本字幼起，慕三復白圭，乃易字。身長八尺，再舉孝廉。聞所舉郡將喪，棄官行服。後爲護軍司馬，與皇甫嵩討張角等。後爲安定都尉。以疾免。拜議郎。出爲漢陽太守。時北地胡騎數千隨賊攻郡，皆夙懷燮恩，共於城外叩頭，求送燮歸里。燮麾進兵臨陣戰歿。諡曰壯節侯。雜見趙忠、趙延、崔烈、甄舉、程球、傅幹、黃衍下。

4656 周燮

周燮字彥祖，汝南安城人，法曹掾燕之後也。生而欽頤折頞，醜狀駭人。母欲棄之，父不聽，曰：「吾聞聖賢多異貌。」於是養之。十歲通詩、論，長精禮、易，不讀非聖之書，不修賀問之好。非所耕漁，則不食。鄉黨宗族希得見者。舉孝廉、賢良方正，皆以疾辭。安帝延光二年，〔一〕玄纁羔幣聘燮。燮曰：「吾既不能隱巢穴，追綺季之跡，而猶顯然不遠父母之國」云云。因自到潁川陽城，遣生送敬，辭疾而歸。詔書告郡，歲以羊酒養病。七十餘卒。周磐傳，磐，徵士燮之宗也。陳忠傳，薦周燮等。

4657 李燮

种岱傳，李固子燮上書求加禮於岱。李固傳，小子燮，得脫亡命。字德公，年十三，姊文姬屬父門生王成將燮乘江東下，入徐州界，更名姓，為酒家傭。燮並交二子，酒家遣之還鄉里。燮乃告酒家，酒家遣之還鄉里。後徵拜議郎，所交皆舍短取長，荀爽、賈彪雖皆知名而不相能。燮並交二子，情無適莫。靈帝時拜安平相。以議安平王不宜改國，坐謗毀宗室，輸作左校。京師語曰：「父不肯立帝，子不肯立王。」未滿歲，王坐不道被誅，乃拜燮為議郎。擢遷河南尹。是有笞捶甄邵之事，在職二年卒。

4658 獻帝協

靈帝紀，徙勃海王協為陳留王。八月戊辰，中常侍張讓等劫少帝及陳留王幸北宮德陽殿，又劫小平津。孝仁董后紀，初，后自養皇子協，勸帝立為太子。又何后紀，何進傳，王貴人生皇子協，帝疾篤，屬協於蹇碩。靈帝中子，諡法：「聰明睿智曰獻。」中平六

〔一〕「光」，手稿作「熹」，據後漢書改。

卷一百九十三 東漢書姓名韻（二十） 入聲 十葉

一六一

年四月，少帝即位，封帝爲勃海王，徙封陳留王。九月甲戌，即皇帝位，年九歲。改昭寧爲永漢。其年十二月，詔除光熹、昭寧、永漢三號，遂復中平六年。建元初平四年，興平二年。建安二十五年三月改元延康。[二]十月，遜位。曹丕奉焉山陽公。魏青龍二年三月庚寅，[三]山陽公薨。自遜位至薨，十有四年，年五十四。

4659 耿協　耿弇傳，良卒，子協嗣。

4660 駰協　駰協傳，與弟協辨論於路。詳王奐下。

4661 范協　第五倫傳，寇軍令駰協等並以刻薄之姿云云。見劉豫下。

4662 駱協　王美人紀，興平元年，改葬文昭陵，使王斌與河南尹駱業復土。

4663 閔業　寇恂傳，恂與門下掾閔業共說況曰：「邯鄲拔起，難可信問」云云。恂數與帝言其忠，賜爵關内侯，官至遼西太守。

4664 尹業　馬嚴傳，日食，封事：「涼州刺史尹業等。」語見朱醻下。

4665 周業　周磐傳，祖父業，建武時爲天水太守。

4666 徐業　張玄傳，時右扶風琅邪徐業亦大儒也，門玄諸生誡，引見之，與語，大驚曰：「今日相遭，真解矇矣。」遂請上堂，難問極日。

4667 李業　獨行傳，字巨遊，廣漢梓潼人。元始中爲郎，莽居攝，以病去官，杜門不應州郡之命。公孫述劫之，以藥飲而死。

[一]「三」，手稿作「二」，據後漢書改。

[二]「延」，手稿分別作「二」、「建」，據後漢書改。

[三]「三」，手稿作「三」。

4668 張業　張武業傳，武父業爲郡門下掾，與劫盜戰死。

4669 鄭公業　鄭興傳，孫公業。董卓傳，卓任尚書鄭公業。王允傳。

4670 崔巨業　公孫瓚傳，瓚與紹大戰於界橋，瓚軍敗，還薊。紹遣將崔巨業將兵數萬攻圍故安不下，退軍而還。瓚將步騎三萬人追擊於巨馬水，大破其衆，乘勝而南，攻下郡縣，遂至平原。

4671 鮑鄴　律曆上，註引薛瑩書曰：「上以太常樂丞鮑鄴等上樂事，下馬防，奏言：建初二年七月，鄴上言：王者飲食，必道須四時五味云云。今官樂但有太簇，皆不應月律。可作十二月均，各應其月氣」云云。律曆中，上令鄴等與楊岑較。見張盛下。

4672 王捷　隗囂傳，阿陽人王捷爲大將軍，囂奔西城，楊廣死，囂窮困，王捷別在戎丘，[二]登城呼漢軍曰：「爲隗王城守者，皆必死無二心！願諸軍㫁罷，[三]請自殺以明之。」遂自刎。

4673 周勰　傅山曰：難說無志，只是不知大義。周舉傳，子勰，字巨勝，少尚玄虛，以父任爲郎，自免歸。梁冀貴盛，被徵者莫敢不應，勰前後三辟，竟不能屈。杜絕人事，巷生荊棘，十有餘歲。至延熹二年，乃開門延賓，遊談宴樂，及秋而梁冀誅，年終勰卒，[三]時年五十。蔡邕以爲知命。

〔一〕「丘」，手稿作「兵」，據後漢書改。
〔二〕「㫁」，手稿作「丞」，據後漢書改。
〔三〕「年」，手稿作「冬」，據後漢書改。

寶 3080$_6$

二十一畫

續 2498$_6$
邋 4430$_3$
辯 0044$_1$
護 0464$_7$
顧 3128$_6$

二十二畫

懿 4713$_8$

酈 1722$_7$
龔 0180$_1$

二十三畫

欒 2290$_4$
顯 6138$_6$

二十四畫

靈 1100$_8$

讓 0063$_2$

二十五畫

觀 4621$_0$

二十九畫

鬱 4472$_2$
鸞 2232$_7$

十七畫—二十畫

遺	35308	繽	23986	邈	36301
錫	86127	繁	88903		
閻	77777	繇	22793	**十九畫**	
隨	74232	翼	17801	禰	31227
雕	70215	臨	78766	羅	60915
霍	10215	薄	44142	藺	44227
館	83777	薛	44741	寵	30211
駱	77364	襄	00732	藥	44904
駮	70348	謝	04600	譙	00631
鮑	27312	穆	27959	譚	01646
濁	36127	蹋	66127	邊	36302
據	51032	懷	90032	關	77772
錯	84161	寒	30801	難	40815
歙	87182	輿	77801	類	91886
黔	68327	鍾	82115	麴	47420
龜	27117	韓	44456	龐	00211
龍	01211	鮮	28351		
		鮭	24314	**二十畫**	
十七畫		鴻	37127	嚴	66288
優	21247			騫	30327
應	00231	**十八畫**		獻	23234
戴	43850	儲	24260	寶	30806
戲	23250	禮	35218	籍	88961
檀	40916	簡	88227	蘄	44521
濟	30123	繪	28969	蘇	44394
濮	32185	聶	10141	鐔	81146
獲	44247	闕	77482	驕	77327
環	16132	顏	01286	騰	79227
矯	82427	颺	76212	饑	82753
繆	27922	魏	26413	黨	90331

93

維	20915	審	20609	鄴	87627
縶	44903	德	24231	閻	77606
翟	17215	徵	28240	駰	76300
聞	77401	慶	00247	魯	27603
臧	23250	摯	44502	黎	27132
臺	40104	暴	60909	毅	07247
舞	80251	樂	22904		
蒯	42200	樊	44804	**十六畫**	
蓋	44107	樓	45944		
蒲	44127	歐	77782	嬴	00217
蒙	44232	潭	31146	憲	30336
蒸	44331	滕	79299	廩	00294
裴	11732	潁	21286	彊	11216
褚	34260	潘	32169	橋	42927
趙	49802	編	23927	澹	37161
輔	53027	蔣	44242	燕	44331
銚	82113	蔡	44901	燒	94811
雒	20615	節	88727	盧	21217
魁	24210	殤	18227	辨	00441
齊	00223	魴	20327	臻	15194
瑾	14115	儉	28286	興	77801
遞	32309	嫺	47420	蕭	44227
肇	38507	質	72806	蕪	44331
		瑩	99103	蕃	44609
十五畫		養	80732	蕕	44320
		諒	00696	衛	21221
縰	27984	適	30302	衡	21430
儀	28253	鄧	17127	謁	06627
劉	72100	賢	77806	諸	04660
嬀	44427	鄭	87827	豫	17232
摩	00252			輸	58021

附：東漢書姓名韻索引

張靜 編

編者案：本索引採用四角號碼檢字法。先以人名第一字的四角號碼順序排列。人名前面的兩位數字是該人名第二字四角號碼的前兩位。人名後面的數字是《東漢書姓名韻》的卷數/人名編號。最後附有筆畫索引。

0010_4 童

07 童翊	14/3383
25 童仲玉	18/4253
94 童恢	3/651

0010_6 亶

07 亶誦	14/3285

0020_1 亭

27 亭侯猛	13/3111

0021_1 龐

02 龐訓	15/3649
20 龐季	14/3397
22 龐山人	4/777
23 龐參	10/2407
龐俊	15/3573
27 龐紀	11/2559
30 龐淯	18/4257
33 龐浚	15/3681
37 龐渙	15/3702
40 龐雄	1/196
龐奮	15/3590
44 龐芝	2/430
龐艾	15/3510
龐萌	9/1996
53 龐盛	17/4014
80 龐義	14/3345
龐公	1/303

0021_5 雍

50 雍由調	7/1336
71 雍陟	20/4567

0021_6 竟

74 竟陵侯禹	11/2650

0021_7 亢

亢（當塗鄉侯亢）
　　　　　　　　17/3903

贏

37 贏咨	2/425

0022_2 廖

17 廖孟舉	11/2660
20 廖信	15/3604
24 廖偉舉	11/2661
32 廖祈	2/452
34 廖湛	17/4125
55 廖扶	3/580

0022_3 齊

00 齊哀王襄	8/1833
13 齊武王縯	12/2910
27 齊黎	2/469
44 齊孝王將間	2/538
53 齊盛	17/4013
82 齊鍾留	10/2265

0022_7 商

商（邯鄲商）	8/1776
商（廣陵侯商）	8/1777
商（頃王商）	8/1778

1

商(白牛侯商)	8/1779	48 高幹	15/3704	41 應嫗	2/528
		66 高賜	14/3302	46 應賀	16/3852
商(趙王商)	8/1780	72 高氏	11/2595	47 應郴	10/2361
方		77 高鳳	14/3226	50 應奉	14/3235
		高丹	5/1112	56 應操	7/1429
07 方望	17/3933	78 高覽	13/3191	60 應疊	20/4653
24 方儲	2/519	80 高午	12/2769	67 應嗣	14/3370
76 方陽	8/1702	87 高翔	8/1853		
		高舒	2/527	**0023₂ 康**	
高		90 高堂芝	2/427	康(濟南王康,宋意傳)	8/1717
00 高亭侯旦	16/3725	高堂陰	10/2374		
01 高譚	10/2444	94 高恢	3/650	康(濟南王康,光武十王傳)	8/1718
07 高望	17/3938	高愼	15/3653		
高翊	11/2714			康(濟南王康,河間王傳)	8/1719
10 高元才	3/620	**席**			
高焉	6/1181	00 席廣	13/3019	康(山陽公康)	8/1723
高平主	11/2701	44 席封	1/310		
12 高弘	9/1895			康(東海王康)	8/1729
21 高順	15/3635	**0023₀ 卞**			
22 高彪	10/2235	00 卞亭侯據	14/3445	康(沙車王康)	8/1742
23 高岱	15/3517	17 卞忌	14/3325		
高峻	15/3575			27 康侯敞	13/3028
28 高倫	4/936	**0023₁ 應**			
30 高崑	12/2739	11 應璩	2/529	**0023₇ 廉**	
高進	15/3620	14 應劭	16/3805	00 廉褒	7/1409
高容	1/226	16 應瑒	8/1710	50 廉忠	1/252
40 高嘉	7/1506	17 應珣	4/841	77 廉丹	5/1105
44 高梵	17/4134	應承	9/1980	88 廉範	13/3199
高獲	19/4432	21 應順	15/3623	**庚**	
46 高相	17/3953	40 應志	14/3296	20 庚乘	9/1993

0024_7 度

度（楚陸侯度）
      15/3457
90 度尚   17/3898

夜

01 夜龍   1/273
76 夜陽   8/1701

慶

慶（太子慶）
      17/4043
慶（燕王慶）
      17/4044
10 慶吾   3/558
37 慶鴻   1/187

0025_2 摩

98 摩螫   19/4391

0026_7 唐

00 唐譙瑛   9/1934
01 唐龍   1/274
10 唐玹   6/1201
16 唐瑁   16/3829
18 唐珍   4/730
21 唐衡   9/2074
  唐虞   2/495
28 唐繒   9/1918

40 唐喜   11/2542
  唐檀   5/1138
41 唐姬   2/405
44 唐菆（白狼唐菆）
      1/349
47 唐邯   10/2456
77 唐周   10/2285
80 唐羌   8/1758

0028_6 廣

廣（皇女廣）
      13/3010
廣（沛王廣）
      13/3011
廣（濟南王廣）
      13/3012
廣（鄯善王廣）
      13/3021
廣（焉耆王廣）
      13/3022
10 廣平王羨 16/3753
22 廣川王常保
      12/2969
24 廣德（于寘王廣德）
      20/4502
30 廣宗殤王萬歲
      15/3561
74 廣陵侯商 8/1777
  廣陵侯元壽
      17/4113

  廣陵侯條 7/1339
76 廣陽王子接
      20/4644

0029_4 廩

17 廩君   4/904

麻

47 麻奴   3/602

0033_6 意

意（下邳愍王意）
      14/3364

0040_0 文

00 文齊   2/464
01 文礱   1/217
16 文醜   13/3178
26 文穆   18/4182
41 文姬   2/412
80 文八   19/4374

0040_1 辛

01 辛評   9/2122
47 辛都   3/607
61 辛毗   2/459
71 辛臣   4/746
72 辛彤   1/11
80 辛曾   9/1914

0040₆ 章

章（光武兄子章）　　　8/1600
章（太原王齊王章）　　8/1601
章（常山靖王章）　　　8/1602
章（南鄉侯章）　　　　8/1603
00 章帝名炟　　　19/4365
24 章德竇后　　　13/3159
31 章河　　　　　　7/1450
37 章初　　　　　　3/594

0040₈ 交

44 交勒蘇　　　　　3/617

0044₁ 辨

辨（皇子辨）　　　12/2914
辯（皇子辯）　　　16/3724

0050₃ 牽

31 牽灝　　　　　12/2983

0063₁ 譙

00 譙慶　　　　　17/4050
譙玄　　　　　　6/1198

77 譙周　　　　　10/2282

0063₂ 讓

讓（臨邑侯讓）　　17/3912

0069₆ 諒

53 諒輔　　　　　12/2754

0071₄ 亳

00 亳康　　　　　　8/1736
20 亳秉　　　　　13/3095
亳統　　　　　　11/2516
72 亳氏　　　　　11/2594
80 亳會　　　　　15/3552

0073₂ 玄

46 玄賀　　　　　16/3849

哀

00 哀章　　　　　　8/1611
10 哀王仲　　　　14/3248
20 哀焦　　　　　　7/1389
30 哀牢　　　　　　7/1442
哀牢王吸　　　20/4608
60 哀置　　　　　14/3377

襄

襄（齊哀王襄）　　　8/1833

41 襄楷　　　　　12/2809

0090₆ 京

京（琅琊孝王京）　　9/2130

0121₁ 龍

02 龍端　　　　　　5/1084
26 龍伯高　　　　　7/1437
33 龍述　　　　　19/4306
42 龍橋　　　　　　7/1368
72 龍丘萇　　　　　8/1765
90 龍尚　　　　　17/3891

0128₆ 顏

30 顏良　　　　　　8/1528
50 顏忠　　　　　　1/242

0164₆ 譚

77 譚賢　　　　　　6/1304

0180₁ 龔

07 龔調　　　　　　7/1333
66 龔賜　　　　　14/3301

0212₇ 端

端（東平王端）　　　5/1079

0292₁ 新

10 新平主　　　　11/2677
67 新野君　　　　　4/894

0391_4 就		0460_0 謝		0742_7 郭	
14 就耽(太常就耽)		謝惲	15/3669		
	10/2427	0460_0 計		00 郭主	11/2676
0460_0 謝		17 計子勳	4/830	郭亮	17/3971
				郭竟	17/4040
謝(月氏副王)		0464_1 詩		郭唐	8/1845
	16/3886	40 詩索	19/4424	郭奕	20/4574
00 謝廉	10/2483	0464_7 護		郭襄	8/1836
謝該	3/629			10 郭正	17/4028
11 謝甄	4/738	護(宜春侯護)		郭玉	18/4251
12 謝弘	9/1893		15/3485	郭霸	16/3859
17 謝弼	19/4330	10 護于丘	10/2272	郭貢	14/3280
20 謝季孝	16/3838	0466_0 諸		12 郭弘	9/1891
22 謝豐	1/23			14 郭耽	10/2429
27 謝躬	1/14	10 諸王子簡	12/2892	郭璜(陽安侯)	
30 謝宓	19/4343	44 諸葛稺	14/3360		8/1743
謝安	5/1046	0512_7 靖		郭璜(安定太守)	
36 謝遑	10/2480	10 靖王宏	9/1860		8/1744
37 謝祿	18/4277	0519_6 竦		郭璜(謁者)	8/1745
50 謝申	4/970			20 郭季通	1/5
謝夷吾(王充傳)		竦(陳懷王竦)		郭香	8/1805
	3/556		11/2519	郭稚	14/3363
謝夷吾(堯卿)	3/557	0662_7 謁		21 郭衡	9/2080
60 謝昌	7/1419			郭虔	6/1235
謝曼卿	9/2148	97 謁煥	15/3696	22 郭嵩	1/165
72 謝氏	11/2589	0724_7 毅		24 郭勳	4/819
80 謝弇	13/3203			27 郭多	7/1471
88 謝篤	18/4266	毅(平望侯毅)		郭躬	1/17
97 謝惲	12/2847		14/3328	郭伋	20/4624
				郭解	15/3527

30 郭濟	14/3401	郭賀（延尉）		97 郭恂	4/837
郭涼	8/1542		16/3848	0768_2 歆	
郭扈	12/2741	47 郭都	3/605		
郭憲（光祿勳）		50 郭泰（黄巾餘黨）		40 歆志賁	4/1042
	16/3745		15/3518	0821_2 施	
郭憲（字子橫）		郭泰（字林宗）			
	16/3746		15/3519	12 施延	6/1152
郭宇	11/2717	郭貴人	4/764	0823_3 於	
郭守	13/3176	56 郭揖	20/4627		
31 郭禎	9/2182	60 郭昌	8/1553	24 於仇賁	4/1041
33 郭溥	12/2760	郭圖	3/613	25 於秩居	2/536
郭梁	8/1535	61 郭旺	19/4346	55 於扶羅	7/1481
34 郭禧	2/361	64 郭時	2/377	78 於除鞬	6/1293
36 郭況	17/3919	70 郭防	8/1673	0824_0 放	
37 郭汜	10/2458	71 郭匡	8/1647		
	11/2562	郭長信	15/3601	80 放前	6/1322
	13/3200	72 賀后聖通	1/2	0844_0 敦	
	17/4146	73 郭駿	15/3583		
郭鴻	1/185	77 郭堅伯	20/4472	敦（皇子敦）	4/941
38 郭游君	4/897	郭鳳	14/3232	0864_0 許	
郭遵	4/920	郭閎	9/1901		
40 郭大	16/3877	郭丹	5/1103	00 許章	8/1619
郭大賢	6/1307	郭舉	11/2655	02 許訓	15/3644
郭嘉	7/1503	79 郭勝（起義領袖）		05 許靖（獻紀注）	
44 郭基	2/417		17/4036		17/4067
郭勤	4/802	郭勝（中常侍）		許靖（字文休）	
郭梵	17/4135		17/4037		17/4068
郭林宗	1/153	80 郭公則	20/4550	12 許水	11/2639
46 郭賀（河南尹）		81 郭頒	5/1128	13 許武	12/2736
	16/3847	84 郭鎮	15/3588	14 許劭	16/3807

1010_0—1010_4 二玉王

16 許聖	17/3986	
17 許君然	6/1314	
許子遠	12/2950	
21 許虔	6/1238	
23 許峻	15/3580	
24 許德	20/4496	
許偉康	8/1741	
許升	9/2176	
25 許生	9/2048	
26 許伯	20/4463	
28 許攸	10/2276	
30 許涼	8/1543	
許永	13/3069	
37 許淑	18/4216	
42 許荊	9/2128	
43 許馘	18/4236	
44 許世	14/3309	
46 許相	17/3951	
許楊	8/1698	
47 許邯	10/2454	
許栩	11/2667	
48 許敬	17/3987	
60 許晃	17/3958	
許晏	16/3720	
許曼	5/1098	
許昌	8/1560	
67 許昭	7/1351	
72 許氏(楚王英母許氏)	11/2577	
80 許普	12/2780	

94 許慎	15/3656	

1010_0 二

17 二司馬	12/3001	

1010_3 玉

36 玉況	17/3917	
90 玉當	8/1802	

1010_4 王

王(清河外祖母王)	8/1816	
00 王立	20/4610	
王充	1/329	
王雍	1/337	
王彥	16/3784	
王方	8/1680	
王商	8/1782	
王康(司隸校尉)	8/1721	
王康(華容侯)	8/1722	
王度	15/3458	
王廣	13/3015	
王文	4/863	
王文翁	1/341	
王章(司馬)	8/1605	
王章(字伯義)	8/1606	
王訪	17/3966	

01 王龍	1/275	
王龔	1/218	
02 王端	5/1078	
03 王斌	4/975	
04 王諶	10/2398	
王護	15/3488	
07 王望(門下掾)	17/3935	
王望(字慈卿)	17/3936	
王調(樂浪人)	7/1329	
王調(河南尹)	7/1330	
王調(勃海人)	7/1331	
王歆(據下邳者)	10/2351	
王歆(軑侯度之子)	10/2352	
08 王謙	10/2472	
10 王瓊	3/708	
王元	6/1202	
王石	20/4445	
王平	9/2116	
王霸(淮陵侯)	16/3861	
王霸(列女傳)	16/3862	

	王霸(字儒仲)		王季	14/3395	王磐	5/1088
		16/3863	王季然	6/1313	王叡	15/3546
12	王弘	9/1892	王禹	11/2651	王粲	16/3732
	王延壽	13/3145	21 王順	15/3633	王稠	10/2255
	王烈	19/4387	王衡	9/2068	王稺	14/3361
13	王球	10/2270	王衛	15/3543	30 王宣	6/1263
	王酺	3/571	王卓	19/4412	王宏	9/1871
14	王琳	10/2396	22 王豐(光武紀)	1/20	王永(豫章太守)	
16	王聖(阿母王聖)		王豐(中郎將)	1/21		13/3071
		17/3982	王岑	10/2336	王永(楊震傳)	
	王聖女永	13/3070	王胤	15/3639		3/3072
17	王孟	17/3996	王彪	10/2236	王寓	14/3438
	王君公	1/299	23 王允	12/2862	王良	8/1521
	王子師	2/440	王俊	15/3570	王密	19/4316
	王子居	2/535	24 王鮪	12/2829	王定	17/4060
	王子炳	13/3084	王皓	12/2978	王宗(御史中丞)	
	王尋(大司徒)		25 王仲(王景八世祖)			1/139
		10/2314		14/3257	王宗(西羌傳)	
	王尋(太守)		王仲(富人)			1/140
		10/2315		14/3258	32 王州公	1/293
	王柔	10/2302	王仲子	11/2530	33 王述	19/4307
18	王政(公孫述將)		26 王伯齊	2/462	王梁	8/1533
		17/4020	王伯榮	9/2040	34 王漢(公乘王漢)	
	王政(張純之客)		王吳	3/554		15/3686
		17/4021	王和平	9/2117	35 王禮	11/2611
19	王琰	13/3215	27 王涣	15/3700	36 王澤	20/4558
20	王喬	7/1363	王向	17/3959	37 王逸	19/4323
	王信(漢陽人)		王脩	10/2252	王逢	1/263
		15/3595	王伋	20/4622	王追	3/719
	王信(謁者)		王奐	15/3699	王朗	13/3043
		15/3596				

	王郎(邯鄲人)		53 王甫	12/2786	王邑(大司空)
		8/1570	王成(李固傳)		20/4578
	王郎(太守)	8/1571		9/1967	王邑(河東太守)
38	王游翁	1/340	王成(山陽人)		20/4579
	王遵(樂浪太守)			9/1968	王累 12/2839
		4/917	王成(廣宗侯)		王景(王允之子)
	王遵(明威將軍)			9/1969	13/3106
		4/918	王威	3/673	王景(字仲通)
	王道	12/2988	王輔(侍中)		13/3107
40	王嘉	7/1504		12/2743	71 王頎 2/374
	王吉	19/4342	王輔(郎中)		王匡(定國公)
	王喜	11/2543		12/2744	8/1641
	王眞	4/725	王輔(長史)		王匡(河內太守)
43	王博	19/4407		12/2745	8/1642
44	王基	2/415	55 王扶	3/578	王長文 4/867
	王蓋	15/3505	王捷	20/4672	74 王陵 9/2103
	王考	12/2985	56 王暢	17/3943	77 王堅石 20/4446
	王蒙	1/320	60 王昱	18/4194	王鳳 14/3219
	王萌	9/2003	王國(漢陽人)		王隆(都尉功曹)
	王苞	7/1394		20/4513	1/118
	王林(西域長史)		王國(京兆人)		王隆(文山) 1/119
		10/2323		20/4514	王閎(琅琊太守)
	王林(衛將軍)		王晨	4/742	9/1896
		10/2324	王黑	20/4541	王閎(列侯) 9/1897
47	王翹	7/1390	王旻(太僕)	4/873	王服 18/4258
	王郁	18/4243	王旻(上郡太守)		王丹 5/1109
48	王敬	17/3988		4/874	78 王除鞬 6/1292
50	王青	9/2181	王男	10/2418	王臨 10/2381
	王肅	18/4227	王昌	8/1565	80 王尊 4/916
	王忠	1/247			王美人 4/755

84 王饒 7/1324	1014_1 聶	1021_1 元
86 王智 14/3380	90 聶尚 17/3901	元（梁敬王元） 6/1203
88 王符（后紀） 3/585	1020_0 丁	元（光武帝姊） 6/1204
王符（軟侯） 3/586	丁（魯陽鄉侯丁） 9/2187	元（鄧疊母元） 6/1212
王符（節信） 3/587	00 丁彥思 2/446	17 元孟 17/3998
王敏（司徒） 12/2850	10 丁夏 16/3876	40 元壽（廣陵侯元壽） 17/4113
王敏（荊州刺史） 12/2851	17 丁子嗣 14/3371	1021_5 霍
90 王愔 10/2368	丁君都 3/611	07 霍谞 2/509
王堂（武陵太守） 8/1842	20 丁孚 3/581	10 霍玉 18/4250
王堂（汝南太守） 8/1843	24 丁綝 10/2389	12 霍延 6/1165
王常 8/1544	25 丁仲 14/3254	15 霍融 1/129
王賞 13/3059	丁種 1/210	20 霍雋 12/2945
92 王恬 10/2476	28 丁牧 18/4283	37 霍郎 8/1572
95 王忳 4/797	30 丁宮 1/156	60 霍圉 11/2726
97 王惲 15/3674	32 丁浮 10/2222	71 霍匡 8/1651
王燦 16/3731	34 丁湛 17/4130	1022_7 丙
1010_7 五	37 丁鴻 1/179	丙（都鄉侯丙） 13/3087
00 五鹿 18/4280	44 丁恭 1/79	1023_0 下
1010_8 靈	丁夔 3/695	下邳哀王劉宜 2/371
00 靈帝宏 9/1859	45 丁姓 17/4065	17 下邳貞王成 9/1956
1011_3 疏	50 丁蕭 18/4230	
44 疏勒王忠 1/255	53 丁盛（丁鴻之弟） 17/4010	
疏勒王成 9/1973	丁盛（郎） 17/4011	
	71 丁原 6/1221	
	72 丁氏 11/2591	

1024_7—1060_1　夏零焉干于平吾晉雷

下邳太子邳	1/345	99 夏榮	9/2043	1040_9 平	
下邳惠王衍	12/2933	1030_2 零		平(蔡陽侯平)	9/2112
下邳愍王意	14/3364	10 零吾	3/564	07 平望侯毅	14/3328
		60 零昌	8/1567	26 平皋主	11/2702
1024_7 夏		1032_7 焉		50 平春王全	6/1287
00 夏方	8/1678	焉(左翊公焉)	6/1175	71 平原王	8/1810
夏育	18/4155	焉(中山簡王焉)	6/1178	平原王石	20/4442
10 夏牙	7/1510	焉(中山王焉)	6/1179	平原王碩	20/4510
18 夏珍	4/734	44 焉耆王廣	13/3022	平原王翼	20/4450
23 夏牟	10/2278	焉耆王舜	12/2876	平原王得	20/4481
27 夏侯淵	6/1282	焉耆王舜子忠	1/256	平原王寵	11/2496
夏侯惇	4/952			平原王勝	17/4030
28 夏馥	18/4259	1040_0 干		72 平氏主(直得平氏主)	11/2692
30 夏密	19/4317	40 干吉	19/4339	平氏主直德	20/4484
40 夏喜	11/2551	于		76 平陽主	11/2699
44 夏勤	4/800	30 于寶王廣德	20/4502	1060_1 吾	
夏恭	1/98	于寶王建	16/3779	42 吾斯(句龍吾斯)	2/438
夏孝元后	13/3157	于寶王子戎	1/41	晉	
47 夏猛	13/3116	于寶安國	20/4533	00 晉文經	9/2140
52 夏靜	17/4076	50 于毒	18/4275	31 晉馮	1/333
71 夏長思	2/447	71 于匡	8/1643	雷	
72 夏氏	11/2579	72 于氏根	4/1005	31 雷遷	6/1234
夏后氏(黃允妻夏后氏)	11/2583			44 雷薄	19/4431
73 夏駿	15/3584				
88 夏纂	12/2889				
97 夏惲	12/2848				
夏惲	15/3668				

52 雷授	17/4110	22 賈彪	10/2233	22 班彪	10/2231
80 雷義	14/3344	23 賈參	10/2412	27 班穉	14/3359
雷公	1/304	24 賈偉節	19/4380	36 班況	17/3928
		28 賈徽	3/662	40 班雄	1/201
1060₂ 石		賈復	18/4174	43 班始	11/2627
石(平原王石)		30 賈宗	1/142	47 班超	7/1376
	20/4442	31 賈福	18/4173	60 班固	15/3472
石(殤王石)		34 賈逵	3/691	67 班昭	7/1354
	20/4443	37 賈淑	18/4221		
24 石鮪	12/2825	賈朗	13/3047	**1111₇ 甄**	
27 石脩	10/2246	47 賈邯	10/2455	17 甄承	9/1982
48 石敬平	9/2121	賈期	2/395	甄子然(高密人)	
90 石光	8/1589	50 賈忠	1/237		6/1310
		賈貴人	4/759	甄子然(孔融同郡	
1060₄ 西		60 賈昌	8/1566	人)	6/1311
10 西平王羨	16/3754	71 賈長	8/1771	甄邵	16/3802
西平侯昱	18/4189	77 賈丹	5/1100	22 甄豐	1/28
31 西河子輿	2/504	賈兒建	16/3795	23 甄然子臨	10/2378
		78 賈覽	13/3188	27 甄阜	13/3146
1080₆ 賈		88 賈敏	12/2855	30 甄宇	11/2719
00 賈育	18/4158	90 賈光	8/1590	37 甄逸	19/4322
01 賈龍	1/272			72 甄氏	11/2598
04 賈護(黎陽人)		**1090₀ 不**		77 甄舉	11/2664
	15/3489	77 不居徵	9/2097	78 甄臨(甄然子臨)	
賈護(蔡邕傳)					10/2378
	15/3490	**1090₄ 栗**		80 甄普	12/2781
07 賈詡	11/2710	22 栗嵩	1/172		
11 賈彊	8/1636			**1121₆ 彊**	
13 賈琮	1/265	**1111₄ 班**		彊(皇太子東海王	
15 賈建	16/3764	17 班勇	11/2523	彊)	8/1635

44	彊華	7/1485		張雲	4/1028	23 張參	10/2375
				張貢	14/3273	張允	12/2866
	1123₂ 張		12	張弘	9/1882	張俊	15/3569
00	張亮	17/3972		張延	6/1153	張峻	15/3577
	張充	1/325	13	張武	12/2734	24 張勳	4/828
	張康	8/1731		張酺	3/568	張升	9/2175
	張文(五樓賊帥)			張酺	12/2766	張皓	12/2972
		4/860	14	張耽	10/2424	張岐	2/404
	張文(郎中)	4/861		張劭	16/3808	張續	18/4207
	張音	10/2373	17	張孟卓	19/4415	25 張牛角	19/4417
	張讓	17/3915		張孟舉	11/2659	張佚	19/4347
	張玄(辨士)	6/1192		張承	9/1983	張仲然	6/1312
	張玄(字處虛)			張子孺	14/3440	張純(大司空)	
		6/1193		張子禁	17/4122		4/785
	張玄(字君夏)			張子林	10/2329	張純(中山相)	
		6/1194	19	張瑺	8/1801		4/786
	張禀	13/3186	20	張喬	7/1358	張繡	17/4118
01	張龍	1/276		張魴	8/1664	張种	1/206
04	張護	15/3491		張季禮	11/2614	26 張白騎	14/3385
05	張竦	11/2520		張禹	11/2649	張伯	20/4465
07	張歆(司徒)		21	張步	15/3454	張伯英	9/1931
		10/2345		張虎	12/2763	張伯路	15/3464
	張歆(張禹父)			張衡	15/3545	張伯慎	15/3655
		10/2346		張衡(字平子)		張穆	18/4181
08	張放	17/3941			9/2071	27 張角	19/4416
	張敦	4/943		張衡(張魯之父)		張脩(中郎將)	
10	張璋	8/1627			9/2072		10/2239
	張元祖	12/2790		張紆	2/489	張脩(巴郡妖巫)	
	張雨	11/2727	22	張豐	1/22		10/2240
	張霸	16/3868		張彪	10/2227	張伋	20/4621

13

	張貂	7/1391	35	張津（交州刺史）			張壽（張酺傳）	
	張奐	15/3697			4/1018			13/3135
	張磐	5/1089		張津（何進親客）			張壽王	8/1815
	張魯	12/2764			4/1019	41	張楷	12/2810
	張綱	8/1784	36	張况	17/3931	43	張博	19/4406
28	張攸	10/2274		張溫（司空）	4/954		張式	20/4505
	張儉	13/3213		張溫（董扶傳注）		44	張藍	10/2448
	張牧	18/4286			4/955		張堪	10/2403
30	張宣	6/1276		張溫（漢陰老父傳）			張封	1/309
	張濟（司空）				4/956		張芝	2/431
		14/3399		張昶	13/3038		張燕	16/3781
	張濟（驃騎將軍）			張逸	19/4423		張恭	1/99
		14/3400	37	張汎	17/4141		張恭祖	12/2791
	張淳	4/1037		張氾（張氾友）			張孝仲	14/3256
	張宛	12/2924			11/2567		張萬	16/3723
	張富	15/3498		張氾（南陽大猾）			張華	7/1489
	張寶	12/2958			11/2568		張蕃	5/1134
	張宗（諸君）	1/143		張氾（陽武令）			張苞	7/1398
	張宗（陰興傳）				11/2569		張禁	17/4123
		1/144		張氾	17/4148		張林	10/2328
31	張江	8/1754		張鴻	1/177	46	張恕	14/3452
32	張湍	5/1085		張咨	2/422		張楊（大司馬）	
	張業	20/4668		張朗	13/3039			8/1696
33	張梁	8/1534	38	張遊	10/2195		張楊（岑彭傳）	
34	張湛	17/4128	40	張南	10/2423			8/1697
	張滿	12/2883		張吉	19/4341	47	張懿	14/3317
	張漢	15/3689		張奮	15/3589		張猛	13/3109
	張逵	3/689		張喜	11/2544		張邯（據長安者）	
	張遼	7/1387		張壽（高密太守）				10/2452
					13/3134			

	張邯(右中郎將) 10/2453		張盛(待詔) 17/4005		張曄(代郡令) 20/4638
	張超(字子並) 7/1373		張盛(尚書) 17/4006	66	張嬰 9/1921
	張超(廣陵太守) 7/1374		張盛(安鄉侯) 17/4007	67	張曜 16/3813
	張郴 10/2360		張成(延岑將) 9/1948		張明 9/2007
	張根(張純之子) 4/998		張成(河內人) 9/1949	70	張防 8/1671
	張根(蔡陽鄉侯) 4/999		張成(江夏太守) 9/1950	71	張匡 8/1656
48	張敬(西鄉亭侯) 17/3989		張甫 12/2787		張巨君 4/900
	張敬(符節令) 17/3990	56	張揚 8/1694	72	張隱 12/2880
	張敬(寇榮傳) 17/3991	58	張敖 7/1436		張馴 4/1033
	張松 1/74	60	張疊 20/4654	74	張陵(關內侯) 9/2101
50	張申 4/971		張國(鬱林太守) 20/4528		張陵(五斗米賊) 9/2102
	張肅(八俊之一) 18/4233		張國(右校尉) 20/4529	77	張鳳(弘農太守) 14/3220
	張肅(廣漢太守) 18/4234		張國(中郎將) 20/4530		張鳳(太學生) 14/3221
	張忠(益州刺史) 1/234		張晏 16/3721		張隆(太史待詔) 1/112
	張忠(南陽太守) 1/235		張曼成 9/1953		張隆(光祿勳) 1/113
	張奉 14/3242		張景明 9/2009		張隆(桂陽太守) 1/114
52	張靜 17/4075	61	張顥 12/2896		張閎陽 8/1706
53	張輔 12/2748		張顥 12/2981		張舉 11/2658
		64	張曄(張隆之子) 20/4637		張印 8/1828
					張興 9/2031
					張賢(從事) 6/1301

	張賢(祝阿侯)		張敞(功曹)		1223_0 弘	
		6/1302		13/3033		
80	張翕	20/4596	1124_0 弭		弘(中山王弘)	9/1878
	張羨	16/3755			弘(太史丞弘)	
	張龕	10/2405	11 弭彊	8/1638		9/1880
	張弟伯	20/4467	1168_6 碩		55 弘農王(懷王)	
	張尊	4/913				8/1811
	張義	14/3337	碩(平原王碩)	20/4510	弘農王(王美人紀)	
84	張饒	7/1325	1173_2 裴			8/1812
87	張鈞	4/888			水	
	張朔	19/4426	18 裴瑜	2/501	72 水丘岑	10/2341
	張舒	2/524	21 裴優	10/2273		
	張郃	20/4630	38 裴遵	4/932	1224_7 發	
	張叙	14/3426	44 裴茂	17/4088		
88	張篤	18/4268	1210_8 登		發(長沙定王發)	19/4363
	張範	13/3196				
	張敏	12/2852	登(太常登)	9/1937	1240_1 延	
90	張光	8/1582	登(濟北節王登)	9/1938		
92	張愷	12/2804			延(淮陽公延)	6/1148
94	張恢	3/647	1211_0 北		延(阜陵王延)	
	張愼	15/3652	27 北鄉侯懿	14/3314		6/1155
97	張恂(律歷中)	4/834	30 北宮伯玉	18/4245	延(莎車王延)	6/1172
	張恂(京兆尹)	4/835	38 北海哀王基	2/414	00 延襃	7/1412
	張炯	13/3123	北海王興	9/2018	10 延牙	7/1509
	張惲	15/3672	北海王普	12/2771	延平(清河王延平)	9/2111
98	張敞(監軍使者)	13/3032	45 北鞬支	2/436	22 延岑	10/2333
			1220_0 列			
			27 列侯嵩	1/168		

1241_0—1311_2 孔孫琬

60	延固	15/3475	55	孔扶	3/575	34	孫社	16/3885
77	延留	10/2266	56	孔損	12/2875	35	孫禮	11/2616
88	延篤	18/4270	60	孔昱	18/4193	37	孫朗	13/3040
			61	孔顯	12/2902	40	孫幸	13/3124

1241_0 孔

			67	孔曜	16/3814		孫壽(襄城君)	
00	孔褒	7/1416	71	孔長彥	16/3786			13/3139
02	孔訢	4/814	80	孔美	12/2841		孫壽(浮陽侯)	
07	孔翊	14/3382	90	孔光	8/1585			13/3140
10	孔震	15/3615		孔常	8/1550	44	孫堪	10/2404
	孔霸	16/3867					孫萌	9/1995

1249_3 孫

							孫權	6/1279
15	孔融	1/130					孫林	10/2330
17	孔子建	16/3777	00	孫章	8/1624	47	孫懿	14/3318
18	孔珍	4/735	03	孫斌	4/976		孫期	2/397
20	孔喬	7/1364		孫誼	6/1278	53	孫咸	10/2432
	孔季彥	16/3787	10	孫璋	8/1628		孫威直	20/4555
	孔乘	9/1994		孫夏	16/3874	58	孫整	13/3120
22	孔豐	1/26	12	孫登	9/1936	76	孫陽	8/1703
	孔嵩	1/175		孫瑞	15/3548	77	孫堅	6/1245
24	孔僖	2/364	20	孫儁	15/3666		孫卿	9/2163
	孔休	10/2210	22	孫嵩(鄭玄傳)		80	孫羌	8/1759
25	孔伷	17/4115			1/170		孫倉	8/1715
28	孔倫	4/937		孫嵩(青州刺史)			孫美	12/2840
30	孔完	5/1074			1/171	88	孫篤	18/4274
	孔安	5/1043		孫邕	1/281		孫策	20/4538
40	孔志	14/3294	25	孫純	4/795	95	孫性	17/4066
	孔嘉	7/1499	26	孫程	9/1986			
	孔奮	15/3594	27	孫豹	16/3828	1311_2 琬		
	孔奇	2/390	28	孫徽	3/661			
44	孔芝	2/428	30	孫永	13/3075		琬(東海王琬)	
47	孔均	4/884	31	孫福	18/4169			12/2922

1313_2 琅

17 琅琊王據	14/3444
琅琊王容	1/223
琅琊王劉尊	4/912
琅琊孝王京	9/2130

1314_0 武

30 武宣	6/1272
44 武勃	19/4355

1319_1 琮

琮(沛王琮)	1/267

1411_4 珪

珪(趙王珪)	3/712

1411_5 瑾

瑾(山陽公瑾)	15/3659

1519_4 臻

臻(東海王臻)	4/1025

1519_6 疎

14 疎耽	10/2428

1540_0 建

建(河間王建)	16/3760
建(貞王建)	16/3761
建(千乘哀王建)	16/3762
建(龜茲王建)	16/3778
建(于寶王建)	16/3779
11 建非	2/456

1610_4 聖

37 聖通	1/2

1611_5 理

理(甘陵王理)	11/2620

1613_2 環

30 環安	5/1044

1710_7 盈

盈(伏后母盈)	9/2168

孟

10 孟雲	4/1027
11 孟冀	14/3391
19 孟璿	8/1800
23 孟佗	7/1469
	15/3515
孟岱	
25 孟生	9/2057
27 孟叔	18/4292
40 孟厷	9/1908
孟布	15/3479
孟賁	4/1022
43 孟諴	18/4235
60 孟異	14/3292
77 孟興	9/2029
80 孟益	20/4535
88 孟敏	12/2857
90 孟光	8/1592
孟常	8/1546
孟嘗	8/1552

1712_0 刁

64 刁韙	3/688

1712_7 邛

邛(下邳太子邛)	1/345

郅

40 郅壽	13/3138
97 郅惲	15/3671

邲

00 邲音	10/2372
21 邲柴	3/623
36 邲湯	8/1794

鄧

40 邛吉	19/4336	鄧邵	16/3801	鄧鴻	1/178
72 邛彤	1/8	18 鄧珍(夷安侯)		鄧朗	13/3046
			4/731	38 鄧遵	4/919
		鄧珍(陽安侯)		40 鄧壽	13/3132
00 鄧康(泚陽侯)			4/732	42 鄧荊鳳	14/3225
	8/1726	20 鄧統	11/2510	44 鄧萬	16/3722
鄧康(夷安侯)		鄧禹	11/2648	鄧萬世	14/3305
	8/1727	鄧香	8/1804	鄧蕃	5/1133
鄧廣德	20/4491	鄧秉	13/3091	47 鄧孟	13/3110
鄧廣宗	1/154	21 鄧衍	12/2936	鄧邯	19/2457
鄧訪	17/3963	22 鄧彪	10/2226	48 鄧乾	6/1240
鄧讓	17/3911	鄧循	4/855	鄧敬	17/3993
鄧褒	7/1407	24 鄧德	20/4490	50 鄧忠	1/236
鄧京	9/2131	25 鄧仲況	17/3926	鄧奉	14/3238
01 鄧龔	20/4599	鄧朱	2/517	53 鄧盛(太尉)	
02 鄧訓	15/3645	鄧朱子奉	14/3239		17/4003
鄧訢	4/807	26 鄧泉	6/1285	鄧盛(刺史)	
07 鄧毅	14/3327	鄧伯考	12/2986		17/4004
10 鄧元義	14/3347	鄧鯉	11/2619	鄧成	9/1961
鄧震	15/360	27 鄧豹	16/3821	鄧甫德	20/4492
鄧平	9/2115	鄧魯	12/2765	56 鄧暢	17/3948
鄧磊	12/2833	鄧終	1/108	60 鄧疊母元	6/1212
12 鄧弘(車騎將軍)		30 鄧寬	5/1071	鄧疊	20/4651
	9/1885	鄧宏	9/1865	鄧晨	4/739
鄧弘(西平侯)		鄧良	8/1518	鄧昌	8/1555
	9/1886	31 鄧福	18/4164	鄧國	20/4521
14 鄧耽	10/2430	33 鄧演	12/2911	鄧固	15/3471
15 鄧融	1/133	34 鄧滿	12/2885	61 鄧顯	12/2898
17 鄧弼	19/4329	36 鄧況	17/3927	64 鄧曄	20/4635
鄧尋	10/2316	37 鄧汎	17/4139	67 鄧嗣	14/3369

1720_7—1750_7　瑯弓翟邴務酈承豫忍尋子邢尹

70 鄧陔	3/628	47 翟超	7/1371	1740_0	子
71 鄧騭	19/4344	48 翟敬伯	20/4469	72 子后蘭卿	9/2159
72 鄧后母宣	6/1256	1722_7	邴	77 子興（西河子興）	
鄧氏（陰后母鄧氏）		40 邴吉	19/4337		2/504
	11/2574	71 邴原	6/1223	1742_7	邢
77 鄧鳳	8/1753	80 邴尊	4/915	26 邢穆	18/4177
鄧鳳	14/3224		務	27 邢紀	11/2555
鄧隆	1/115	46 務相	17/3954	77 邢舉	11/2665
鄧闓	8/1847		酈	1750_7	尹
80 鄧義	14/3339	44 酈華（陰后酈華）		02 尹端（太守）	5/1081
鄧會	15/3551		7/1488	尹端（司馬）	5/1082
90 鄧棠	8/1838	60 酈邑公主	11/2708	03 尹就	17/4102
96 鄧悝	3/654	90 酈炎	10/2487	10 尹更始	11/2625
	瑯	1723_2	承	15 尹融	1/135
17 瑯琊王宇	11/2715	承（孝王承）	9/1977	18 尹珍	4/736
瑯琊王壽	17/4114	30 承宮	1/158	22 尹綏	3/670
瑯琊王熙	2/356	60 承疊	20/4652	23 尹代	15/3525
1720_7	弓		豫	24 尹勳	4/818
44 弓林	10/2325	豫（懷王豫）		32 尹業	20/4664
60 弓里遊	10/2198		14/3433	37 尹次	14/3355
弓里戌	14/3453	1733_2	忍	尹初	3/593
1721_5	翟	30 忍良	8/1532	40 尹臺	3/635
00 翟方進	15/3622	1734_6	尋	尹存	4/1024
13 翟酺	3/570			尹嘉	7/1508
翟酺	12/2767			44 尹勤	4/799
30 翟宣	6/1262			50 尹由	10/2199
翟宣女習	20/4543	26 尋穆	18/4179	64 尹睦	18/4198

1752_7—1948_0　那召習君司邵邱翼政致殤耿

77 尹興	9/2033	司馬德操	7/1430	政(濟北王政)	
80 尹益	20/4536	司馬伯達	19/4370		17/4017
尹兌	15/3563	司馬遷	6/1233	政(河間王政)	
尹尊	4/911	司馬達	19/4371		17/4018
81 尹頌	14/3283	司馬朗	13/3048	政(沛王政)	
88 尹敏	12/2856	司馬直	20/4556		17/4026
97 尹耀	16/3809	司馬苞	7/1393		

　　　1752_7　那

司馬均	4/886
司馬懿	14/3319
司馬防	8/1675
司馬鈞	4/887

　　　致

致(皇女致)　　14/3356

00 那離	2/475

　　　1760_2　召

02 召訓	15/3647
24 召休	10/2212
26 召吳	3/555
44 召夔	3/693
72 召馴	4/1034
80 召公子	11/2526

　　　1762_7　邵

邵(河間王邵)　　16/3800

44 邵夔	3/694

　　　1772_7　邱

27 邱侯柱	14/3418

　　　1780_1　翼

翼(平原王翼)　　20/4450

翼(恭王翼)　　20/4451

　　　1814_0　政

政(東海王政)　　17/4016

　　　1822_7　殤

00 殤帝名隆	1/109
10 殤王石	20/4443

　　　1948_0　耿

00 耿廣	13/3017
耿文金	10/2386
01 耿譚	10/2441
耿龔	20/4598
02 耿訢	4/811
10 耿霸	16/3864
12 耿弘	9/1888
13 耿武	12/2735
15 耿建	16/3766
17 耿承	9/1978
20 耿秉	13/3093
24 耿緒	11/2724
25 耿种	1/205
耿純	4/787

　　　習

習(翟宣女習)　　20/4543

47 習郁	18/4241

　　　1760_7　君

26 君得	20/4486

　　　1762_0　司

45 司隸掾哉	3/624
71 司馬子威	3/677

21

27 耿伋	20/4623	耿顯	12/2903	2021_8 位	
耿阜	13/3147	64 耿曄	20/4636		
耿包	7/1403	67 耿鄙	11/2554	24 位侍	14/3389
耿紀	11/2556	72 耿氏	11/2586	2022_7 秀	
耿叔	18/4293	77 耿舉	11/2663		
30 耿宿	18/4263	78 耿臨	10/2382	秀(光武名秀)	
耿宏	9/1866	79 耿騰	9/2088		17/4077
耿良	8/1515	80 耿無禁	17/4121	喬	
耿定	17/4058	耿弇	13/3202		
耿寶	12/2957	87 耿歙	20/4589	30 喬扈	12/2738
31 耿馮	1/331	耿舒	2/522	禹	
33 耿溥	12/2757	88 耿箕	2/460		
35 耿冲	1/214	91 耿恆	9/2081	禹(竟陵侯禹)	
36 耿況	17/3921				11/2650
40 耿喜	11/2549	2010_5 重		2024_8 佼	
41 耿姬	2/411	60 重異	14/3290		
44 耿協	20/4659	2020_2 彡		11 佼彊	8/1637
耿夔	3/692			2025_2 舜	
耿恭	1/90	47 彡姐	11/2644		
耿艾	15/3509	2021_5 僮		舜(焉耆王舜)	
耿植	20/4455				12/2876
50 耿忠(騎都尉)		25 僮种	1/209	2026_1 信	
	1/238	27 僮侯嘉	7/1494		
耿忠(高亭侯)		2021_7 伉		信(左賢王信)	
	1/239				15/3599
耿貴人	4/771	伉(千乘貞王伉)		2032_7 鮌	
52 耿援	6/1216		17/3904		
耿耗	16/3843	伉(千乘王伉)		鮌(阜陵王鮌)	
60 耿國	20/4526		17/3905		8/1663
61 耿旴	2/482				

2033_1 焦

00 焦廉	10/2482
26 焦觸	18/4295
焦和	7/1477
28 焦儉	13/3211
30 焦永	13/3078
66 焦貺	17/3974

2040_0 千

20 千乘哀王建	16/3762
20 千乘王伉	17/3905
千乘貞王伉	17/3904

2044_7 爰

12 爰延	6/1162
71 爰驥	14/3415
80 爰曾	9/1912

2060_9 香

香(濟南王香)	8/1806

番

71 番辰	4/743

2061_5 雒

27 雒將	8/1851

2071_4 毛

58 毛軫	12/2870
80 毛義	14/3343
87 毛欽	10/2313
92 毛愷	12/2807

2080_4 奚

31 奚涉	20/4646
60 奚景	13/3103

2091_3 統

統(阜陵王統)	11/2509

2091_5 維

37 維汜	11/2564

2108_6 順

順(成武孝侯順)	15/3625
順(東安亭侯)	15/3626
00 順帝名保	12/2967
12 順烈梁皇后妠	20/4632

2110_0 上

30 上淮兄	17/3918
上淮鴻	1/194
上官資	2/421
53 上成公	1/298

2120_1 步

00 步度根	4/1006

2121_0 仁

仁(輔國侯仁)	4/784

2121_7 伍

17 伍瓊	9/2093
伍習	20/4605
20 伍孚	3/582
30 伍宕	17/3977
80 伍公	1/301

虛

31 虛渠	2/547

盧

26 盧程	9/1987
27 盧忽	19/4353
44 盧芳	8/1659
盧植	20/4458
80 盧禽	10/2383
盧毓	18/4256

2122_0 何

14/何瑾	12/2877

23

何瑾	15/3660	**2122_1 行**		**2124_1 處**	
15 何融	1/134	12 行弘	9/1879	77 處興	9/2030
17 何鄢	6/1182	32 行巡	4/848	**2124_6 便**	
21 何衡	9/2077	**衍**		便(葉調王便)	
何比干	5/1086	衍(下邳惠王衍)			16/3796
24 何休	10/2211		12/2933	06 便親(阜陵王便親)	
26 何皇后	13/3167	衍(思王衍)			4/1010
27 何豹	16/3824		12/2934	**2124_7 優**	
何脩	10/2249	**衛**		12 優孤塗奴(南單于	
何阜	13/3150	02 衛訢	4/815	優孤塗奴)	3/601
何叔武	12/2732	07 衛颯	20/4619	77 優留單于	2/552
30 何寵	11/2500	17 衛羽	11/2721	**2123_4 虞**	
何進	15/3617	衛琚	2/530	04 虞詩	2/441
36 何湯	8/1795	衛瑤	7/1344	07 虞翊	11/2711
40 何壽	13/3141	衛承	9/1976	08 虞放	17/3939
何眞	4/720	25 衛仲道	12/2991	12 虞延	6/1154
44 何苗	7/1346	27 衛包	7/1400	21 虞顗	11/2633
53 何成	9/1965	30 衛宏	9/1867	虞衡	9/2069
60 何果	12/2995	衛良	8/1529	虞經	9/2139
61 何顯	12/2905	31 衛福	18/4170	24 虞續	18/4203
何顒	1/271	34 衛滿	12/2887	26 虞伯高	7/1439
72 何后	13/3166	**衡**		37 虞祁	2/400
何氏	11/2585	衡(臨淮懷公衡)		44 虞恭(太史令)	1/83
77 何熙	2/355		9/2070	虞恭(上黨太守)	
78 何臨	10/2380	**2124_0 虡**			1/85
98 何敞(國傅)		虡(趙王虡)	6/1239	虞林	10/2327
	13/3030				
何敞(嘉擁太守)					
	13/3031				

47 虞都尉	15/3558
50 虞貴人	4/770
71 虞長卿	9/2146
80 虞美人	4/754

2128_6 須

21 須訾	2/372
23 須卜骨都侯	10/2293
34 須沈	10/2391

潁

30 潁容	1/225

2140_6 卓

00 卓京	9/2133
02 卓訢	4/813
22 卓崇	1/61
44 卓琹	10/2393
卓茂	17/4084
53 卓戎	1/39
77 卓隆	1/117

2160_0 鹵

17 鹵承	9/1984

2160_1 訾

30 訾寶	12/2966

2172_7 師

17 師子	11/2531
31 師遷	6/1228

2178_6 項

10 項王商	8/1778
項王喜	11/2547

2180_6 貞

10 貞王建	16/3761

2191_2 紅

50 紅夫（皇女紅夫）	3/584

2220_0 側

側（常山王側）	20/4438

2220_7 岑

20 岑伉	17/3908
27 岑像	13/3064
30 岑淮	3/638
31 岑福	18/4166
38 岑遵	4/925
42 岑彭	9/2059
47 岑起	11/2638
岑杞	11/2629
61 岑晊	19/4345
77 岑熙	2/359
80 岑尊	4/914

2221_4 任

00 任方	8/1684
任文孫	4/1016
任文公	1/297
11 任頵	4/906
12 任延	6/1164
13 任武達	19/4368
16 任聖通	1/7
20 任禺	11/2652
21 任仁	4/779
22 任胤	15/3636
任崔	3/632
23 任峻	15/3578
24 任岐	2/402
25 任仲	14/3252
30 任永	13/3073
任安	5/1055
任良	8/1519
31 任涉	20/4648
任逴	19/4411
34 任滿	12/2884
任造	16/3842
40 任嘉	7/1507
43 任城王崇	1/53
任城王佗	7/1465
任城王安	5/1049
任城王遜	15/3679
任城王博	19/4405
任城王尚	17/3889

44 任芝	2/429	崔實	20/4547	00 比離支	2/437
任世	14/3308	40 崔嘉	7/1500	76 比陽主	11/2698
任横	9/1905	47 崔朝	7/1377	87 比銅鉗	10/2488
47 任煆	12/3000	51 崔據	14/3449		

2277_0 山

50 任末	19/4360	71 崔巨業	20/4670	32 山冰	9/2188
任屯	4/1007	76 崔駰	4/1026	76 山陽公康	8/1723
任貴(越㠜太守)		87 崔鈞	4/892	山陽公瑾	15/3659
	15/3532	崔舒	2/526	山陽公秋	10/2279
任貴(邛縠王)		88 崔篆	16/3792	山陽王荆	9/2125
	15/3533				

2222_7 嵩

2279_3 繇

76 任隗	3/701	嵩(白牛侯嵩)		12 繇延	6/1159
任隗	12/2830		1/167		
77 任興	9/2023	嵩(列侯嵩)	1/168		

2280_1 眞

09 任勝	17/4034			30 眞定王揚	8/1689
80 任僉	10/2481	2224_1 岸		87 眞欽	10/2311
90 任光	8/1573	77 岸尾	11/2643		
任尚	17/3894	岸尾	12/2838		

2280_9 炭

任常	8/1839			30 炭遮	7/1512
92 任愷	12/2805	2224_7 後			
97 任愃	12/2849	10 後王安得	20/4485		

2290_0 利

2221_5 崔

2232_7 鸞

				利(皇女利)	
00 崔章	8/1618	鸞(濟北王鸞)			14/3404
07 崔毅	14/3333		5/1061	利(河間王利)	
12 崔發	19/4364				14/3405
崔烈	19/4386	2271_0 比		利(蒼梧太守利)	
14 崔琦	2/386	比(日逐王比)			14/3406
17 崔子玉	18/4252		11/2630	27 利侯剛	8/1789
19 崔琰	13/3216	比(單于比)			
30 崔實	19/4310		11/2631		

2290₁ 崇

崇（任城王崇） 1/53
崇（陳頃王崇） 1/54
崇（樂成哀王崇）
　　　　　　 1/55

2290₄ 樂

00 樂玄　　　6/1185
06 樂親　　　4/1013
08 樂詳　　　8/1855
17 樂己　　　11/2635
20 樂季　　　14/3392
23 樂俊　　　15/3574
30 樂安王寵　11/2494
37 樂資　　　2/420
48 樂松　　　1/76
53 樂成哀王崇 1/55
　 樂成靖王黨
　　　　　　 13/3051
　 樂成王黨　13/3052
　 樂成釐王劉巡
　　　　　　 4/844
　 樂成隱王劉賓
　　　　　　 4/981
76 樂陽亭侯壽
　　　　　　 13/3129
77 樂闓　　　3/685
80 樂羊子　　11/2528
94 樂恢　　　3/644

巢

44 巢堪　　　10/2401

欒

46 欒賀　　　16/3851
77 欒巴　　　7/1491

2294₄ 綏

綏（和熹鄧后綏）
　　　　　　 3/669

2294₇ 綏

綏（皇女綏）
　　　　　　 17/4112

2300₀ 卜

17 卜己　　　11/2636
76 卜陽　　　8/1704

2320₀ 外

外（鬱林太守外）
　　　　　　 15/3501

2320₂ 參

參（南鄉侯參）
　　　　　　 10/2376
參（周亭侯參）
　　　　　　 10/2409

2321₂ 佗

佗（任城王佗）
　　　　　　 7/1465

2322₇ 偏

21 偏何　　　7/1454

2324₀ 代

代（阜陵王代）
　　　　　　 15/3521
代（林亭侯代）
　　　　　　 15/3522

2324₂ 傅

00 傅亢　　　17/3902
　 傅育　　　18/4154
　 傅玄　　　6/1189
07 傅毅（字武仲）
　　　　　　 14/3330
　 傅毅（明進侯）
　　　　　　 14/3331
10 傅栗卿　　9/2149
23 傅俊　　　15/3566
27 傅眾　　　14/3272
30 傅寬（鄧禹偏將軍）
　　　　　　 5/1069
　 傅寬（掾史）　5/1070
　 傅安　　　5/1047
31 傅福　　　18/4167

40 傅喜	11/2548	24 伏德	20/4501		2392_7	編	
48 傅幹	15/3706	26 伏皇后	13/3168				
60 傅晏	16/3718	30 伏完	5/1073		00 編盲意		14/3368
傅昌	8/1557	34 伏湛	17/4124		02 編訢		4/809
77 傅堅	6/1247	40 伏壽	13/3133				
傅巽	15/3680	44 伏恭	1/80		2398_6	繽	
80 傅公明	9/2011	52 伏援	6/1218		繽(齊武王繽)		
83 傅鐵	19/4389	53 伏咸	10/2433				12/2910
84 傅鎮	15/3587	55 伏典	12/2917		2421_0	魁	
99 傅燮	20/4655	60 伏晨	4/741				
		伏黯	13/3201		11 魁頭		10/2309
2325_0	臧	72 伏后壽	13/3131		2421_4	雔	
10 臧震	15/3611	伏后母盈	9/2168		76 雔陽鴻		1/193
臧霸	16/3871	伏質	19/4314		2421_7	仇	
20 臧信	15/3598	77 伏隆	1/110				
30 臧宮	1/157	79 伏勝	17/4035		00 仇玄		6/1199
34 臧洪	1/283	80 伏黛	20/4594		20 仇季智		14/3381
48 臧松	1/75	伏無忌	14/3323		仇香		8/1809
50 臧由	10/2203	90 伏光	8/1588		78 仇覽		13/3193
60 臧旻(揚州刺史)					2423_1	德	
	4/871		獻				
臧旻(徐州從事)		00 獻帝協	20/4658		德(安平王德)		
	4/872	10 獻王赦	16/3881				20/4488
					德(東武成侯德)		
	戲	2350_0	牟				20/4489
40 戲志才	3/621	09 牟麟	4/988		2424_1	侍	
		15 牟融	1/123				
2328_4	伏	21 牟紆	2/492		60 侍男		10/2421
		71 牟長	8/1773		侍男涅陽主		
11 伏孺	14/3441	77 牟卿	9/2165				11/2697
16 伏理	11/2621						

2425_6 偉		2510_0 生		24 朱鮪	12/2820
10 偉璋	8/1626	生(皇女生)	9/2049	朱皓	12/2977
2426_0 儲		2520_6 仲		25 朱仲孫	4/1014
				朱仲昭	7/1356
15 儲融	1/132	仲(皇女仲)		26 朱伯	20/4462
40 儲融	20/4474		14/3247	朱穆	18/4183
2429_0 休		仲(哀王仲)		27 朱龜	3/717
			14/3248	28 朱徽	3/660
22 休利	14/3410	71 仲長統	11/2512	30 朱濟	14/3402
44 休莫霸	16/3873	87 仲舒	2/523	朱寵	11/2491
休著屠各	20/4570	90 仲光	8/1578	朱寓	11/2672
77 休屠黃石	20/4448			31 朱福	18/4160
		2590_0 朱		32 朱浮	10/2218
2431_4 鮭				朱祇	11/2607
		00 朱商	8/1781	33 朱演	12/2912
76 鮭陽鴻	1/192	10 朱震	15/3613	34 朱漢	15/3692
		朱零	9/2107	朱祐	17/4095
2472_7 帥		12 朱瑀	11/2673	朱達	19/4372
24 帥升	9/2179	13 朱酺	3/569	35 朱冲	1/213
		15 朱建(隴西人)		38 朱遂	15/3537
2498_6 續			16/3756	41 朱頡	19/4383
續(安平王續)		朱建(尚書)		朱楷	12/2812
	18/4204		16/3759	44 朱蓋	15/3503
2500_0 牛		20 朱儁	12/2943	朱勃	19/4356
		朱儁	15/3664	朱英	9/1926
11 牛孺卿	9/2151	朱禹	11/2653	朱苗	7/1347
33 牛述	19/4308	21 朱倀	8/1762	53 朱輔	12/2750
47 牛邯	10/2450	朱倀	9/2180	66 朱賜	14/3303
53 牛輔	12/2746	22 朱岑	10/2338	67 朱暉	3/658
		朱山	5/1145	朱野	12/3004

77 朱展	12/2925
78 朱騈	6/1315
80 朱並	17/4001
朱普	12/2775
朱公淑	18/4222
98 朱敞	13/3035

2590₆ 种

种（楚侯种）	1/211
14 种劼	16/3804
23 种岱	15/3514
44 种兢	9/2137
50 种申輔	12/2755
55 种拂	19/4325
56 种輯	20/4625
60 种暠	7/1420
	12/2993

2600₀ 白

10 白霸	16/3870
24 白繞畦	2/471
25 白牛侯商	8/1779
白牛侯暠	1/167
34 白波	7/1480
43 白狼唐菆	1/349
44 白英（龜茲王白英）	9/1932
71 白馬銅	1/347
90 白雀	19/4428

2610₄ 皇

17 皇子辨	12/2914
皇子辯	16/3724
皇子敦	4/941
皇子保	12/2968
皇子馮	9/2110
皇子邈	19/4421
皇子懿	14/3315
皇子熙	2/357
40 皇太子東海王彊	8/1635
皇女廣	13/3010
皇女王	8/1813
皇女致	14/3356
皇女紅夫	3/584
皇女利	14/3404
皇女綬	17/4112
皇女生	9/2049
皇女仲	14/3247
皇女保	12/2970
皇女脩	10/2243
皇女禮劉	10/2262
皇女次	14/3352
皇女迎	9/2169
皇女吉	19/4334
皇女姬	2/407
皇女華	7/1487
皇女奴	2/598
皇女中禮	11/2610
皇女惠	15/3554
皇女成	9/1955
皇女成男	10/2420
皇女男	10/2419
皇女臣	4/748
皇女堅	6/1246
皇女興	9/2017
皇女義王	8/1814
皇女小迎	9/2170
皇女小姬	2/408
皇女小民	4/973
53 皇甫文	4/866
皇甫旗	2/399
皇甫酈	20/4568
皇甫嵩	1/166
皇甫稜	9/2067
皇甫禎	9/2184
皇甫援	6/1220
皇甫規	3/706
皇甫堅壽	13/3143
皇甫義眞	4/727
皇甫節	19/4379

2620₂ 伯

24 伯德（左薁鞬臺耆且渠伯德）	20/4503
41 伯姬	2/410
50 伯春	4/994
60 伯固	15/3474
99 伯榮	9/2041

2622_7 帛		2641_3 魏		27 吳脩	10/2241
00 帛意	14/3365	00 魏齊卿	9/2156	吳將軍	4/910
72 帛氏	11/2588	魏應	17/4061	30 吳良	8/1520
2624_1 得		魏玄	6/1197	31 吳河	7/1451
得(平原王得)		01 魏譚	10/2443	吳馮	1/334
	20/4481	10 魏霸	16/3866	吳祉(烏桓校尉)	
得(安平孝王得)		14 魏劭	16/3806		11/2533
	20/4482	22 魏彪	40/2234	吳祉(代郡太守)	
2629_4 保		24 魏德公	1/296		11/2534
保(順帝名保)		25 魏傑	19/4388	34 吳漢	15/3684
	12/2967	28 魏攸	10/2277	吳祐	17/4099
保(皇子保)		34 魏滿	12/2886	37 吳汜	11/2565
	12/2968	37 魏朗	13/3041	38 吳導	16/3840
保(皇女保)		41 魏桓	5/1076	40 吳雄	1/197
	12/2970	43 魏越	19/4399	吳柱	14/3419
2640_0 卑		47 魏猛	13/3117	44 吳恭	1/94
11 卑彌呼	3/615	72 魏氏(莽貴人魏氏)		吳蒼	8/1712
17 卑君	4/905		11/2582	吳樹	14/3451
58 卑整	13/3118	90 魏愔	10/2364	53 吳成	9/1962
85 卑缺	19/4400	魏黨	13/3054	60 吳旦	16/3726
2640_8 皋		2680_4 吳		吳國	20/4522
12 皋弘	9/1889	02 吳訢	4/817	61 吳旰	2/481
26 皋伯通	1/6	10 吳霸	16/3872	71 吳匡	8/1646
28 皋徽	3/663	11 吳碩	20/4511	72 吳彤	1/9
		13 吳武	12/2737	74 吳尉	15/3557
		17 吳子卿	9/2158	77 吳鳳	14/3229
		20 吳伉	17/3910	80 吳禽	20/4593
		22 吳循	4/859	吳倉	8/1716
				吳普	12/2782
				90 吳棠	8/1841

92 吳愷	12/2803	37 程汎	17/4138	2722_0 勿	
94 吳恢	3/648	程渙	15/3701		
		40 程大人	4/778	41 勿柯	7/1484

2690_0 和

和(彭城孝王和) 　　7/1475
00 和帝名肇　　12/2951
　　和帝陰后　　13/3160
26 和得　　20/4487
35 和連　　6/1323
38 和海　　12/2817
40 和熹鄧后綏　　3/669
44 和恭　　1/95
60 和旻　　4/870
76 和陽士　　11/2624

細

18 細致　　14/3357

2691_4 程

00 程高　　7/1440
07 程詢　　4/842
10 程焉　　6/1176
13 程球　　10/2269
14 程璜　　8/1748
20 程信　　15/3606
21 程盧　　14/3429
24 程緒　　11/2725
27 程烏　　3/566
　　程包　　7/1404

50 程夫人　　4/752
60 程昱　　18/4195
71 程阿　　7/1445
77 程堅　　6/1251
　　程興　　9/2034
80 程曾　　9/1911

2711_0 凱

凱(東平王凱) 　　12/2814

2711_7 龜

44 龜茲王白英　　9/1932
　　龜茲王建　　16/3778

2713_2 黎

26 黎伯卿　　9/2150
80 黎弇　　13/3206

2720_7 多

多(濟北王)　　7/1470

2721_7 倪

08 倪說　　19/4394
17 倪尋　　10/2318
30 倪宏　　9/1857
98 倪敞　　13/3036

向

44 向苗　　7/1348
47 向栩　　11/2668
71 向長　　8/1772

豹

豹(安平王豹)　　16/3822
豹(常山王豹)　　16/3823

2722_7 角

77 角閎　　9/1898

脩

脩(皇女脩)　　10/2243
脩(太史令脩)　　10/2244

鄉

27 鄉侯敏　　12/2853

2724_2 將

77 將閭(齊孝王將閭) 　　2/538

2724_7 殷

04	殷謨	3/567
12	殷登	9/1945
17	殷子徵	9/2096
23	殷參	10/2417
50	殷肅	18/4229
72	殷彤	1/10
77	殷陶	7/1425
	殷丹	5/1114

2725_2 解

34	解瀆亭侯淑	18/4214
	解瀆亭侯萇	8/1763
	解瀆亭侯長	8/1766
47	解奴辜	3/612
79	解勝	17/4033

2726_1 詹

22	詹山	5/1144

2727_2 謠

24	謠偉	3/681

2728_4 侯

00	侯章	8/1607
10	侯霸(大司徒)	16/3857
	侯霸(護羌校尉)	16/3858
12	侯登	9/1940
14	侯瑾	15/3662
15	侯建	16/3770
17	侯子道	12/2989
23	侯參	10/2415
30	侯汶	4/878
	侯進	15/3618
32	侯淵	6/1283
	侯祈	2/451
38	侯海	12/2816
47	侯猛	13/3115
53	侯成	9/1971
60	侯昱	18/4191
	侯昌	8/1559
66	侯嚴	10/2463
77	侯丹	5/1101
78	侯覽	13/3190

2729_4 條

	條(廣陵侯條)	7/1339

2731_2 鮑

03	鮑就	17/4101
20	鮑信	15/3603
24	鮑德	20/4497
	鮑升	9/2172
27	鮑衆	14/3269
30	鮑宣(蔡邕傳)	6/1269
	鮑宣(列女傳)	6/1270
	鮑永	13/3076
37	鮑鴻(下軍校尉)	1/180
	鮑鴻(扶風人)	1/181
	鮑鄴	20/4671
60	鮑昱	18/4188
	鮑昂	8/1830
73	鮑駿	15/3585
94	鮑恢	3/646

2732_7 烏

10	烏吾	3/565
12	烏延	6/1174
28	烏倫	4/940
24	烏達鞮侯	10/2292
41	烏桓	5/1077
	烏桓峭王	8/1823
77	烏居戰	16/3797

2740_0 身

50	身毒	18/4276

2740_7 阜

10	阜平王劉恢	2/642
74	阜陵王延	6/1155
	阜陵王魴	8/1163
	阜陵王統	11/2509

33

阜陵王便親	4/1010	72 郈氏	11/2587	2792_2 繆	
阜陵王代	15/3521	2771_2 包		01 繆龔	20/4601
阜陵王冲	1/216			72 繆彤	1/12
阜陵王赦	16/3880	31 包福	18/4168		
		53 包咸	10/2434	2792_7 移	
2742_7 鄒		2772_0 匈		30 移良	8/1527
05 鄒靖	17/4069				
77 鄒丹	5/1116	47 匈奴呼衍王	8/1825	2794_0 叔	
		2780_0 久		12 叔孫無忌	14/3321
2760_3 魯				叔孫光	8/1597
08 魯謙	10/2469	71 久長（濮陽主久長）		24 叔先雄	1/204
10 魯丕	12/2834		8/1768	37 叔泥和	7/1479
魯平	9/2120	久長濮陽主		40 叔壽（破虜大將軍）	
40 魯女生	9/2054		11/2693		13/3126
魯奇	2/389			叔壽（掾史）	
44 魯恭（司徒）	1/81	2780_4 奧			13/3127
魯恭（李恂傳）	1/82	45 奧鞬日逐王	8/1824	77 叔賢	6/1306
46 魯旭	18/4262				
58 魯撫	12/2783	2790_1 祭		2795_9 穉	
71 魯匡	8/1652	23 祭參	10/2406	穉（中山王穉）	
76 魯陽卿侯丁	9/2187	37 祭逢	1/262		14/3358
		38 祭遵	4/921		
2762_0 句		72 祭肜	1/13	2798_4 緱	
01 句龍吾斯	2/438	80 祭午	12/2770	10 緱玉	18/4249
44 句林王	8/1819				
71 句驪王宮	1/162	2790_4 槃		2823_7 伶	
句驪侯騶	10/2306	42 槃瓠	15/3500	28 伶徵	9/2095
2762_7 郇		2791_7 紀		2824_0 徵	
22 郇恁	13/3185	10 紀靈	9/2109	22 徵側	20/4437

43 徵貳	14/3373		徐齮	11/2637		徐常	8/1547
			26 徐白	20/4479		94 徐愼	15/3654
2824_7 復			27 徐穉	14/3362		97 徐惲	12/2846
38 復遵	4/922		30 徐宣(東海人)			99 徐榮	9/2045
				6/1260			
2825_3 儀			徐宣(下邳令)			2835_1 鮮	
71 儀長孺	14/3439			6/1261		10 鮮于哀	10/2294
72 儀氏	11/2590		徐憲	16/3748		鮮于襃	7/1418
			徐容	1/228		鮮于輔	12/2756
2828_6 儉			31 徐福(徐州刺史)			鮮于銀	4/1040
儉(蒸鄉侯儉)				18/4171		90 鮮堂輕	9/2191
	13/3209		徐福	18/4172			
			32 徐巡	4/851		2896_6 繒	
2829_4 徐			徐業	20/4666		27 繒侯敞	13/3029
10 徐震	15/3608		34 徐灌	15/3703			
12 徐登	9/1946		37 徐淑	18/4217		2998_0 秋	
14 徐珪	3/714		徐次子	11/2525		秋(山陽公秋)	
徐璜	8/1747		47 徐妃	3/668			10/2279
17 徐璆	10/2296		48 徐乾	6/1242			
徐子盛	17/4008		徐乾	15/3705		3010_2 宜	
21 徐衍	12/2939		50 徐由	10/2206		50 宜春侯護	15/3485
徐衡	9/2076		徐奉	14/3244		宜春侯匡	8/1649
徐偓	16/3788		53 徐咸	10/2438			
22 徐胤	15/3638		徐盛	17/4009		3010_6 宣	
徐崇(城門司馬)			60 徐異卿	9/2152		宣(鄧后母宣)	
	1/56		70 徐防	8/1665			6/1256
徐崇(衡讓爵弟)			71 徐匡	8/1653		宣(單于宣)	6/1277
	1/57		77 徐鳳	14/3222		00 宣襃	7/1415
23 徐參	10/2416		80 徐曾	9/1915		05 宣靖	17/4073
24 徐勳	4/827		90 徐少	16/3798		12 宣璠	5/1136

17 宣孟	17/3997	濟南王廣	13/3012	3020_1 寧	
20 宣秉	13/3094	濟南王劉贊	4/980		
22 宣彪	10/2229	濟南王香	8/1806	10 寧平主	11/2678
27 宣酆	1/229	濟南王顯	12/2899	3021_1 寵	
52 宣播(廷尉)		濟南王劉開	3/626		
	16/3845	濟南王錯	15/3494	寵(樂安王寵)	
宣播(司隸校尉)		78 濟陰悼王長	8/1767		11/2494
	61/3846	3012_7 沛		寵(清河王寵)	
					11/2495
3011_5 淮		10 沛王廣	13/3011	寵(平原王寵)	
76 淮陽頃王昞		沛王廣祖母周			11/2496
	13/3088		10/2281	寵(陳愍王寵)	
淮陽公延	6/1148	沛王琮	1/267		11/2497
		沛王政	17/4026		
3012_3 濟		沛王定	17/4054	3021_4 寇	
11 濟北王政	17/4017	沛王契	14/3414	01 寇龔	20/4600
濟北王鸞	5/1061	沛王曜	16/3812	11 寇張	8/1631
濟北王多	7/1470	沛王榮	9/2039	40 寇壽	13/3137
濟北王安國		27 沛侯寶	12/2959	56 寇損	12/2874
	20/4515			58 寇釐	2/375
濟北王次	14/3353	3014_7 淳		61 寇盱(隴西太守)	
濟北王壽	13/3130	10 淳于登	9/1939		2/485
濟北王興居	2/534	淳于瓊	9/2094	寇盱(司馬)	2/486
濟北節王登	9/1938	淳于恭	1/101	97 寇恂	4/831
40 濟南王康(宋意傳)		淳于考	16/3837	99 寇榮	9/2038
	8/1717	淳于嘉	7/1492		
		淳于松	1/70	3021_7 扈	
濟南王康(光武十王傳)		淳于臨	10/2377	10 扈粟	19/4351
	8/1718	3016_1 涪		3022_7 房	
濟南王康(河間王傳)		80 涪翁	1/342	10 房元	6/1208
	8/1719				

44 房植	20/4454		3040_4 安			安國(于寶安國)	20/4533
		甯	安(任城王安)	5/1049		72 安丘先生	9/2052
20 甯季	14/3396		安(鄯善王安)	5/1059		安丘望之	2/433
	3023_2 永		00 安帝名祐	17/4097		3050_2 牢	
永(王聖女永)	13/3070		08 安敦	4/951		22 牢川	6/1290
			10 安平王德	20/4488		27 牢脩	10/2250
	3030_2 適		安平王續	18/4204		47 牢姐	11/2645
適(單于適)	20/4577		安平孝王得	20/4482		3060_2 宮	
	3030_3 寒		安平王豹	16/3822		宮(句驪王宮)	1/162
37 寒朗	13/3045		安平主	11/2700		22 宮崇	1/63
	3032_7 騫		26 安得(後王安得)	20/4485		3060_6 富	
60 騫曼	5/1099		27 安鄉侯國	20/4517		30 富宗	1/146
	3033_6 憲		安衆康侯丹	5/1117		3060_8 容	
憲(中山王憲)	16/3739		53 安成孝侯閔	12/2872		容(郎邪王容)	1/223
	3040_1 宇		60 安思閻后	13/3163		3060_9 審	
宇(瑯琊王宇)	11/2715		安思閻后姬	2/406		17 審配	15/3560
			安國(濟北王安國)	20/4515		50 審忠	1/249
	宰		安國(耕亭侯安國)	20/4516		99 審榮	9/2046
30 宰宣	6/1271		安國(左賢王安國)	20/4527		3073_2 良	
60 宰酆	7/1379		安國(義渠安國)	20/4532		良(趙王良)	8/1513
						44 良封	1/319

37

46 良賀	16/3853	竇融(竇后紀)		3090_1 宗	
50 良史	11/2640		1/122		
3077_2 密		22 竇彪	10/2230	00 宗育	18/4157
		24 竇勳	4/820	宗廣	13/3016
密(蒼頭子密)		26 竇伯句	14/3450	02 宗訢	4/808
	19/4319	竇穆	18/4178	03 宗誠	9/1974
3080_1 定		27 竇紹	7/1382	07 宗歆	10/2353
		30 竇宣	6/1264	08 宗謙	10/2465
定(沛王定)		竇憲	16/3737	10 宗正吉	19/4333
	17/4054	40 竇友	13/3153	12 宗延	6/1171
定(彭城頃王定)		竇士	11/2622	13 宗武伯	20/4468
	17/4055	竇嘉	7/1498	22 宗佻	7/1341
定(甘陵王定)		42 竇機	2/477	24 宗紺(公乘宗紺)	
	17/4056	44 竇萬全	6/1288		17/4144
77 定興(拘彌侍子定興)		竇林	10/2322	27 宗俱	2/531
	9/2036	50 竇奉	14/3243	34 宗湛	17/4129
蹇		53 竇輔	12/2751	宗漢	15/3693
11 蹇碩	20/4508	60 竇景	13/3100	37 宗資	2/419
		竇固	15/3467	40 宗大姬	2/409
3080_6 竇		72 竇后(章德竇后)		53 宗成	9/1958
			13/3159	58 宗整	13/3119
00 竇唐	8/1844	竇后妙	16/3816	60 宗員	6/1225
竇廣國	20/4520	80 竇會宗	1/150	63 宗賊	20/4571
竇章	8/1613	88 竇篤	18/4267	80 宗慈	2/381
竇褒	7/1411	竇		3090_4 宋	
05 竇靖	17/4072				
10 竇瓌	3/709	竇(沛侯竇)		00 宋亮	17/3973
竇霸	16/3865		12/2959	宋意	14/3366
13 竇武	12/2731	竇(博平侯竇)		宋章	8/1623
15 竇融(大司空)			12/2960	宋京	9/2134
	1/121				

3111_2—3112_7 江河馮

02	宋訢	4/816		宋貴人(太子慶之母)		河間王政	17/4018
12	宋登(振威將軍)				4/760	河間王勝	17/4031
		9/1941		宋貴人(獻帝貴人)		河間王利	14/3405
	宋登(潁川太守)				4/761	河間王劉陔	3/627
		9/1942	55	宋典	12/2920	河間王惲	3/652
	宋弘	9/1874	56	宋揚	8/1690	河間孝王劉開	
15	宋建(天文志)		60	宋果	12/2996		3/625
		16/3757		宋景	13/3105		
	宋建(涼州義從)		62	宋則	20/4549	3112_7 馮	
		16/3758	64	宋瞱	20/4641	00 馮立	20/4615
17	宋翼	14/3379	71	宋阿母	13/3171	馮座	16/3854
21	宋衍	12/2932	72	宋后	13/3165	馮雍	1/338
22	宋佻	12/2954	77	宋閏	15/3675	馮方(司隸)	8/1681
	宋嵩	1/169	90	宋光	8/1591	馮方(曹節女壻)	
23	宋俊	15/3567		宋尚	17/3895		8/1682
26	宋伯	20/4466				馮方(大司農)	
27	宋鄧	1/230		3111_2 江			8/1683
	宋俱	2/532	00	江京	9/2129	02 馮彰	8/1625
	宋條	7/1340	10	江夏黃氏	11/2575	馮訢	4/812
	宋梟	7/1392	25	江生	9/2056	04 馮詩	2/444
34	宋漢	15/3690	31	江馮	1/332	10 馮石	20/4441
36	宋暹	10/2478	34	江漢	15/3685	11 馮碩	50/4509
38	宋遵	4/924	44	江革	20/4560	14 馮勁	17/4064
40	宋布	15/3480	78	江覽	13/3192	17 馮承	9/1979
43	宋娥	7/1464	80	江舍	16/3883	19 馮珖	8/1599
44	宋蓋	15/3504				20 馮伉	17/3909
47	宋均	4/881		3112_0 河		馮魴	8/1662
50	宋由	10/2200	40	河南尹祉	11/2537	馮信	15/3605
	宋忠	1/244	77	河間王建	16/3760	21 馮順	15/3624
				河間王邵	16/3800	馮衍	12/2935

39

	馮偃	12/2931	馮胄	17/4116	3114_6 潭
22	馮鸞	5/1063	馮由	10/2201	
23	馮岱	15/3516	馮奉世	14/3311	53 潭戎 1/40
26	馮緄	12/2867	馮貴人	4/767	3121_0 祉
27	馮豹	16/3826	馮貴人	4/774	
30	馮良(陳忠傳)		56 馮揚	8/1691	祉(春陵嫡子祉)
		8/1523	58 馮敷	3/588	11/2532
	馮良(字君郎)		60 馮晨	4/740	祉(城陽恭王祉)
		8/1524	馮晏	16/3717	11/2535
	馮定	17/4053	馮異	14/3288	祉(河南尹祉)
	馮宗	1/147	61 馮顥	12/2982	11/2537
32	馮巡(司徒長史)		67 馮野王	8/1818	3122_7 禰
		4/846	73 馮駿(威虜將軍)		
	馮巡(馮勤同縣)			15/3581	21 禰衡 9/2078
		4/847	馮駿(破虜將軍)		3126_6 福
33	馮述	19/4303		15/3582	
34	馮禧	2/362	77 馮卯	12/2984	福(桃鄉侯福)
	馮禧	11/2553	馮留	10/2264	18/4161
36	馮禪	16/3790	80 馮羡	16/3750	3128_6 顧
40	馮直	20/4553	馮普	12/2773	
	馮奮	15/3591	90 馮愔	10/2365	20 顧季鴻 1/195
	馮柱	14/3417	馮光	8/1583	50 顧奉 14/3241
42	馮札	19/4375	97 馮恂	4/833	3190_4 渠
44	馮勤	4/798	馮煥	15/3695	
	馮芳	8/1660	3113_2 涿		26 渠穆 18/4186
	馮蒲	3/574			3200_0 州
	馮孝	16/3834	46 涿鞮	2/467	
	馮世	14/3310	3114_0 汗		53 州輔 12/2752
48	馮赦	16/3879			3211_0 泚
50	馮肅	18/4228	汗(單于汗)		
				15/3694	76 泚陽主 11/2681

3212_1 漸

27 漸將王　　　8/1827

3214_7 浮

浮（朝陽侯浮）
　　　　　　10/2219
10 浮雲　　　　4/1029

3216_9 潘

27 潘叔　　　 18/4290
30 潘蹇　　　 12/2895
37 潘鴻　　　 1/189
72 潘隱　　　 12/2881

3218_5 濮

76 濮陽主（久長濮陽主）
　　　　　　 11/2693
　濮陽主　　 11/2694
　濮陽主久長　8/1768
　濮陽潛　　 10/2486

3224_0 祇

祇（東海王祇）
　　　　　　 11/2601
祇（東海王祇）
　　　　　　 11/2602
祇（彭城王祇）
　　　　　　 11/2603

3230_3 巡

巡（太史令巡）
　　　　　　 4/843

3230_9 遜

遜（任城王遜）
　　　　　　 15/3679

3390_4 梁

00 梁雍　　　　1/335
　梁商　　　　8/1775
　梁讓（屯騎校尉）
　　　　　　 17/3913
　梁讓（城門校尉）
　　　　　　 17/3914
01 梁龍　　　　1/279
05 梁竦　　　 11/2518
07 梁諷　　　 11/2506
10 梁王劉彌　　2/472
　梁不疑　　　2/448
11 梁冀　　　 14/3390
12 梁延　　　　6/1160
14 梁瑾　　　 12/2879
17 梁翟　　　 20/4546
　梁子都　　　3/610
　梁配　　　 15/3559
20 梁統（昆陽君）
　　　　　　 11/2507
　梁統（陵鄉侯）
　　　　　　 11/2508

21 梁衍　　　 12/2940
22 梁豐　　　　1/27
　梁胤　　　 15/3637
24 梁鮪　　　 12/2821
26 梁伯玉　　 18/4247
　梁伯鸞　　　5/1065
　梁伯夏　　 16/3875
27 梁鵠　　　 18/4255
　梁紀　　　 11/2557
30 梁扈　　　 12/2740
　梁禮　　　 16/3791
　梁安國　　 20/4519
　梁宏　　　　9/1872
32 梁巡　　　　4/849
33 梁溥　　　 12/2758
34 梁湛　　　 17/4131
37 梁鴻　　　　1/190
　梁淑　　　 18/4212
40 梁大貴人　　4/757
41 梁嫕　　　 14/3351
42 梁桃　　　　7/1426
　梁橋　　　　7/1367
43 梁戟　　　 20/4575
　梁蒙　　　　1/321
44 梁恭（梁竦弟）1/92
　梁恭（博士）　1/93
　梁恭王堅　　6/1250
47 梁郁　　　 18/4240
　梁胡狗　　 13/3180
48 梁敬王元　　6/1203

41

	梁松	1/72	77 滿屈	19/4354	
50	梁忠	1/231	3413_1 法		3419_0 沐
	梁夷王成	9/1957			44 沐茂 17/4094
	梁貴人	4/756	00 法度	15/3463	3426_0 祐
60	梁旻	4/875	法章	8/1615	
71	梁馬	12/3002	法正	17/4027	祐（安帝名祐）
72	梁丘壽	13/3144	21 法衍	12/2941	17/4097
	梁丘賜	14/3298	40 法雄	1/198	3426_0 褚
	梁后女瑩	9/2167	法眞	4/722	00 褚哀 10/2295
79	梁騰	9/2089	3414_0 汝		10 褚貢 14/3274
80	梁並	17/3999			77 褚鳳 14/3231
	梁益耳	11/2634	00 汝章	8/1612	90 褚少孫 4/1015
88	梁節王暢	17/3946	47 汝郁	18/4238	
90	梁懷王匡	8/1648	3414_7 波		3510_6 冲
	梁棠	8/1840			冲（阜陵王冲）
94	梁憻	4/1032	40 波才	3/622	1/216
	梁憻	15/3663	3418_1 滇		00 冲帝名炳 18/3083
	3411_2 沈		10 滇零	9/2108	3512_7 清
60	沈景	13/3102	滇吾（蓋勳傳）		31 清河王寵 11/2495
	池			3/561	清河王蒜 15/3707
76	池陽君	4/899	滇吾（滇良之子）		清河外祖母王
	3411_4 洼			3/562	8/1816
			17 滇那	7/1483	清河恭王延平
77	洼丹	5/1115	22 滇岸	15/3708	9/2111
	3412_7 滿		30 滇良	8/1530	清河愍王劉虎威
			60 滇昌	8/1563	3/676
11	滿頭	10/2308	3418_5 漢		3516_6 漕
27	滿殷	4/992	78 漢陰老父	12/2795	36 漕況 17/3929

3521_8 禮	92 祝恬 10/2473	涅陽公主 11/2696
禮(李純母禮)	3630_1 邈	涅陽主(侍男涅陽主) 11/2697
11/2612	邈(皇子邈)	氾
10 禮震 15/3614	19/4421	
72 禮劉(皇女禮劉)	邈(陽都侯邈)	30 氾宮 1/161
10/2262	19/4422	79 氾勝之 2/434
3530_0 連	3630_2 邊	3711_7 氾
24 連休 10/2217	00 邊章(蓋勳傳) 8/1608	氾(掾氾) 11/2570
3530_8 遺	邊章(金城人)	3712_0 湖
78 遺腹 18/4261	8/1609	76 湖陽主(董玄傳)
3610_0 泗	邊讓 17/3916	11/2679
12 泗水王歙 20/4587	07 邊韶 16/3818	湖陽主(宋弘傳)
3611_7 溫	邊韶 7/1383	11/2680
00 溫序 14/3425	23 邊允 12/2865	3712_7 鴻
40 溫壽 13/3142	77 邊鳳 14/3230	鴻(勃海王鴻)
60 溫禺 2/506	3711_0 汎	1/191
3612_7 濁	汎(尉黎王汎)	3714_0 淑
50 濁惠 15/3555	17/4143	淑(城陽王淑)
3621_2 祝	沮	18/4213
07 祝諷 11/2505	20 沮儁 12/2944	淑(解瀆亭侯淑)
11 祝瑁 15/3643	沮儁 15/3665	18/4214
30 祝良 8/1514	52 沮授 17/4109	3714_7 汲
60 祝回 3/667	3711_2 涅	00 汲廉 10/2484
	76 涅陽主 11/2695	

3716_1 澹

40 澹臺敬伯　　　20/4477

3718_2 次

次(皇女次)
　　　　　　　14/3352

次(濟北王次)
　　　　　　　14/3353

77 次卿　　　　9/2162

3724_7 役

07 役諷　　　　11/2504

3730_2 迎

迎(皇女迎)　　9/2169

過

60 過晏　　　　16/3719

3730_3 逯

80 逯並　　　　17/4000

3730_5 運

47 運期耀　　　16/3811

逢

27 逢侯　　　　10/2290
　　逢紀　　　　11/2560
30 逢安　　　　5/1048

44 逢萌　　　　9/2002

3750_6 軍

軍(史玉母軍)
　　　　　　　4/908
03 軍就(車師後部王軍就)
　　　　　　　17/4106

3772_7 郎

21 郎顗　　　　11/2632
30 郎宗　　　　1/145

3810_4 塗

97 塗惲　　　　15/3673

3813_7 冷

30 冷宏(尚書侍郎)
　　　　　　　9/1862
　　冷宏(太守)　9/1863
40 冷壽光　　　8/1598

3830_3 遂

53 遂成　　　　9/1972

3830_6 道

道(彭城考王道)
　　　　　　　12/2987

3850_7 肇

肇(和帝名肇)
　　　　　　　12/2951

肇(太子肇)
　　　　　　　16/3817

3912_0 沙

00 沙麻　　　　7/1511
40 沙壹　　　　19/4350

3930_9 迷

00 迷唐　　　　8/1846
10 迷吾　　　　3/559

4001_7 九

77 九隆　　　　1/120

4002_7 力

17 力子都　　　3/609

4003_0 大

04 大計　　　　14/3416
43 大娥　　　　7/1461
47 大奴布　　　15/3481

太

17 太子慶　　　17/4043
　　太子肇　　　16/3817
　　太子駟　　　14/3388
50 太史丞弘　　9/1880
　　太史令脩　　10/2244
　　太史令巡　　4/843
　　太史令颯　　8/1708

	太史慈	2/382	53	左咸	10/2436	80 壺翁	1/343
71	太原王齊王章		60	左昌	8/1562		
		8/1601	70	左防	8/1670	4022_7	布
74	太尉耽	10/2426	71	左原	6/1222	布(大奴布)	
90	太常就耽	10/2427	72	左髭	2/455		15/3481
	太常登	9/1937	73	左駿	15/3586	42 布橋	7/1366
			77	左隆	1/116		
	4004_7 友			左賢王信	15/3599	南	
37	友通期	2/398		左賢王安國		27 南鄉侯章	8/1603
					20/4527	南鄉侯參	10/2376
	4010_0 土			左賢王莫	19/4433	南鄉侯荆	9/2126
12	土孫瑞	15/3547	79	左勝	17/4029	51 南頓令欽	10/2310
			80	左茲	2/380	66 南單于優孤塗奴	
	士		88	左敏	12/2858		3/601
12	士孫萌	9/2005	90	左黨	13/3053	南單于屯	4/1009
	士孫奮	15/3593	93	左悟	12/2890	77 南閻	2/539
	4010_2 左			直		4024_7 皮	
07	左翊公焉	6/1175	24	直德(平氏主直德)		32 皮巡	4/850
10	左于	2/551			20/4484	56 皮揚	8/1695
16	左聖	17/3984	26	直得平氏主		90 皮常	8/1548
22	左豐	1/36			11/2692		
	左稱	9/1989				4033_1 志	
34	左達生	9/2050		4010_4 臺		志(桓帝名志)	
37	左次	14/3354	22	臺崇	1/48		14/3297
40	左雄	1/203	27	臺佟	1/287	4040_7 李	
44	左奧鞬臺耆且渠			4010_7 壺		00 李立(荆州刺史)	
		2/545	22	壺崇	1/68		20/4611
	左奧鞬臺耆且渠伯德		40	壺嘉	7/1502	李立(少傅)	
		20/4503					20/4612

45

李充	1/326	李元(楊秉傳注)		24 李傕	19/4419
李膺	9/1935		6/1211	李續	18/4208
李育(王郎大將)		李雲	4/1030	25 李生	9/2055
	18/4151	11 李研	6/1183	李仲房	8/1688
李育(公孫述將)		12 李延	6/1163	李純	4/790
	18/4152	14 李瑋	3/679	李純母禮	11/2612
李育(扶風掾)		15 李瓚	16/3711	26 李伯	20/4460
	18/4153	李建	16/3776	李伯度	15/3462
李豪	7/1431	16 李聖	17/3985	李穆姜	8/1756
李廣(妖巫)		17 李羽生	9/2051	27 李脩	10/2237
	13/3005	李子雲	4/1031	李躬	1/15
李廣(琴亭侯)		李子政	17/4025	李將軍	4/909
	13/3006	李子春	4/996	李皋(蘇不韋傳)	
李文	4/864	李子堅	6/1253		13/3148
李文德	20/4493	李鞏	3/659	李皋(洛陽令)	
李文侯	10/2288	李君遷	6/1232		13/3149
李章(議郎)	8/1620	20 李季(李通從兄之子)		李久	13/3182
李章(千乘太守)			14/3393	28 李儀	2/367
	8/1621	李季(李忠傳)		30 李宣	6/1273
李章(隴西郡督烽掾)			14/3394	李憲	16/3735
	8/1622	21 李術	19/4327	李進	15/3616
李音	10/2371	李儒	2/512	李守	13/3174
李玄	6/1188	李熊(功曹)	1/306	李定	17/4057
01 李譚	10/2440	李熊(銚期傳)		李寶	12/2962
02 李訢	4/805		1/307	32 李泓	9/1881
07 李調	7/1334	22 李嵩	1/163	李巡	4/853
10 李元(褒信侯)		李崇	1/49	李業	20/4667
	6/1209	李樂	19/4420	34 李法	20/4633
李元(獨行傳)		李利	14/3409	李迷	3/690
	6/1210	23 李參	10/2414	36 李遑	10/2479

46

37	李汎	17/4137	50	李由	10/2204	74 李陸	18/4279
	李鴻	1/186		李肅(南郡太守)		李陵	9/2106
	李淑	18/4218			18/4223	76 李隗	12/2832
	李通	1/1		李肅(騎都尉)		77 李堅	6/1244
40	李雄	1/199			18/4224	李閏	15/3676
	李大目	18/4281		李忠	1/240	李興	9/2021
	李士	11/2623		李春	4/995	79 李勝	17/4038
	李南	10/2422		李貴人	4/758	80 李益	20/4537
	李南女	11/2728	53	李成	9/1970	李翕	20/4595
	李奇	2/391		李咸	10/2431	李善	12/2949
	李壽	13/3136		李威	3/671	李兹	2/378
41	李頡	19/4384	55	李軼	19/4299	81 李頌	14/3284
43	李尤	10/2194	60	李昺	13/3089	87 李歆	20/4590
	李娥	7/1459		李暠	7/1422	李郃	20/4628
44	李基	2/418		李曷	12/2994	88 李篤	18/4273
	李封(司隸從事)			李黑(武陵男)		97 李恂	4/838
		1/312			20/4539	李惲	15/3670
	李封(呂布將)			李黑(董卓傳)		99 李孌	20/4657
		1/313			20/4540	4050₆ 韋	
	李梵	13/4133		李旻	4/877	00 韋康	8/1725
	李蒙	1/322		李曼卿	9/2147	01 韋顏	5/1141
	李茂	17/4087		李國	20/4523	02 韋端	5/1083
	李嬈	12/2955		李固	15/3466	韋誕	12/2894
	李苞	7/1399		李邑	20/4583	韋誕	16/3733
	李黃	8/1752		李曇	10/2446	07 韋毅	14/3326
	李權	6/1280	61	李顒	1/270	12 韋瑞	15/3550
46	李相如	2/516	64	李睦	18/4202	21 韋順(上谷太守)	
47	李超	7/1369	71	李歷	20/4453		15/3628
	李根	4/1003		李匡	8/1654	韋順(字叔文)	
48	李松	1/71	72	李剛	8/1791		15/3629

24 韋休	10/2215	喜		30 袁滂（司徒）	8/1797
韋休甫	12/2788	喜（骨都侯喜）		袁滂（執金吾）	8/1798
25 韋仲將	8/1850		11/2541	袁安	5/1045
27 韋豹	16/3825	喜（頃王喜）		袁良	8/1522
36 韋況	17/3922		11/2547	33 袁祕	14/3375
44 韋著	14/3420	20 喜爲	3/705	35 袁遺	2/373
60 韋晃	17/3955			36 袁湯	8/1793
77 韋賢	6/1298	**4064₁ 壽**		37 袁逢（司空）	1/258
80 韋義	14/3342	壽（樂陽亭侯壽）		袁逢（趙壹傳）	1/259
90 韋賞	13/3060		13/3129	袁逢（太尉）	1/260
		壽（濟北王壽）		袁逢（京兆尹）	
4060₀ 古			13/3130		1/261
10 古霸	16/3869	壽（伏后壽）		40 袁吉	19/4335
37 古初	3/592		13/3131	42 袁彭	9/2062
		壽（琅琊王壽）		44 袁基	2/413
右			17/4114	袁著	14/3421
00 右鹿蠡阿佟	1/288	90 壽光侯	10/2289	46 袁賀	16/3850
12 右師細君	4/902			48 袁赦	16/3882
右師郎	8/1569	**4073₁ 去**		50 袁本初	3/595
31 右渠	2/546	26 去卑	2/453	袁忠	1/248
36 右溫禺鞮王	8/1821			袁成	9/1966
		4073₂ 袁		61 袁盱	2/483
4060₁ 吉		00 袁京	9/2135	67 袁曜	16/3815
吉（宗正吉）		01 袁譚	10/2439	76 袁隗	3/702
	19/4333	10 袁貢	14/3279	袁隗	12/2831
吉（皇女吉）		12 袁弘	9/1890	77 袁閎	9/1900
	19/4334	21 袁術	19/4326	袁閬	17/3978
吉（奴吉）	19/4338	27 袁紹	7/1380	袁熙	2/358
10 吉平	9/2118	袁紹妻劉氏			
53 吉成	9/1954		11/2584		

79 袁騰	9/2085	71 來歷	20/4452	桓焉	6/1177
90 袁尚	17/3892	87 來歙	20/4585	12 桓延	6/1161
袁賞	13/3062			21 桓順	15/3630
98 袁敵	13/3024	**4091₄ 柱**		桓衡	9/2075
		柱(邛侯柱)		桓虞	2/494
4080₆ 貢			14/3418	22 桓豐	1/34
24 貢休	10/2209	**4091₆ 檀**		桓鸞	5/1062
				23 桓俊	15/3571
4081₅ 難		檀(單于檀)	5/1139	30 桓良	8/1525
45 難樓	10/2307	檀(萬氏尸逐單于檀)		33 桓梁	8/1541
			5/1140	37 桓汎	17/4140
4090₃ 索		10 檀石槐	3/639	42 桓彬	4/974
11 索班	5/1124	15 檀建	16/3774	桓彬	10/2362
索頵	4/907	42 檀彬	10/2363	47 桓郁	18/4237
21 索盧放	17/3942	58 檀敷	3/590	55 桓典	12/2919
				64 桓曄	20/4640
4090₈ 來		**4111₆ 垣**		66 桓嚴	10/2464
00 來褒	7/1408	12 垣副	15/3483	72 桓氏(長沙桓氏)	
21 來虎	12/2762				11/2576
24 來豔	17/6149	**4141₂ 姬**		80 桓普	12/2776
來稜	9/2064	姬(安思閻后姬)		90 桓少君	4/901
25 來仲	14/3251		2/406	99 桓榮	9/2037
30 來定	17/4052	姬(皇女姬)	2/407		
31 來祉	11/2538	90 姬常	8/1545	**4212₂ 彭**	
34 來漢	15/3688			17 彭璆	10/2298
來達	19/4366	**4191₆ 桓**		22 彭豐	1/33
42 來機	2/476	00 桓帝名志	14/3297	25 彭純	4/789
44 來苗	7/1345	01 桓譚	10/2442	26 彭伯	20/4464
47 來超	7/1375	09 桓麟	4/987	27 彭脩	10/2251
50 來由	10/2202	10 桓元卿	9/2155	30 彭寵	11/2489

彭宏	9/1869	4242_7	嫣		4304_2	博	
彭良	8/1516	90 嫣皓	12/2976		博(任城王博)		
43 彭城靖王恭	1/88					19/4405	
彭城王祗	11/2603	4252_1	靳		10 博平侯寶	12/2960	
彭城頃王定		11 靳彊	8/1640		60 博園貴人	4/762	
	17/4055						
彭城考王道		4291_3	桃		4315_0	城	
	12/2987	27 桃鄉侯福	18/4161		11 城頭子路	15/3465	
彭城孝王和	7/1475				76 城陽王淑	18/4213	
72 彭氏	11/2600	4292_7	橋		城陽恭王祉		
77 彭閎	9/1899	00 橋玄	6/1186			11/2535	
78 彭脫	19/4359	16 橋瑁	16/3830				
80 彭午	12/2768	17 橋羽	11/2722		4323_2	狼	
92 彭愷	12/2806	21 橋仁	4/781		44 狼莫	19/4434	
		30 橋塞提	2/466				
4220_0	蒯	44 橋基	2/416		4385_0	戴	
43 蒯越	19/4397	橋蕤	3/704		03 戴就	17/4103	
		50 橋肅	18/4231		24 戴德	20/4499	
4240_0	荊				戴升	9/2178	
荊(山陽王荊)		4300_0	弋		26 戴伯鸞	5/1066	
	9/2125	76 戈陽侯國	20/4518		30 戴宏	9/1870	
荊(南鄉侯荊)					戴良	8/1526	
	9/2126	4301_2	尤		戴賓	4/983	
47 荊邯	10/2451	22 尤利多	7/1473		31 戴涉	20/4645	
		36 尤還(鄯善王尤還)			戴憑	9/2124	
4241_3	姚		5/1146		37 戴次公	1/300	
10 姚貢	14/3281	40 尤來	3/631		38 戴遵	4/930	
22 姚崇	1/50				44 戴封	1/317	
47 姚孟	13/3113				60 戴異	14/3289	
90 姚光	8/1575						

77 戴風 1/344	17 董承 9/1975	67 董昭 7/1352
戴閏 15/3677	董君雅 12/2999	72 董后(孝仁董后)
94 戴恢 3/649	董子張 8/1633	13/3161
	董子儀 2/370	董氏 11/2581
4402_7 協	20 董重 14/3262	77 董巴 7/1490
	21 董卓 19/4413	董賢 6/1300
協(獻帝協)	22 董崇(茂陵人) 1/58	79 董騰 9/2086
20/4658	董崇(潁川太守)	80 董並 17/4002
	1/59	87 董鈞 4/893
4410_0 封	27 董侯 10/2287	97 董炳 13/3082
00 封離 2/474	30 董宣 6/1268	
07 封諝(永樂太僕)	董寵 11/2493	4410_2 蓋
2/510	董憲 16/3736	12 蓋延(安平侯)
封諝(中常侍)	37 董次仲 14/3246	6/1149
2/511	董祀 11/2573	蓋延(馮翊) 6/1150
17 封君達 19/4369	40 董太后 13/3162	蓋延(馮異傳)
21 封何 7/1455	43 董越 19/4398	6/1151
46 封觀 5/1098	44 董勤 4/804	17 蓋豫 14/3436
60 封昴 20/4634	董芬(軍祭酒)	21 蓋順 15/3631
	4/963	22 蓋側 20/4439
4410_4 基	董芬(列侯) 4/964	蓋彪 10/2232
基(北海哀王基)	董萌(黃門令)	24 蓋勳 4/822
2/414	9/1997	蓋升(大中大夫)
	董萌(太史待詔)	9/2173
4410_5 董	9/1998	蓋升(屯騎校尉)
00 董應 17/4062	50 董奉德 20/4494	9/2174
02 董訢 4/810	董貴人 4/765	30 蓋進 15/3619
董訴 15/3492	52 董援 6/1219	38 蓋遂 15/3538
08 董敦 4/944	55 董扶 3/579	55 蓋扶 3/576
11 董班 5/1126	60 董旻 4/876	60 蓋思齊 2/463
14 董璜 8/1749		

51

94 蓋恢 3/645	60 蒲昌 8/1558	37 茅通 1/3

4411₂ 范 | 4412₉ 莎 | 4422₇ 芳

24 范升 9/2171	50 莎車王康 8/1742	77 芳丹 5/1107
范特祖 12/2789	莎車王延 6/1172	
25 范仲禮 11/2613	莎車王賢 6/1308	蕭
范仲博 19/4410		00 蕭廣 13/3018
30 范滂 8/1799	4414₂ 薄	15 蕭建 16/3773
范容 1/222	50 薄申 4/972	21 蕭熊 1/308
31 范遷 6/1227		
33 范逡 4/854	4418₂ 茨	藺
35 范津 4/1020	00 茨充 1/327	50 藺夫人 4/749
37 范汜 17/4147		
42 范荊 9/2127	4421₂ 荒	萬
43 范式 20/4506	20 荒禿 18/4176	06 萬親 4/1011
44 范協 20/4661		21 萬歲(廣宗殤王萬歲)
范橫 9/1905	苑	15/3561
50 范冉(符融傳)	00 苑康(潁陰令)	22 萬豐 1/29
5/1121	8/1737	27 萬脩 10/2247
范冉 13/3218	苑康(尚書郎)	44 萬恭 1/91
范冉(獨行傳)	8/1738	72 萬氏尸逐單于檀
5/1120	苑康(太山太守)	5/1140
61 范顯 12/2907	8/1739	80 萬年公主 11/2690
77 范丹 5/1119		萬普 12/2774
80 范羌 8/1760	4421₄ 莊	93 萬熾 14/3372
87 范郯 4/985	00 莊豪 7/1433	
	62 莊蹻 19/4436	4423₂ 蒙
4412₇ 蒲		92 蒙恬 10/2475
00 蒲亭侯興 9/2019	4422₂ 茅	4424₂ 蔣
47 蒲奴 3/603	30 茅容 1/224	10 蔣震 15/3610

38 蔣遵	4/931	
40 蔣奇	2/392	
47 蔣均	4/885	
80 蔣義渠	2/543	

4424₇ 獲

40 獲嘉公主　11/2709

4426₇ 蒼

蒼(東平王蒼)
　　　　　　8/1711
11 蒼頭子密　19/4319
41 蒼梧太守利
　　　　　　14/3406

4430₂ 芝

芝　　　　　2/426

4430₃ 蘧

18 蘧政　　　17/4022

4432₀ 薊

17 薊子訓　　15/3650

4433₁ 燕

00 燕廣　　　13/3013
10 燕王慶　　17/4044
20 燕喬　　　7/1361
44 燕荔陽　　8/1707

蒸

37 蒸鄉侯儉　13/3209

蕪

37 蕪湖侯晃　17/3957

4433₈ 恭

恭(彭城靖王恭)
　　　　　　1/88
10 恭王翼　　20/4451

4439₄ 蘇

蘇(單于蘇)　3/616
00 蘇竟　　　17/4042
　　蘇康　　　8/1728
　　蘇章　　　8/1614
08 蘇謙　　　10/2470
10 蘇正和　　7/1478
　　蘇不韋　　3/686
11 蘇孺文　　4/868
15 蘇建　　　16/3771
21 蘇順　　　15/3634
　　蘇衡　　　9/2073
22 蘇僕延　　6/1173
25 蘇純　　　4/791
26 蘇伯阿　　7/1444
27 蘇鄴　　　20/4649
30 蘇安　　　5/1052
　　蘇定　　　17/4059

32 蘇祇	11/2608	
36 蘇況	17/3923	
37 蘇朗	13/3044	
44 蘇茂	17/4080	
48 蘇榆勒	20/4562	
53 蘇拔廆	12/2844	
60 蘇固	15/3476	
71 蘇馬諟	11/2642	
蘇臣	4/745	
79 蘇騰	9/2084	
80 蘇公	1/302	

4440₇ 孝

10 孝王承　　9/1977
21 孝仁董后　13/3161
　　孝侯弇　　13/3204

4442₇ 妠

妠(順烈梁皇后妠)
　　　　　　20/4632

勃

38 勃海王鴻　1/191
　　勃海王劉悝　3/653

4444₈ 莽

50 莽貴人魏氏
　　　　　　11/2582

4445₆ 韓

00 韓立　　　20/4613

韓雍	1/339	24 韓皓	12/2979	4452_7 勒			
韓序	14/3424	韓稜	9/2063				
韓康	8/1740	25 韓仲伯	20/4473	47 勒姐	11/2646		
韓文布	15/3482	26 韓伯高	7/1438	4460_0 苗			
01 韓龔	1/220	27 韓約	19/4429				
03 韓斌(尚書郎)		28 韓馥	18/4260	37 苗祀	11/2572		
	4/977	30 韓寅	4/961	44 苗萌	9/2004		
韓斌(列侯)	4/978	31 韓福	18/4165	80 苗曾	9/1910		
07 韓韶	7/1384	34 韓湛	17/4126	90 苗光	8/1594		
韓歆	10/2343	36 韓暹	10/2477	4460_8 暮			
08 韓說	19/4392	37 韓鴻	1/182				
10 韓雅	12/2998	38 韓遂	15/3536	12 暮延	6/1170		
11 韓珩	9/2189	韓遵	4/928	4460_9 蕃			
13 韓琮	1/269	48 韓增	9/1917				
15 韓融(大鴻臚)		50 韓夫人	4/751	27 蕃嚮	17/3979		
	1/125	韓忠	1/250	4462_7 苟			
韓融(元長)	1/126	53 韓輔	12/2749				
韓融(董卓同郡人)		66 韓嬰	9/1923	05 苟諫	16/3729		
	1/127	67 韓昭	7/1350	30 苟宇	11/2716		
韓融(西域傳)		90 韓光	8/1574	荀			
	1/128	92 韓恬休	10/2213				
17 韓尋	10/2319	96 韓悝	3/655	04 荀諶	10/2400		
20 韓統	11/2517			05 荀靖	17/4070		
21 韓卓	19/4414	4450_4 華		17 荀翌	14/3336		
韓紆	2/491	華(皇女華)	7/1487	20 荀采	12/2819		
22 韓胤	15/3641	07 華歆	10/2347	22 荀恁	10/2395		
韓嵩	1/176	17 華孟	17/3995	26 荀緄	4/1036		
韓崇	1/66	20 華信	15/3602	荀緄	12/2868		
韓利	14/3408	23 華佗	7/1467	28 荀攸	10/2275		
23 韓縯	12/2909	23 華勇	3/591	荀儉	13/3212		

31 荀汪	8/1849		**4474₁ 薛**		80 甘公	1/305
荀遷	6/1231					
33 荀梁	8/1540	08 薛敦	4/949	**4480₁ 共**	
37 荀淑	18/4220	17 薛孟嘗	8/1551	80 共普	12/2778
40 荀壽	16/3839	24 薛皓	12/2974		
荀爽	13/3049	27 薛脩	10/2248	**其**	
50 荀肅	18/4232	薛包（汝南人）		10 其至鞬	6/1294
荀專	6/1297		7/1401		
53 荀彧	18/4244	薛包（大中大夫）		**楚**	
60 荀昱	18/4192		7/1402	10 楚王英	9/1925
荀曇	10/2447	30 薛安	5/1054	楚王英母許氏	
77 荀卿	9/2164	34 薛漢	15/3691		11/2677
98 荀悅	19/4395	44 薛勤	4/803	27 楚侯种	1/211
		薛蘭（八俊之一）		74 楚陸侯度	15/3457
4471₂ 老			5/1130	楚陸侯劉拘	2/533
72 老髦	2/454	薛蘭（呂布將）			
			5/1131	**4480₄ 樊**	
4472₂ 鬱		47 薛郁	18/4239	03 樊調	7/1335
44 鬱林太守外	15/3501	67 薛昭	7/1349	12 樊登	9/1944
		72 薛氏	11/2599	樊瑞	15/3549
4472₇ 葛		90 薛愔	10/2367	15 樊融	1/136
01 葛龔	1/221			樊建	16/3772
32 葛袛	11/2606	**4477₀ 甘**		17 樊子昭	7/1357
77 葛興	9/2027	43 甘始	11/2628	樊尋	10/2317
		44 甘茋	3/614	20 樊重（太肜渠帥）	
4473₂ 莨		甘英	9/1933		14/3259
莨（解瀆侯莨）		60 甘里侯敏	12/2854	樊重（北海王傳）	
	8/1763	74 甘陵王理	11/2620		14/3260
莨（臨湖侯莨）		甘陵王定	17/4056	樊重（字君雲）	
	8/1764	甘陵王忠	1/253		14/3261

22	樊豐	1/25	77	樊丹	5/1110	21 黃虎	12/2761
	樊崇(尤來渠帥)		80	樊普	12/2779	黃衍	12/2937
		1/42	90	樊尚	17/3897	23 黃允	12/2864
	樊崇(琅琊人)	1/43		樊賞	13/3061	黃允妻夏後氏	
	樊崇(饒騎將軍)			**莫**			11/2583
		1/44		莫(左賢王莫)		24 黃射	20/4573
23	樊參	10/2411			19/4433	26 黃穆	18/4185
24	樊鮪	12/2826				27 黃向	17/3962
27	樊儵	7/1338		**4480₅ 英**		黃綱	8/1787
	樊稠	10/2257		英(楚王英)	9/1925	30 黃憲	16/3749
30	樊準	12/2859				32 黃浮	10/2223
	樊宏	9/1861		**4480₆ 黃**		36 黃況	17/3930
	樊演	12/2913		黃(長女黃)	8/1751	37 黃祖(左丞)	
37	樊汜	11/2566	00	黃廣	13/3009		12/2792
40	樊志張	8/1634	01	黃龍(湘南侯)		黃祖(江夏太守)	
44	樊梵	17/4136			1/277		12/2793
	樊茂	17/4091		黃龍(朱儁傳)		40 黃眞	4/724
	樊英(字季齊)				1/278	44 黃兢	9/2138
		9/1927		黃龍左較	16/3820	黃權	6/1281
	樊英	9/1928	03	黃就	17/4104	50 黃忠	1/251
47	樊梛	10/2359	09	黃讜	13/3058	60 黃國	20/4524
50	樊忠	1/243	13	黃琬	12/2921	黃昌	8/1564
61	樊顯	12/2904		黃武	12/2730	黃景	13/3104
64	樊時	2/376	17	黃瓊	9/2092	61 黃顯	12/2901
	樊曄	20/4642		黃子艾	15/3511	70 黃防	8/1668
66	樊嚴	10/2462	20	黃雋	12/2946	72 黃氏(江夏黃氏)	
68	樊盼	16/3730		黃儁	15/3667		11/2575
71	樊阿	7/1447		黃香	8/1808	84 黃錯	15/3495
	樊巨公	1/294		黃穰	8/1848	90 黃尚	17/3890
74	樊陵	9/2099					

4490_1 禁

00 禁高 7/1441

蔡

00 蔡充 1/324
　蔡玄 6/1195
07 蔡諷 11/2503
　蔡諷 14/3287
16 蔡瑁 16/3831
19 蔡琰 13/3217
21 蔡順 15/3632
　蔡衍 12/2938
22 蔡邕 1/280
24 蔡勳 4/821
　蔡稜 9/2066
25 蔡仲 14/3250
26 蔡伯流 10/2261
　蔡伯階 3/633
28 蔡倫 4/934
30 蔡宏 9/1858
44 蔡茂 17/4086
50 蔡攜 2/470
　蔡較 16/3819
72 蔡氏(夏馥傳) 11/2596
　蔡氏(劉表妻) 11/2597
　蔡質 19/4313
76 蔡陽侯平 9/2112

80 蔡谷 18/4296
90 蔡少公 1/292

4490_3 綦

77 綦母參 10/2410
　綦母闓 3/630

4490_4 葉

07 葉調王便 16/3796

藥

22 藥崧 1/78

4491_0 杜

00 杜訪 17/3965
　杜稟 13/3187
01 杜龔 20/4603
04 杜詩 2/443
10 杜元 6/1205
11 杜碩 20/4512
12 杜弘 9/1887
14 杜琦 2/383
17 杜習 20/4607
20 杜喬(太尉) 7/1359
　杜喬(丹水長) 7/1360
　杜季貢 14/3282
　杜季良 8/1517
22 杜岑 10/2337
　杜崇 1/46

26 杜伯度 15/3461
　杜保 12/2971
　杜穆 18/4180
27 杜衆 14/3268
　杜鄴 20/4650
30 杜永 13/3077
　杜安 5/1053
　杜密 19/4315
40 杜希 2/365
　杜眞 4/723
41 杜楷 12/2811
44 杜茂 17/4085
44 杜林 10/2321
47 杜猛 13/3114
　杜根(濟陰太守) 4/1000
　杜根(陳忠傳) 4/1001
50 杜奉 14/3240
53 杜成 9/1963
　杜威 3/672
58 杜無 12/2784
80 杜禽 10/2384
88 杜篤 18/4272
90 杜愔 10/2366
94 杜恢 3/641

4499_0 林

林(故趙王子林) 10/2320

57

00 林亭侯代 15/3522	4690_0 相	22 楊岑(九江太守) 10/2334
4499_1 蒜	66 相單程 9/1988	楊岑(待詔) 10/2335
蒜(清河王蒜) 15/3707	4692_7 楊	楊彪 10/2228
4542_7 姊	00 楊亮 17/3969	23 楊佗 7/1468
10 姊元 6/1204	楊雍 1/336	24 楊偉 3/682
4550_2 摯	楊廣 13/3014	楊皓 12/2973
97 摯恂 4/840	楊音(東海人) 10/2369	25 楊仲續 18/4210
4594_4 樓	楊音(臨淄令) 10/2370	楊贊 15/3713
07 樓望 17/3937	楊章 8/1616	26 楊穆 18/4187
11 樓班 5/1127	05 楊竦 11/2521	27 楊脩 10/2253
12 樓登 9/1947	10 楊震 15/3607	楊衆 14/3270
60 樓異 14/3293	14 楊琦 2/387	楊阜 13/3151
4599_6 棟	15 楊瓚 16/3712	楊終(遼東太守) 1/105
11 棟蠶若虫 17/4120	16 楊醜 13/3179	楊終(子山) 1/106
棟蠶 10/2459	17 楊子阿 7/1446	28 楊倫 4/935
4600_0 加	18 楊政(孝廉) 17/4023	楊牧 18/4285
24 加特奴 3/600	楊政(左中郎) 17/4024	30 楊安殿 16/3794
4621_2 觀	楊璇 6/1309	楊定 17/4051
27 觀鵠 18/4254	20 楊喬 7/1362	楊寶(河東太守) 12/2963
97 觀恂 4/836	楊秉 13/3090	楊寶(隱居教授) 12/2964
4680_6 賀	楊統 11/2515	40 楊雄 1/200
25 賀純 4/792	21 楊仁 4/782	楊太伯 20/4471
	楊衒之 2/435	楊意 2/351
	楊儒 2/514	楊喜 11/2550
		楊奇 2/388

43 楊博	19/4409		4713_8 懿		80 麴義	14/3338	
44 楊封	1/311				4742_7 郄		
楊茂	17/4093		懿（北鄉侯懿）				
47 楊懿	14/3320			14/3314	28 郄儉	13/3210	
71 楊厚	13/3169		懿（皇子懿）		4744_0 奴		
50 楊由	10/2205			14/3315			
楊吏	14/3411				奴（皇女奴）	3/598	
楊奉	14/3237		4721_2 猛		40 奴吉	19/4338	
楊春卿	9/2153				80 奴金	10/2385	
55 楊扶	3/577		猛（亭侯猛）				
58 楊整脩	10/2256			13/3111	4762_0 胡		
楊敷	3/589		4722_7 郗		00 胡康	8/1735	
60 楊邑	20/4584				胡廣	13/3008	
楊昂	8/1831		21 郗慮	14/3428	胡文才	3/619	
楊異	14/3291		28 郗儉	13/3208	10 胡元安	5/1058	
66 楊賜	14/3299		郝		胡貢	14/3276	
71 楊匡	8/1657		17 郝孟節	19/4381	13 胡武	12/2733	
72 楊岳	19/4430		22 郝崇	1/45	17 胡邪尸逐侯鞮單于長		
77 楊鳳（郡吏）			35 郝禮眞	4/726		8/1774	
	14/3227		57 郝絜	19/4390	25 胡种	1/208	
楊鳳（起義領袖）			60 郝旦	16/3727	27 胡殷（隨王）	4/990	
	14/3228		4742_0 嫺		胡殷（更始將）		
楊周	10/2283					4/991	
楊熙	2/360		47 嫺都	3/604	胡綱	8/1790	
楊賢	6/1299		朝		28 胡鮮準	12/2860	
80 楊翕	20/4592				30 胡寵	11/2501	
楊會	15/3553		76 朝陽侯浮	10/2219	胡憲	16/3747	
90 楊光	8/1595		麴		40 胡才	3/618	
楊黨	13/3057				胡赤兒	2/457	
98 楊敞	13/3037		16 麴聖卿	9/2157	胡爽	13/3050	

44 胡封	1/316	4824_0 赦		趙產(琅邪人)	16/3783
胡芳	8/1661	赦(阜陵王赦)		趙商	8/1783
胡蘭	5/1129		16/3880	趙康	8/1734
47 胡奴祿	18/4278	赦(獻王赦)		趙京	9/2132
58 胡軫	12/2869		16/3881	01 趙評	9/2123
64 胡疇	10/2300	4864_0 故		趙龔	20/4602
77 胡閎	9/1904	49 故趙王子林		07 趙部	15/3477
胡母班	5/1123		10/2320	08 趙敦	4/945
79 胡騰	9/2091	敬		趙謙(太守)	10/2467
4762_7 都		10 敬王睦	18/4200	趙謙(太尉)	10/2468
27 都鄉侯丙	13/3087	77 敬卿公主	11/2707	10 趙王珪	3/712
都鄉侯暢	17/3947	4892_1 榆		趙王商	8/1780
50 都末	19/4361	26 榆鬼	12/2843	趙王虔	6/1239
76 都陽	8/1700	44 榆勒	20/4561	趙王旴	2/478
4772_7 邯		4894_0 枚		趙王謀(中大夫趙王謀)	10/2299
67 邯鄲商	8/1776	47 枚根	4/1004	趙王良	8/1513
邯鄲義	14/3349	4942_0 妙		趙玉	18/4246
4792_0 栩		妙(竇后妙)		趙玹	6/1200
栩(節王栩)	11/2669		16/3816	12 趙弘	9/1894
柳		4980_2 趙		趙延	6/1168
17 柳承	9/1985	00 趙充國	20/4531	13 趙戩	12/2929
27 柳貌	16/3844	趙序	14/3423	14 趙瑾	15/3658
80 柳分	4/965	趙彥(議郎)	16/3782	15 趙融	1/124
				趙建	16/3775
				17 趙承	9/1981
				趙子賤	16/3793

20 趙秉	13/3092	趙直	20/4551	56 趙暢	17/3950
趙稚長	8/1769	趙意(太尉)	2/350	60 趙昱	18/4196
22 趙胤	15/3640	趙意(漢陽太守)		64 趙曄	20/4643
23 趙代(侍中)			2/354	趙韙	3/687
	15/3523	趙意	11/2552	71 趙阿	7/1448
趙代(越騎校尉)		趙熹(孫程傳)		趙匡(公孫述將)	
	15/3524		2/353		8/1644
趙峻	15/3576	趙嘉	7/1501	趙匡(南陽太守)	
24 趙岐		42 趙媛姜	8/1757		8/1645
	2/401	43 趙博(漢陽太守)		72 趙氏	11/2578
26 趙伯英	9/1930		19/4401	77 趙堅	6/1252
27 趙凱	12/2815	趙博(騎都尉)		趙興(太守)	9/2025
趙磐	5/1091		19/4402	趙興(司隸校尉)	
趙綱	8/1786	趙博(司馬)			9/2026
趙稠	10/2260		19/4403	79 趙騰	9/2090
趙叔	18/4291	趙博(博士)		80 趙慈	2/379
28 趙牧	18/4284		19/4404	趙無忌	14/3324
30 趙宣	6/1274	趙娥	7/1463	趙普	12/2777
趙永	13/3074	44 趙封	1/315	趙舍	16/3884
趙安世	14/3306	趙蕤	3/703	91 趙炳	13/3085
趙宏	9/1868	趙孝	16/3836	92 趙愷	12/2808
32 趙浮	10/2224	趙孝穆后	13/3156	94 趙恢	3/643
34 趙祐	17/4096	趙嬈	12/2956		
35 趙津	4/1021	趙萌	9/2000	5000₆ 中	
趙冲	1/212	趙世	14/3304	22 中山王焉	6/1179
趙禮	11/2617	趙苞	7/1397	中山王弘	9/1878
36 趙溫(司空)	4/958	47 趙根	4/997	中山王穉	14/3358
趙溫(太守)	4/959	50 趙忠	1/232	中山王憲	16/3739
37 趙咨	2/423	53 趙戒	15/3506	中山王輔	12/2742
40 趙壹	19/4349	55 趙典	12/2918	中山王暢	17/3945

中山簡王焉	6/1178	07 史歆	10/2344	5022_7 青	
35 中禮(皇女中禮)		10 史玉	18/4248		
	11/2610	史玉母軍	4/908	25 青牛角	19/4418
40 中大夫趙王謀		17 史弼	19/4331	肅	
	10/2299	史子眇	12/2953		
90 中常侍防	8/1674	22 史岑	10/2339	肅(東海王肅)	
申		27 史佟	1/286		18/4226
		史侯	10/2286		
17 申君	4/903	32 史祈	2/450	5033_3 惠	
24 申徒臣	4/747	37 史汎	17/4142	惠(皇女惠)	
50 申貴人	4/772	史淑賓	4/984		15/3554
55 申轉	12/2948	38 史道人	4/775	10 惠王無忌	14/3322
77 申屠建	16/3763	44 史孝山	5/1143	11 惠班	5/1125
申屠季	14/3398	史苞	7/1396	26 惠得	20/4480
申屠嘉	7/1493	67 史昭	7/1353	5033_6 忠	
申屠狄	20/4563	77 史興	9/2015		
申屠蟠	5/1095	98 史敞	13/3034	忠(甘陵王忠)	
申屠剛	8/1792	5001_7 抗			1/253
車		28 抗徐	2/508	忠(東平王忠)	
					1/254
01 車諧儲王	8/1822	5003_0 夫		忠(疏勒王忠)	
21 車師後部王軍就		23 夫台	3/637		1/255
	17/4106	34 夫沈	10/2392	忠(焉耆王舜子忠)	
22 車利涿兵	9/2190	5003_2 夷			1/256
27 車紐	13/3155			忠(尚書令忠)	
50 車冑	17/4117	71 夷長公	1/295		1/257
53 車成	9/1964	5004_4 接		5040_4 婁	
史		接(廣陽王子接)		17 婁子伯	20/4461
00 史充	1/328		20/4644		

5050_8 奉

奉(鄧朱子奉)
　　　　　　14/3239

5071_7 屯

屯(南單于屯)
　　　　　　4/1009
77 屯屠何　　7/1453
　 屯屠河　　7/1452

5077_7 春

74 春陵侯敞　13/3023
　 春陵嫡子祉
　　　　　　11/2532
　 春陵節侯買
　　　　　　12/2801

5090_4 秦

00 秦襃　　　7/1417
01 秦龔　　　20/4604
03 秦誼　　　14/3386
22 秦豐　　　1/19
28 秦牧　　　18/4287
30 秦宮　　　1/160
　 秦密　　　19/4318
41 秦頡　　　19/4382
42 秦彭　　　9/2060
77 秦周　　　10/2284
90 秦惇　　　4/953

5090_6 東

07 東郭竇　　17/4119
　 東郭延年　6/1319
　 東郭祖朝　7/1378
　 東平王凱　12/2814
10 東平王端　5/1079
　 東平王忠　1/254
　 東平王敞　13/3027
　 東平王蒼　8/1711
　 東吾　　　3/563
13 東武成侯德
　　　　　　20/4489
22 東岸　　　15/3709
30 東安亭侯順
　　　　　　15/3626
38 東海王康　8/1729
　 東海王琬　12/2922
　 東海王臻　4/1025
　 東海王政　17/4016
　 東海王祇(懿王)
　　　　　　11/2601
　 東海王祇(孔融傳)
　　　　　　11/2602
　 東海王肅　18/4226
　 東海王羨　16/3752
　 東海公陽　8/1699
60 東里先生　9/2053
61 東號(燒當豪帥)
　　　　　　7/1434

　 東號(東吾之子)
　　　　　　7/1435
67 東明　　　9/2013
77 東門京　　9/2136

5103_2 據

據(琅邪王據)
　　　　　　14/3444
據(卞亭侯據)
　　　　　　14/3445

5202_1 折

27 折像　　　17/3981

5302_7 輔

輔(中山王輔)
　　　　　　12/2742
60 輔國侯仁　4/784

5304_7 拔

拔(單于拔)
　　　　　　19/4362

5310_2 盛

23 盛允　　　12/2861
27 盛脩　　　10/2238
　 盛包　　　7/1405
38 盛道　　　12/2990
72 盛道　　　11/2592
87 盛翔　　　8/1854

5320₀ 成		77 井丹	5/1113		曹紹	7/1381
				30	曹疾	20/4572
	成（皇女成）	9/1955	**5503₀ 扶**			曹寬	5/1072
	成（下邳貞王成）					曹憲	16/3738
		9/1956	38 扶漱官	5/1097		曹宏	9/1873
	成（梁夷王成）		**5523₂ 農**			曹宗	1/149
		9/1957			31	曹祉	11/2539
	成（疏勒王成）		40 農奇	2/393	34	曹湛	17/4127
		9/1973	**5560₀ 曲**			曹洪	1/284
00	成帝子興	2/503			40	曹大家	3/597
	成廉	10/2485	76 曲陽侯鳳	14/3223		曹壽妻昭	7/1355
07	成翊世	14/3312	**5560₆ 曹**		43	曹娥	7/1462
11	成瑨	15/3642			44	曹華	7/1486
13	成武孝侯順		00 曹充	1/330		曹世叔	18/4289
		15/3625	曹竟	17/4041	53	曹成（中散大夫）
40	成大	16/3878	曹褒	7/1413			9/1959
	成封	1/314	02 曹訓	15/3646		曹成（齊相）	9/1960
60	成國（拘彌成國）		07 曹詡	11/2712	56	曹操	7/1428
		20/4534	08 曹謙	10/2466		曹操	16/3841
	成男（皇女成男）		10 曹丕	3/699	58	曹整	13/3121
		10/2420	曹丕	12/2835	60	曹昌	7/1423
66	成嚴	10/2460	曹貢	14/3275	61	曹盱	2/484
77	成丹	5/1104	14 曹破石	20/4447	74	曹陵	9/2104
80	成公浮	10/2225	17 曹子元	6/1214	77	曹鳳	14/3233
			曹子穀	18/4297	79	曹騰	9/2087
5340₀ 戎		22 曹鼎	13/3122	80	曹曾	9/1916
	戎（于寘王子）	1/41	曹嵩	1/164	87	曹朔	19/4427
25	戎朱虒	12/2845	曹鸞	5/1060	88	曹節（車騎將軍）
			23 曹俊	15/3572			19/4377
5500₀ 井		24 曹德	20/4498		曹節（山陽公夫人）
60	井畢	19/4328	27 曹衆	14/3271			19/4378

5580_6 費

18 費敢　　　　13/3198
60 費邑　　　　20/4580
63 費貽　　　　2/449
71 費長房（五行志）
　　　　　　　8/1686
　 費長房（汝南人）
　　　　　　　8/1687

5590_0 耕

00 耕亭侯安國
　　　　　　　20/4516

5602_7 揚

　 揚（眞定王揚）
　　　　　　　8/1689

暢

　 暢（中山王暢）
　　　　　　　17/3945
　 暢（梁節王暢）
　　　　　　　17/3946
　 暢（都鄉侯暢）
　　　　　　　17/3947

5702_0 抑

46 抑鞅　　　　2/468

拘

11 拘彌王興　　9/2035

　 拘彌侍子定興
　　　　　　　9/2036
　 拘彌成國　　20/4534

5703_2 掾

37 掾汜　　　　11/2570
43 掾哉（司隸掾哉）
　　　　　　　3/624

5704_7 投

00 投鹿侯　　　10/2291

5780_4 契

　 契（沛王契）
　　　　　　　14/3414

5802_1 輸

55 輸熲　　　　20/4576

6010_0 日

31 日逐王比　　11/2630

旦

　 旦（高亭侯旦）
　　　　　　　16/3725

6010_8 昱

　 昱（西平侯昱）
　　　　　　　18/4189

6015_3 國

　 國（安鄉侯國）
　　　　　　　20/4517
　 國（弋陽侯國）
　　　　　　　20/4518
32 國淵　　　　6/1284

6021_2 兄

17 兄子章（光武兄子）
　　　　　　　8/1600

晃

　 晃（蕪湖侯晃）
　　　　　　　17/3957
64 晃曄　　　　20/4639

6022_7 昌

　 昌（常山王子昌）
　　　　　　　7/1421

6033_0 思

10 思王衍　　　12/2934

6040_0 田

00 田立　　　　20/4609
　 田廣明　　　9/2012
01 田譚　　　　10/2445
07 田颯（朔方太守）
　　　　　　　20/4616

田颯(長史)	20/4617	**6040₄ 晏**		44 呂蓋	15/3502
				呂勃	19/4358
田歆	10/2356	22 晏稱	9/1991	呂植	20/4456
16 田聖	17/3983	**6042₇ 男**		50 呂奉先	6/1317
17 田羽	11/2723			60 呂曠	17/3976
21 田慮	14/3430	男(皇女男)		呂晏	16/3716
22 田豐(著威將軍)			10/2419	77 呂母	13/3170
	1/31	**6050₄ 畢**		80 呂羌	8/1761
田豐(元皓)	1/32			呂介	15/3528
24 田紺	17/4145	00 畢豪	7/1432	呂倉	8/1713
27 田盤	5/1093	22 畢嵐	10/2449	99 呂榮	9/2044
28 田義	2/368	**6060₀ 回**		**6060₄ 固**	
30 田宴	16/3714				
36 田況	17/3920	回(鉅鹿都尉回)		固(公梁亭侯)	
37 田汜	11/2571		3/665		15/3468
田鴻	1/183	77 回卿	9/2161	44 固苦哂	10/2304
41 田楷	12/2813	**昌**		**6080₆ 買**	
44 田芬	4/962				
田恭	1/100	17 昌豨	15/3496	買(春陵節侯買)	
田林	10/2331	**6060₂ 呂**			12/2801
50 田貴人	4/769			**6090₃ 累**	
53 田盛	17/4012	00 呂育	18/4156		
田戎	1/38	呂章	8/1617	37 累祖	12/2794
60 田邑	20/4582	08 呂放	17/3940	47 累姐	11/2647
64 田疇	10/2301	11 呂彊	8/1639		
67 田明	9/2008	20 呂禹	11/2654	**6090₆ 景**	
80 田翕	20/4591	24 呂鮪	12/2824	07 景毅(侍御史)	
田弇	13/3205	25 呂种	1/207		14/3334
90 田尚	17/3900	27 呂叔都	3/608	景毅(益州太守)	
		40 呂布	15/3478		14/3335

21 景慮	14/3431	6138_6 顯		6624_8 嚴	
22 景鶯	5/1064	顯(濟南王顯)		08 嚴說	19/4393
31 景顧	15/3499		12/2899	09 嚴麟	4/986
景邊	14/3443	6204_9 呼		17 嚴子陵	9/2105
44 景苞	7/1395			22 嚴崇	1/47
70 景防	8/1667	21 呼衍王	8/1826	23 嚴峻	15/3579
77 景丹	5/1102	28 呼徵	9/2098	24 嚴鮪	12/2828
78 景臨	10/2379	43 呼尤徵	3/664	嚴皓	12/2980
90 景尚	17/3893	71 呼廚泉	6/1286	27 嚴象	13/3065
6090_9 暴		6207_2 咄		嚴象	17/3980
37 暴汜	11/2563	27 咄歸	3/718	嚴綱	8/1788
6091_5 羅		6240_0 別		嚴終	1/107
17 羅邵	16/3803	26 別得(舞陰主別得)		30 嚴宣(律歷志)	
44 羅橫	9/1907		20/4483		6/1257
67 羅暉	3/656	別得舞陰主		嚴宣(建信侯)	
6102_7 晒			11/2687		6/1258
晒(淮陽頃王晒)		6280_0 則		38 嚴遵	4/929
	13/3088			40 嚴本	12/2871
6104_0 盱		60 則羅	7/1482	43 嚴尤	10/2193
盱(趙王盱)	1/478	6401_4 睢		50 嚴春	4/993
6121_7 號		睢(敬王睢)		52 嚴授	17/4111
10 號吾	3/560		18/4200	60 嚴朂	18/4264
27 號多	7/1472	10 睦元進	15/3621	90 嚴光(大司馬)	
30 號良	8/1531	6612_7 蹋			8/1586
44 號封	1/318	51 蹋頓	15/3683	嚴光(字子陵)	
					8/1587
				6650_6 單	
				10 單于比	11/2631

67

單于宣	6/1277	**6716₄ 路**		77 阿堅	6/1254
單于適	20/4577			阿母王聖	17/3982
單于汙	15/3694	10 路平	9/2119	**7125₆ 庫**	
單于檀	5/1139	25 路佛	19/4348		
單于蘇	3/616	77 路潤	15/3678	87 庫鈞	4/891
單于某	13/3173	90 路粹	15/3562	**7126₁ 脂**	
單于拔	19/4362	**6832₇ 黔**			
單子輿	2/505			17 脂習	20/4606
30 單安	5/1057	74 黔陵	9/2100	**7129₆ 原**	
31 單遷	6/1230	**7021₅ 雕**			
47 單超	7/1370			31 原涉	20/4647
71 單匡	8/1655	21 雕何	7/1457	77 原展	12/2926
單臣	4/744	**7022₇ 防**		**7132₇ 馬**	
76 單颺	8/1709				
6702₀ 明		防(中常侍防) 8/1674		00 馬廖	7/1385
				馬康	8/1732
明(匡皇后明) 9/2006		00 防廣	13/3020	馬度	15/3459
		7034₈ 駁		馬訪	17/3964
24 明德馬后	13/3158			馬玄(棘陵侯豐之子) 6/1190	
6704₇ 吸		71 駿馬少伯	20/4476		
		7121₂ 阮		馬玄(護羌從事) 6/1191	
吸(哀牢王吸) 20/4608					
		12 阮瑀	11/2675	馬褒	8/1835
6706₂ 昭		36 阮況	17/3924	07 馬毅	14/3332
		7122₀ 阿		馬歆	10/2354
昭(曹壽妻昭) 7/1355				08 馬敦(馬援兄子) 4/946	
76 昭陽亭侯光	8/1581	08 阿族	18/4298		
6712₂ 野		27 阿佟(右鹿蠡阿佟) 1/288		馬敦(趙岐岳丈) 4/947	
10 野王二老	12/2992	60 阿羅多	7/1474	10 馬元義	14/3348

馬震	15/3612	馬客卿	9/2142	72 馬后(明德馬后)	
12 馬延	6/1167	馬賓	4/982		13/3158
13 馬武	12/2729	馬實	19/4309	馬氏	11/2580
15 馬融	1/131	34 馬達	19/4373	77 馬留	10/2263
16 馬醜	13/3177	36 馬況	17/3925	馬賢	6/1303
17 馬瑶	7/1343	37 馬通	1/4	79 馬騰	9/2083
馬豫	14/3435	馬朗	13/3042	80 馬余	2/507
馬翼	20/4449	38 馬遵	4/926	81 馬鉅	14/3442
20 馬伉(馬嚴之子)		40 馬檀	5/1137	90 馬少遊	10/2197
	17/3906	42 馬彭	9/2061	馬光(許侯)	8/1576
馬伉(馬融兄子)		44 馬芝	2/432	馬光(舞揚亭侯)	
	17/3907	馬英	9/1924		8/1577
馬季長	8/1770	46 馬相	17/3952	7171₁	匡
馬香	8/1807	47 馬超	7/1372	匡(梁懷王匡)	
21 馬衛	15/3542	馬期	2/396		8/1648
22 馬豐	1/30	50 馬貴人	4/773	匡(宜春侯匡)	
馬側	20/4440	52 馬援	6/1215		8/1649
23 馬允	12/2863	53 馬成(揚武將軍)		7171₄	匽
24 馬勉	12/2908		9/1951	26 匽皇后明	9/2006
馬稜	9/2065	馬成(陰氏客)		7171₆	區
馬續	18/4205		9/1952	99 區憐	6/1320
25 馬仲	14/3253	60 馬日磾	2/461	7171₇	臣
馬鱄	6/1296	馬國	20/4525	24 臣勳	4/829
馬鱄	12/2930	馬昌	8/1556	27 臣盤	5/1094
26 馬伯濟	14/3403	馬固	15/3473		巨
28 馬倫	4/938	馬邑	20/4581		
30 馬寵	11/2499	馬員	6/1224		
馬適建	16/3780	64 馬睦	18/4201		
馬適匡	8/1658	66 馬嚴	10/2461		
馬宇	11/2718	70 馬防	8/1666	78 巨覽	13/3189

71732—72100　長劉

80 巨無霸　16/3856	劉度(荊州刺史)	劉瓊(劉護從兄)
	15/3456	3/710
71732　長	劉慶　　　17/4045	劉瓊(北地太守)
長(解瀆亭侯長)	劉廞　　　8/1832	3/711
8/1766	劉文　　　4/862	劉璋　　　8/1629
長(濟陰悼王長)	劉文河　　7/1449	劉丁　　　9/2186
8/1767	劉文伯　　20/4475	劉焉　　　6/1180
長(胡邪尸逐侯鞮	劉辨　　　12/2915	劉平(劉般傳)
單于長)　8/1774	劉玄　　　6/1187	9/2113
22 長樂太后　13/3164	01 劉冀　　1/219	劉平(字公子)
34 長社主(桓帝姊)	02 劉誕　　16/3734	9/2114
11/2688	03 劉贇(濟南王劉贇)	劉石　　　20/4444
長社主(耿援尚)	4/980	劉醇　　　4/796
11/2689	04 劉護(朝陽侯)	11 劉張　　8/1630
39 長沙定王發	15/3486	劉班　　　5/1122
19/4363	劉護(太守)	劉彌(梁王劉彌)
長沙桓氏　11/2576	15/3487	2/472
40 長女黃　　8/1751	07 劉望　　17/3934	12 劉瑱　　19/4312
50 長貴　　　15/3534	劉颯　　　20/4620	劉弘(司空)　9/1876
77 長興渠　　2/542	劉毅　　　14/3329	劉弘(劉順叔父)
長卿　　　9/2166	劉翊　　　11/2713	9/1877
	劉翊　　　14/3384	劉延(昌城亭侯)
72100　劉	劉歆(王莽國師)	6/1156
00 劉立　　　20/4614	10/2348	劉延(馮衍傳)
劉方(司徒)　8/1676	劉歆(劉玄第二子)	6/1157
劉方(山陽太守)	10/2349	劉延(曹操別將)
8/1677	劉歆(驍騎將軍)	6/1158
劉育　　　18/4159	10/2350	13 劉琬　　12/2923
劉康　　　8/1720	10 劉丕　　3/700	劉琮　　　1/266
劉度(臨淮太守)	劉丕　　　12/2836	劉酺　　　3/572
15/3455		

14	劉琦	2/385		劉熊渠	2/541		劉勳(虎牙都尉)	
	劉瑋	3/680		劉虔	6/1236			4/826
15	劉建	16/3765		劉紆(梁王)	2/487		劉崎	2/384
16	劉瑄	16/3832		劉紆(楚思王之子)			劉納	20/4631
17	劉豫	14/3434			2/488	25	劉仲	14/3249
	劉子產	12/2891	22	劉岑	10/2340	26	劉伯文	4/865
	劉子張	8/1632		劉能卿	9/2144		劉伯宗	1/152
	劉子璜	8/1750		劉循	4/856		劉鯉	11/2618
	劉羣	4/966		劉鯈	10/2207		劉細	14/3412
	劉君世	14/3313		劉眞	4/721		劉稷	20/4545
18	劉瑜(靈紀)	2/496		劉崇(城陽恭王傳)			劉和	7/1476
	劉瑜(季節)	2/497			1/51	27	劉向(東武陽侯)	
	劉瑜(侍中)	2/498		劉崇(安衆侯)	1/52			17/3960
	劉瑜(蔡衍傳)			劉利(且渠劉利)			劉向(賈逵傳)	
		2/499			14/3407			17/3961
	劉珍	4/728		劉稱	9/1990		劉儵	7/1337
	劉政	17/4015	23	劉佗	7/1466		劉儵	18/4265
20	劉重	14/3263		劉岱(兗州刺史)			劉般	5/1092
	劉信	15/3597			15/3512		劉終(淄川王)	
	劉千秋	10/2280		劉岱(侍御史)				1/103
	劉番	5/1135			15/3513		劉終(敞嫡子)	
	劉秉	13/3097	24	劉先	6/1318			1/104
	劉統	11/2513		劉先職	20/4544	28	劉復	18/4175
21	劉順	15/3627		劉備	14/3350		劉儀(常山頃王劉	
	劉仁	4/780		劉偉德	20/4495		儀)	2/369
	劉衞	15/3541		劉俠卿	9/2143	30	劉宣(安衆侯)	
	劉虎威(清河愍王)			劉鮪	12/2823			6/1265
	劉虎威	3/676		劉勳(河內太守)			劉宣(蜀郡太守)	
	劉儒	2/515			4/824			6/1266
	劉虞	2/493		劉勳(廬江太守)			劉宣(光祿勳)	
					4/825			6/1267

劉宜(下邳哀王劉宜)	2/371	劉巡(樂成蠹王劉巡)	4/844	劉壽	13/3128
				劉雄	1/202
劉寵	11/2492	劉巡	4/845	42 劉姚	7/1342
劉寬(太尉)	5/1067	33 劉述	19/4305	43 劉求	10/2271
劉寬(循吏傳)	5/1068	劉梁(字曼山)	8/1536	劉始	11/2626
				44 劉茂(中山王)	17/4081
劉永	13/3067	劉梁(矜陽亭侯)	8/1537		
劉騖	6/1291			劉茂(司空)	17/4082
劉憲(式侯)	16/3740	劉梁(劉玄弟)	8/1538	劉茂(字子衛)	17/4083
劉憲(春陵侯同產弟)	16/3741	34 劉漢	15/3687		
		劉洪	1/282	劉恭(侍中)	1/85
劉憲(劉般子)	16/3742	劉祐	17/4098	劉恭(參戶亭侯)	1/86
		劉遼	7/1386		
劉憲(樂浪郡守)	16/3743	35 劉禮	11/2615	劉恭(涼州刺史)	1/87
		37 劉淑	18/4215		
劉安(劉隆之子)	5/1050	劉祀	14/3376	劉艾(侍中)	15/3507
		劉逸	19/4320		
劉安(黃門令)	5/1051	38 劉遵	4/923	劉艾(長史)	15/3508
		40 劉丸	5/1075		
劉宏	9/1864	劉熹	2/352	劉孝	16/3833
劉它人	4/776	劉嘉(竟陵侯禹之子)	7/1495	劉萌	9/1999
劉賓(樂成隱王劉賓)	4/981			劉植	20/4457
		劉嘉(順陽懷侯)	7/1496	47 劉均(王匡將)	4/879
劉寶	12/2961				
31 劉祉	11/2536	劉嘉(光祿勳)	7/1497	劉均(左馮翊)	4/880
劉禎	9/2185				
32 劉祇(八顧之一)	11/2604	劉喜(司徒)	11/2545	劉猛	13/3112
		劉喜(驍騎將軍)	11/2546	劉根	4/1002
劉祇(太守)	11/2605			48 劉馗	3/697

劉乾	6/1241	子）	9/1919	劉尊（琅邪王劉尊）	
劉松	1/73	劉嬰（城陽恭王傳）			4/912
50 劉惠	15/3556		9/1920	劉普	12/2772
劉奉	4/3234	劉囂（司空）	7/1327	劉倉	8/1714
劉表	12/2952	劉囂（孝王）	7/1328	81 劉矩	11/2670
51 劉據	14/3446	劉賜	14/3300	86 劉智茂	17/4089
52 劉授	17/4107	70 劉防	8/1669	87 劉鈞（陳思王劉鈞）	
53 劉咸	10/2437	劉陔（河間王劉陔）			4/889
劉威（北海王）			3/627	劉鈞（長史）	4/890
	3/674	71 劉阿奴	3/599	劉舒	2/521
劉威（劉護之弟）		劉匡	8/1650	劉郃	20/4629
	3/675	劉長卿	9/2145	88 劉篤	18/4269
55 劉軼	19/4301	72 劉氏（袁紹妻劉氏）		劉範	13/3194
57 劉拘（楚陸侯劉拘）			11/2584	90 劉少公	1/291
	2/533	77 劉堅（高鄉侯）		劉光	8/1580
60 劉曠	17/3975		6/1248	劉尚（武威將軍）	
劉回	3/666	劉堅（西安亭侯）			17/3887
劉昌	8/1554		6/1249	劉尚（征西將軍）	
劉固（律歷志）		劉隆	1/111		17/3888
	15/3469	劉陶	7/1424	劉常	8/1549
劉固（諸生）		劉閎	12/2873	92 劉愷	12/2802
	15/3470	劉開（河間孝王劉開）		94 劉恢（阜平王劉恢）	
劉昆	4/1035		3/625		3/642
劉景宗	1/151	劉開（濟南王劉開）		96 劉燁	12/2927
61 劉盱（隴西太守）			3/626	劉悝（勃海王劉悝）	
	2/479	劉駒騃	3/596		3/653
劉盱（六安侯）		劉興	9/2014	7210₂ 丘	
	2/480	79 劉勝	17/4032		
劉顯	12/2900	劉驎	4/989	03 丘就郤	19/4435
66 劉嬰（方望立爲天		80 劉盆子	11/2524	10 丘靈舉	11/2662

28 丘倫	4/939	77 陸閎	9/1903	陳副	15/3484
31 丘禎	9/2183	80 陸義	14/3346	13 陳球	10/2267
40 丘力居	2/537	90 陸尚	17/3896	陳琮	1/268
79 丘騰	9/2082	91 陸類	15/3564	14 陳耽	10/2425
				陳珪	3/715
				陳琳	10/2397

7220_0 剛

剛(利侯剛)   8/1789

7222_1 所

50 所奉   14/3245
53 所輔   12/2753

7280_6 質

00 質帝纘   12/2888

7420_0 尉

24 尉仇臺   3/636
26 尉卑大   15/3531
27 尉黎王汎   17/4143

7421_4 陸

00 陸康   8/1733
     陸褒   7/1410
20 陸雋   12/2942
24 陸續   18/4206
25 陸績   20/4559
27 陸翮   2/540
     陸稠   10/2259
30 陸宮   1/155
37 陸逢   1/264

7423_2 隨

30 隨憲   16/3744
60 隨昱   18/4190
80 隨弟   14/3413

7529_6 陳

00 陳蕫   12/2837
     陳康   8/1730
     陳慶   17/4046
     陳文矩   11/2671
     陳襃   7/1406
02 陳端   5/1080
     陳訢   4/806
     陳訴   15/3493
04 陳諶   10/2399
07 陳調   7/1332
     陳歆   10/2355
08 陳敦   4/948
10 陳元(字長孫)   6/1206
     陳元(仇覽傳)   6/1207
     陳平子   11/2529
12 陳登   9/1943
     陳瑀   11/2674

陳副   15/3484
13 陳球   10/2267
     陳琮   1/268
14 陳耽   10/2425
     陳珪   3/715
     陳琳   10/2397
     陳豨   2/366
17 陳予   2/550
     陳羣   4/968
     陳羣長文   4/869
     陳翼   14/3378
18 陳珍   4/733
     陳政   17/4019
20 陳重   14/3264
     陳秉   13/3096
21 陳衛   15/3544
     陳頃王崇   1/54
22 陳豐   1/35
     陳喬   7/1365
     陳崇   1/62
     陳綏伯   20/4470
23 陳參   10/2413
     陳俊   15/3565
26 陳伯敬   17/3994
27 陳龜   3/716
     陳脩   10/2245
     陳躬   1/18
     陳衆   14/3267
     陳寅   4/960
     陳紀   11/2558

7570₇—7630₀　肆颷隗陽駙

28 陳收	10/2192		陳專諸	2/518		7621₂ 颷	
陳從	1/348		陳奉	14/3236			
陳牧	18/4282		陳屯	4/1008		颷(太史令颷)	
30 陳宣	6/1259	52	陳授	17/4108			8/1708
陳寵	11/2490		陳援	6/1217		7621₃ 隗	
陳宮	1/159	53	陳咸	10/2435			
陳容	1/227	56	陳揖	20/4626	22	隗崔	3/698
陳寔	19/4311	60	陳晃	17/3956	25	隗純	4/788
陳實	20/4548		陳思王劉鈞	4/889	27	隗久	13/3181
陳寶	12/2965		陳景	13/3099	44	隗茂	17/4090
陳宗	1/148	64	陳睦	18/4197	66	隗囂	7/1326
32 陳洮	7/1427	77	陳堅卿	9/2154	80	隗義	14/3340
陳澄	9/1992		陳留王	8/1817	97	隗恂	4/832
陳浮	10/2220		陳留老父	12/2796			
34 陳達	19/4367	78	陳憨王寵	11/2497		7622₇ 陽	
36 陳溫	4/957	80	陳弇	13/3207			
陳湯	8/1796		陳義	14/3341		陽(東海公陽)	
陳禪	16/3789	87	陳欽	10/2312			8/1699
37 陳逸	19/4321		陳翔	6/1852	13	陽球	10/2268
38 陳遵	4/927	88	陳坐	16/3855	30	陽安主	11/2691
40 陳友	13/3154		陳簡	12/2893	34	陽沈	10/2390
44 陳茂(南巒侯)			陳篤	18/4271	43	陽城衡	9/2079
	17/4078	90	陳懷王竦	11/2519	47	陽都侯淐	19/4422
陳茂(秩宗將軍)			陳光	8/1584		7630₀ 駙	
	17/4079		陳省	13/3125			
陳蕃	5/1132	94	陳煒	3/684		駙(太子駙)	
47 陳懿	14/3316		7570₇ 肆		24	駙勳	4/823
48 陳敬王羨	16/3751				44	駙協	20/4660
50 陳夫人	4/750	47	肆都	3/606	45	駙鞮	6/1295
陳忠	1/246				77	駙賢	6/1305

75

| 7710_0 且 | 7721_5 隆 | 周章 | 8/1604 |

31 且渠劉利	14/3407	隆（殤帝名隆）	
35 且凍傅難	5/1147		1/109
37 且運	15/3682	21 隆慮主	11/2704
60 且昌	8/1568		

7721_7 肥

7710_4 堅

堅（皇女堅）	6/1246
堅（梁恭王堅）	
	6/1250
10 堅雅	12/2997
32 堅浮	10/2221
37 堅鴻	1/184
81 堅鐔	10/2342

06 肥親	4/1012
11 肥頭少卿	9/2160

兒

43 兒式	20/4504
44 兒萌	9/2001

兜

7720_7 尸

31 尸逐	18/4294

45 兜樓儲	2/520
61 兜題	2/465

7722_0 月

7721_0 鳳

鳳（曲陽侯鳳）	
	14/3223

72 月氏副王謝	
	16/3886

周

7721_4 尾

08 尾敦	4/950

屋

57 屋賴帶	15/3530

周（沛王廣祖母周）	
	10/2281
00 周亭侯參	10/2409
周康子	11/2527
周慶	17/4048
周廣	13/3007
周文光	8/1579

03 周斌	4/979
05 周靖	17/4071
07 周誦	14/3286
13 周珌	19/4324
15 周建	16/3767
17 周璆	10/2297
周羣	4/967
18 周瑜	2/500
21 周慮	14/3432
周紆	2/490
22 周循	4/857
周崇	1/65
24 周偉	12/2842
周鮪	12/2822
25 周生	9/2047
周生豐	1/37
26 周伯況	17/3932
27 周奐	15/3698
周磐	5/1090
30 周永	13/3068
周宗	1/141
31 周福	18/4162
32 周業	20/4665
36 周澤	20/4557
38 周遊	10/2196
40 周嘉	7/1505
44 周燕	6/1316
周勃	19/4357
46 周䚡	20/4673

47 周郁	18/4242	\multicolumn{2}{c}{7724_7 服}		32 駱業	20/4662	
周栩	11/2666				\multicolumn{2}{c}{7740_0 閔}	
48 周乾	6/1243	21 服虔	6/1237				
50 周忠	1/233	32 服祗	11/2609		閔(安成孝侯閔)		
周貴人	4/766	40 服直	20/4552			12/2872	
56 周規	3/707	\multicolumn{2}{c}{7725_9 犀}		10 閔貢(字仲叔)		
周揚	8/1693					14/3277	
周暢	17/3949	44 犀苦	12/2800		閔貢	14/3278	
60 周景	13/3098	\multicolumn{2}{c}{7726_4 居}		25 閔仲叔	18/4288	
62 周昕	4/1038				閔純	4/793	
67 周暉	3/657	50 居車兒	2/458		32 閔業	20/4663	
70 周防	8/1672	\multicolumn{2}{c}{屠}		44 閔堪	10/2402	
71 周馬	12/3003				閔林	10/2326	
77 周舉	11/2656	27 屠各	20/4569		\multicolumn{2}{c}{7740_1 聞}	
周興	9/2020	\multicolumn{2}{c}{7727_2 屈}				
90 周黨	13/3056				80 聞人襲	20/4597	
94 周慎	15/3651	00 屈充	1/323		\multicolumn{2}{c}{7744_0 丹}	
97 周恂	4/839	17 屈豫	14/3437				
99 周燮	20/4656	\multicolumn{2}{c}{7732_7 驪}		丹(安衆康侯丹)		
周榮	9/2042					5/1117	
\multicolumn{2}{c}{陶}	驪(句驪侯驪)			\multicolumn{2}{c}{7744_7 段}	
			10/2306				
08 陶敦	4/942	\multicolumn{2}{c}{7733_1 熙}		00 段襄	8/1834	
陶謙	10/2471				02 段訓	16/3648	
24 陶升	9/2177	熙(瑯琊王熙)			14 段珪	3/713	
72 陶丘洪	1/285		2/356		15 段建	16/3769	
88 陶範	13/3197	熙(皇子熙)	2/357		21 段潁	13/3108	
					22 段崇	1/69	
\multicolumn{2}{c}{7722_7 骨}	\multicolumn{2}{c}{7736_4 駱}		34 段禧	2/363	
47 骨都侯喜	11/2541	23 駱俊	15/3568		40 段志	14/3295	

42 段彭	9/2058					歐陽福	18/4163
44 段恭	1/96	7777_2	關			歐陽歆	20/4586
段孝	16/3835	05 關靖	17/4074			7780_1	具
47 段郴	10/2358	30 關寵	11/2498				
段著	14/3422					44 具恭	1/97
50 段忠	1/141	7777_7	閻				
77 段翳	14/3387	00 閻膏珍	4/737			興	
96 段煨	3/678	閻章	8/1610			興(舞陽君興)	
7748_2	闕	01 閻礱	11/2502				9/2016
30 闕宣	6/1255	08 閻詳	8/1856			興(皇女興)	9/2017
		17 閻柔	10/2303			興(北海王興)	
7750_0	母	22 閻崇	1/67				9/2018
72 母丘歆	10/2357	27 閻盤	5/1087			興(蒲亭侯興)	
		閻象	13/3066				9/2019
7755_0	毋	30 閻宣	6/1275			興(拘彌王興)	
72 毋丘長	13/3063	50 閻忠	1/245				9/2035
		56 閻揚	8/1692			77 興居(濟北王興居)	
7760_2	留	閻暢	17/3944				2/534
21 留何	7/1456	60 閻圃	12/2797				
		閻晏	16/3715			輿	
7760_6	閭	閻景	13/3101			輿(成帝子輿)	
17 閭子直	20/4554	61 閻顯	12/2897				2/503
72 閭丘弘	9/1883	72 閻后(安思閻后)				輿(單于輿)	2/505
			13/3163			7780_6	貫
7771_7	巴	76 閻陽	8/1705				
44 巴茂	17/4092	77 閻興	9/2028			40 貫友	13/3152
50 巴肅	18/4225	97 閻耀	16/3810			賢	
7772_0	卿	7778_2	歐			賢(莎車王賢)	
25 卿仲遼	7/1388	76 歐陽參	10/2408				6/1308

10	賢栗	19/4352	50	陰貴人	4/768		勝(河間王勝)	
			53	陰輔	12/2747			17/4031
	7823_1 陰		55	陰軼	19/4300			
			60	陰員	6/1226		7929_9 騰	
00	陰方	8/1679	64	陰睦	18/4199	60	騰是	11/2641
	陰慶	17/4047	72	陰后(和帝陰后)				
03	陰識	20/4542					7923_2 滕	
	陰就	17/4100			13/3160			
11	陰琴	10/2394		陰后麗華	7/1488	12	滕延	6/1166
14	陰璜	8/1746		陰后母鄧氏		37	滕咨	2/424
17	陰子方	8/1685			11/2574	58	滕撫	12/2785
	陰子公	1/289		陰氏	11/2593			
18	陰瑜	2/502	77	陰丹	5/1111		8000_0 八	
22	陰豐	1/24		陰興	9/2024	37	八滑	19/4376
	陰嵩(執金吾)		90	陰黨	13/3055			
		1/173		陰棠	8/1837		8010_4 全	
	陰嵩(中郎將)		98	陰敞	13/3025		全(平春王全)	
		1/174						6/1287
	陰循	4/858		7824_7 腹				
24	陰德	20/4500	27	腹久	13/3183		8010_2 益	
	陰鮪	12/2827				76	益陽主	11/2682
	陰幼公	1/290		7876_6 臨				
27	陰脩	10/2242	21	臨潁主	11/2703		8010_9 金	
	陰躬	1/16	30	臨淮懷公衡	9/2070	00	金彥	16/3785
	陰綱	8/1785	37	臨湖侯袤	8/1764	10	金元休	10/2214
37	陰淑	18/4219	44	臨孝存	4/1023	31	金遷	6/1229
43	陰博	19/4408	60	臨邑侯讓	17/3912	33	金梁	8/1539
	陰城主	11/2706				34	金禕	3/683
44	陰夒	3/696		7922_7 勝		77	金丹	5/1106
	陰萬全	6/1289		勝(平原王勝)		90	金尚	17/3899
	陰桂	15/3535			17/4030			

8018_2 羨

羨（陳敬王羨）
　　　　　　　16/3751
羨（東海王羨）
　　　　　　　16/3752
羨（廣平王羨）
　　　　　　　16/3753
羨（西平王羨）
　　　　　　　16/3754

8022_1 俞

44 俞林　　　10/2332

8022_7 禽

00 禽慶　　　17/4049

8025_1 舞

76 舞陽君　　　4/898
　　舞陽君興　　9/2016
　　舞陽主　　　11/2683
78 舞陰主（章德后紀）
　　　　　　　11/2684
　　舞陰主（鄧禹傳）
　　　　　　　11/2685
　　舞陰主（梁統傳）
　　　　　　　11/2686
　　舞陰主（別得舞陰
　　　主）　　　11/2687
　　舞陰主別得
　　　　　　　20/4483

8030_2 令

12 令狐略　　　19/4425
42 令狐子伯　　20/4478
60 令田　　　　6/1321

8033_1 無

17 無忌（惠王無忌）
　　　　　　　14/3322
21 無何　　　　7/1458
43 無弋爰劍　　17/4150
45 無樓且渠　　2/544
　　無樓且渠王　8/1820

8040_4 姜

04 姜詩　　　　2/442
20 姜季江　　　8/1755
24 姜岐　　　　2/403
25 姜仲海　　　12/2818
33 姜述　　　　19/4304
74 姜肱　　　　9/1909
87 姜叙　　　　14/3427
　　姜叙母　　　13/3172

8044_6 弅

弅（孝侯弅）
　　　　　　　13/3204

8050_1 羊

00 羊亮　　　　17/3970
10 羊元羣　　　4/969
12 羊孫　　　　4/1017
17 羊弼　　　　19/4332
18 羊珍　　　　4/729
21 羊儒　　　　2/513
23 羊傅　　　　12/3497
24 羊續　　　　18/4209
27 羊侵　　　　10/2388
33 羊溥　　　　12/2759
　　羊祕　　　　14/3374
35 羊迪　　　　20/4665
37 羊楔　　　　10/2387
60 羊昌　　　　8/1561
71 羊陟　　　　20/4566

8051_2 羌

11 羌研　　　　6/1184
17 羌忍　　　　12/2882
31 羌渠（匈奴單于）
　　　　　　　2/548
　　羌渠（烏桓大人）
　　　　　　　2/549
77 羌卬　　　　8/1829
80 羌舞　　　　12/2798

8055_3 義

義（邯鄲義）
　　　　　　　14/3349
10 義王（皇女義王）
　　　　　　　8/1814

31 義渠安國	20/4532	公孫守	13/3175	8211_3	銚		
53 義成夫人	4/753	公孫永	13/3079				
		公孫述	19/4302	17 銚羽	11/2720		
8060_1 普		公孫丹	5/1118	20 銚統	11/2514		
普（北海王普）		公孫舉	11/2657	44 銚蔡	15/3526		
	12/2771	公孫範	13/3195	47 銚期	2/394		
		公孫光	8/1596	77 銚丹	5/1108		
8060_6 曾		公孫恢	3/640	87 銚舒	2/525		
08 曾旌	9/2141	公孫松	1/77				
曾於	2/553	20 公乘王漢	15/3686	8211_5 鍾			
		公乘宗紺	17/4144	00 鍾離意	14/3367		
8060_8 谷		公乘蘇統	11/2511	14 鍾瑾	12/2878		
22 谷崇	1/60	公乘昕	4/1039	鍾瑾	15/3661		
30 谷永	13/3081	公乘歆	20/4588	22 鍾鼯	10/2208		
44 谷恭	1/89	24 公緒恭	1/102	24 鍾皓	12/2975		
		30 公賓就	17/4105	30 鍾寧君	4/896		
8073_2 公		33 公梁亭侯固		35 鍾迪	20/4564		
08 公族進階	3/634		15/3468	77 鍾興	9/2032		
12 公孫康	8/1724	39 公沙孚	3/583				
公孫度	15/3460	公沙穆	18/4184	8242_7 矯			
公孫弘	9/1884	44 公綦稠	10/2256	94 矯慎	15/3657		
公孫酺	3/573						
公孫延	6/1169	養		8275_3 饑			
公孫瓚	16/3710	40 養奮	15/3592	21 饑指	11/2540		
公孫仁	4/783			92 饑恬	10/2474		
公孫續	18/4211	8111_7 鉅					
公孫豹	16/3827	00 鉅鹿都尉回	3/665	8377_7 館			
公孫紀	11/2561			77 館陶主	11/2705		
公孫域	20/4507	8114_6 鐔					
公孫越	19/4396	61 鐔顯	12/2906				

8416_1 錯		鄀善王安	5/1059	鄭英	9/1929
		鄀善王尤還	2/1146	47 鄭均(仲虞)	4/882
錯(濟南王錯)				鄭均(西曹掾)	
	15/3494	8771_0 飢			4/883
8612_7 錫		10 飢五	12/2799	48 鄭敬	17/3992
90 錫光	8/1593	8782_7 鄭		51 鄭據(漢陽太守)	
8680_0 知					14/3447
40 知才師	2/439	00 鄭亮	17/3968	鄭據(司隸校尉)	
		鄭玄	6/1196		14/3448
8718_2 欽		07 鄭颯	20/4618	77 鄭閎	9/1902
		10 鄭石犨	10/2305	鄭興	9/2022
欽(南頓令欽)		12 鄭弘	9/1875	80 鄭益思	2/445
	10/2310	13 鄭戢	12/2928	鄭公業	20/4669
歙		22 鄭崇	1/64		
		25 鄭仲	14/3255	8810_1 竺	
歙(泗水王歙)		鄭純	4/794	66 竺嬰	9/1922
	20/4587	26 鄭伯山	5/1142	80 竺曾	9/1913
8762_2 舒		27 鄭衆(巢鄉候)		8821_1 笮	
			14/3265		
17 舒承梵	17/4132	鄭衆	14/3266	15 笮融	1/137
25 舒仲應	17/4063	30 鄭安	1/1056	8822_7 簡	
8762_7 邵		鄭安世	14/3307		
		37 鄭鴻	1/188	簡(諸王子簡)	
25 邵仲信	15/3600	38 鄭遂(任城相)			12/2892
28 邵儉	13/3214		15/3540	第	
32 邵巡	4/852	鄭遂(汝南人)		10 第五文休	10/2216
鄀			15/3539	第五訪	17/3967
		40 鄭太	15/3520	第五元	6/1213
80 鄀善王廣	13/3021	鄭吉	19/4340	第五雋	12/2947
		44 鄭勤	4/801		

	第五種	11/2522	15	籍建	16/3768	26	常保(廣川王常保)	
	第五倫	4/933						12/2969
	第五永	13/3080		9000_0 小		35	常冲	1/215
	第五頡	19/4385	37	小迎(皇女小迎)		90	常少	16/3799

8824_0 符

尚

15 符融	1/138	41 小姬(皇女小姬)		尚(任城王尚)	
24 符偉明	9/2010		2/408		17/3889
		43 小娥	7/1460	26 尚但	16/3728
		77 小同	1/346	50 尚書令忠	1/257
8872_7 節		小民(皇女小民)		98 尚敞	13/3026
10 節王栩	11/2669		4/973		

8874_0 敏

9003_2 懷

9033_1 黨

		10 懷王豫	14/3433	黨(樂成靖王黨)	
敏(鄉侯)	12/2853				13/3051
敏(甘里侯敏)		9010_4 堂		黨(樂成王黨)	
	12/2854	28 堂谿	2/473		13/3052
		堂谿典	12/2916	38 黨塗鄉侯亢	

8877_7 管

9021_2 光

					17/3903
00 管亥	15/3529	光(昭陽亭侯光)		9182_7 炳	
10 管霸	16/3860		8/1581	炳(冲帝名炳)	
26 管伯	20/4459	13 光武名秀	17/4077		13/3083
		9022_7 常		炳(王子炳)	
8880_1 箕		22 常山王子昌	7/1421		13/3084
27 箕稠	10/2258	常山王豹	16/3823	9188_6 類	
8890_3 繁		常山王側	20/4438	30 類牢	7/1443
79 繁勝	17/4039	常山靖王章	8/1602	9208_1 慎	
8896_1 籍		常山頃王劉儀		60 慎園貴人	4/763
00 籍褒	7/1414		2/369		

9481_1　燒

90 燒當　　　8/1803

9601_5　悝

悝（河間王悝）
　　　　　3/652

9681_0　炟

炟（章帝名炟）
　　　　19/4365

9824_0　敞

敞（春陵侯敞）
　　　　13/3023

敞（東平王敞）
　　　　13/3027

敞（康侯敞）
　　　　13/3028

敞（繒侯敞）
　　　　13/3029

9910_3　瑩

瑩（梁后女瑩）
　　　　9/2167

9942_7　勞

10 勞丙　　13/3086

9990_4　榮

榮（沛王榮）　9/2039

06 榮陽君　　4/895

筆畫索引

二畫

二	1010_0
丁	1020_0
九	4001_7
八	8000_0
刁	1712_0
力	4002_7
卜	2300_0

三畫

彡	2020_2
下	1023_0
上	2110_0
于	1040_0
千	2040_0
士	4010_0
土	4010_0
大	4003_0
子	1740_7
小	9000_0
山	2277_0
干	1040_0
弋	4300_0
弓	1720_7
久	2780_0

四畫

尸	7720_7

不	1090_0
中	5000_6
五	1010_7
井	5500_0
亢	0021_7
仇	2421_7
仁	2121_0
元	1021_1
公	8073_2
勿	2722_0
巨	7171_7
毋	7755_0
卞	0023_0
友	4004_7
太	4003_0
夫	5003_0
孔	1241_0
尤	4301_2
尹	1750_7
屯	5071_7
巴	7771_7
文	0040_0
方	0022_7

月	7722_0
比	2271_0
毛	2071_4
水	1223_0
牛	2500_0
王	1010_4
日	6010_0
丹	7744_0

五畫

丘	7210_2
且	7710_0
丙	1022_7
代	2324_0
令	8030_2
加	4600_0
包	2771_2
北	1211_0
去	4073_1
司	1762_0
句	2762_0
右	4060_0
古	4060_0
召	1760_2
史	5000_6
左	4010_2

布	4022_7	共	4480_1			**七畫**	
平	1040_9	伉	2021_7				
弘	1223_0	匡	7171_1			伶	2823_7
永	3023_2	向	2722_0			何	2122_0
玉	1010_3	吉	4060_1			伯	2620_2
玄	0073_2	多	2720_7			位	2021_8
甘	4477_0	夷	5003_2			佗	2321_2
申	5000_6	宇	3040_1			別	6240_0
田	6040_0	安	3040_4			利	2290_0
白	2600_0	州	3200_0			君	1760_7
皮	4024_7	戎	5340_0			吾	1060_1
石	1060_2	曲	5560_0			呂	6060_2
外	2320_0	朱	2590_0			吳	2680_4
生	2510_0	次	3718_2			孝	4440_7
勾	2772_0	汗	3114_0			宋	3090_4
奴	4744_0	汎	3711_0			尾	7721_4
旦	6010_0	汜	3711_2			岑	2220_7
兄	6021_2	江	3111_2			巡	3230_3
母	7750_0	汝	3414_0			延	1240_1
氾	3711_2	池	3411_2			忍	1733_2
		牟	2350_0			成	5320_0
六畫		羊	8050_1			投	5704_7
		老	4471_2			抗	5001_7
交	0040_8	臣	7171_7			折	5202_1
伍	2121_7	行	2122_1			扶	5503_0
任	2221_4	西	1060_4			抑	5702_0
伏	2328_4	邛	1712_7			志	4033_1
休	2429_0	邵	1772_7			芝	4430_2
仲	2520_6	回	6060_0			妠	4442_7
光	9021_2	列	1220_0			妙	4942_0
全	8010_4						

八畫

杜	44910	其	44801	放	08240
李	40407	卑	26400	於	08233
步	21201	卓	21406	昌	60600
吸	67047	叔	27940	明	67020
汲	37147	和	26900	服	77247
沈	34112	咄	62072	東	50906
沖	35106	呼	62049	林	44990
沙	39120	周	77220	枚	48940
沐	34190	固	60604	武	13140
牢	30502	夜	00247	泗	36100
男	60427	奉	50508	沛	30127
秀	20227	孟	17107	河	31120
良	30732	宜	30102	法	34131
角	27227	定	30801	沮	37110
谷	80608	宗	30901	波	34147
身	27400	尚	90227	協	44027
車	50006	屈	77272	迎	37302
辛	00401	居	77264	知	86800
邢	17427	帛	26227	竺	88101
那	17527	岸	22241	羌	80512
阮	71212	侍	24241	肥	77217
防	70227	直	40102	芳	44227
冷	38137	姊	45427	邵	17627
		盯	61040	邯	47727
		忠	50336	郦	17227
京	00906	房	30227	邠	17127
來	40908	所	72221	金	80109
佼	20248	承	17232	長	71732
兒	77217	拘	57020	阜	27407
具	77801	拔	53047	阿	71220

87

青 5022_7

九畫

亭 0020_1
信 2026_1
俞 8022_1
便 2124_6
侯 2728_4
則 6280_0
政 1814_0
香 2060_9
衍 2122_1
後 2224_7
保 2629_4
弇 8044_6
勃 4442_7
匽 7171_4
南 4022_7
厘 7125_6
哀 0073_2
垣 4111_6
姚 4241_3
姜 8004_4
宣 3010_6
封 4410_0
炭 2280_9
帥 2472_7
度 0024_7
建 1540_0
弭 1124_0

昭 6706_2
柳 4792_0
柱 4091_4
段 7744_7
故 4864_0
契 5780_4
昱 6010_8
思 6033_0
昞 6102_7
炳 9182_7
炟 9681_0
洼 3411_4
洩 3211_0
爰 2044_7
皇 2610_4
盈 1710_7
相 4690_0
役 3724_7
祉 3121_0
禹 2022_7
种 2590_6
秋 2998_0
紀 2791_7
胡 4762_0
范 4411_2
苑 4421_2
英 4480_5
苗 4460_0
茅 4422_2
苟 4462_7

計 0460_0
貞 2180_6
紅 2191_2
荒 4421_2
屋 7721_4
軍 3750_6
郇 2762_7
郅 1712_7
郄 4742_7
重 2010_5
韋 4050_6

十畫

亳 0071_4
倪 2721_7
脩 2722_7
倭 2224_4
務 1722_7
原 7129_6
唐 0026_7
城 4315_0
夏 1024_7
孫 1249_3
宰 3040_1
宮 3060_2
容 3060_8
師 2172_7
席 0022_7
徐 2829_4
姬 4141_2

十一畫

珪	1411_4	袛	3224_0	堂	9010_4
奚	2080_4	祐	3426_0	堅	7710_4
栩	4792_0	莽	4444_8	婁	5040_4
勒	4452_7	晃	6021_2	寇	3021_4
累	6090_3	悝	9601_5	尉	7420_0
剛	7220_0	耕	5590_0	崇	2290_1
致	1814_0	耿	1948_0	崔	2221_5
恭	4433_8	脂	7126_1	巢	2290_4
晉	1060_1	茨	4418_2	常	9022_7
晏	6040_4	荀	4462_7	康	0023_2
條	2729_4	荊	4240_0	張	1123_2
桃	4291_3	袁	4073_2	曹	5560_6
桓	4191_6	迷	3930_9	梁	3390_4
栗	1090_4	郎	3772_7	涪	3016_1
桑	7790_4	邰	8762_7	淳	3014_7
殷	2724_7	郝	4722_7	清	3512_7
浮	3214_7	郗	4722_7	涿	3113_2
涅	3611_4	飢	8771_0	淮	3011_5
烏	2732_7	馬	7132_7	渠	3190_4
狼	4323_2	骨	7722_7	焉	1032_7
班	1111_4	高	0022_7	牽	0050_3
留	7760_2			琅	1313_2
皋	2640_8	## 十一畫		畢	6050_4
益	8010_2			眭	6401_4
眞	2280_1	偉	2425_6	祭	2790_1
祝	3621_2	偏	2322_7	移	2792_7
秦	5090_4	兜	7721_7	章	0040_6
索	4090_3	區	7171_6	竟	0021_6
虒	2124_0	參	2320_2	笙	8821_1
豹	2722_0	商	0022_7	符	8824_0
		國	6015_3		

十二畫

細	2690$_0$	陳	7529$_6$	無	8033$_1$
春	5077$_7$	陶	7722$_0$	番	2060$_9$
莊	4421$_4$	陰	7823$_1$	疏	1011$_3$
莎	4412$_9$	鹵	2160$_0$	疎	1519$_6$
莫	4480$_4$	麻	0029$_4$	登	1210$_8$
虛	2121$_7$			凱	2711$_0$
處	2124$_1$	**十二畫**		甯	3022$_7$
許	0864$_0$			萇	4473$_2$
貫	7780$_6$	湖	3712$_0$	熙	7733$_1$
連	3530$_0$	傅	2324$_2$	勝	7922$_7$
理	1611$_5$	喬	2022$_7$	普	8060$_1$
習	1760$_2$	博	4304$_2$	敞	9824$_0$
頃	2178$_6$	喜	4060$_1$	發	1224$_7$
側	2220$_0$	單	6650$_6$	盛	5310$_2$
基	4410$_4$	壺	4010$_7$	程	2691$_4$
接	5004$_4$	寒	3030$_3$	童	0010$_4$
得	2624$_1$	富	3060$_6$	第	8822$_7$
扈	3021$_7$	就	0391$_4$	舜	2025$_2$
密	3077$_2$	屠	7726$_4$	統	2091$_3$
棟	4599$_6$	犀	7725$_9$	舒	8762$_2$
猛	4721$_2$	庾	0023$_7$	華	4450$_4$
赦	4824$_0$	彭	4212$_2$	黃	4480$_6$
敏	8874$_0$	復	2824$_7$	貢	4080$_6$
淑	3714$_0$	惠	5033$_3$	賀	4680$_6$
逯	3730$_3$	揚	5602$_7$	費	5580$_6$
逢	3730$_4$	敦	0844$_0$	奧	2780$_4$
郭	0742$_7$	景	6090$_6$	閔	7740$_0$
都	4762$_7$	曾	8060$_6$	竦	0519$_6$
野	6712$_2$	朝	4742$_0$	琬	1311$_2$
陸	7421$_4$	溫	3611$_7$	琮	1319$_1$
		涅	7311$_2$		

將	2724_0	義	8055_3	隗	7621_3
買	6080_6	肅	5022_7	雍	0021_5
欽	8718_2	聖	1610_4	零	1030_2
卿	7772_0	腹	7824_7	雷	1060_1
鄉	2722_7	董	4410_5	靳	4252_1
陽	7622_7	萬	4422_7	掾	5703_2
隆	7721_5	葛	4472_7		
順	2108_6	葉	4490_4	**十四畫**	
須	2128_6	虞	2128_4	僮	2021_5
馮	3112_7	號	6121_7	寧	3020_1
焦	2033_1	解	2725_2	壽	4064_1
		觟	2421_4	廖	0022_2
十三畫		詩	0464_1	廣	0028_6
亶	0010_6	詹	2726_1	榮	2790_4
塗	3810_4	賈	1080_6	漸	3212_1
廉	0023_7	路	6716_4	滿	3412_7
猺	2727_2	農	5523_2	漢	3418_5
慎	9208_1	遂	3830_3	甄	1111_7
敬	4864_0	運	3730_5	福	3126_6
新	0292_1	過	3730_2	端	0212_7
楊	4692_7	鄒	2742_7	管	8877_7
楚	4480_1	訾	2160_1	碩	1168_6
榆	4892_1	嵩	2222_7	綏	2294_7
歆	0768_2	綏	2294_4	漕	3516_6
滇	3418_1	道	3830_6	暢	5602_7
意	0033_6	蒼	4426_7	嚣	6022_7
靖	0512_7	禁	4490_1	鳳	7721_0
瑯	1712_1	蒜	4499_1	榮	9990_4
肆	7570_7	羨	8018_2	暮	4460_8
禽	8022_7	鉅	8111_7	箕	8880_1